高等院校转型实践中的
章程变革研究

王海莹 ◎ 著

A STUDY ON THE CONSTITUTION REFORM
IN THE PRACTICE OF THE TRANSFORMATION
OF COLLEGES AND UNIVERSITIE

中国社会科学出版社

图书在版编目(CIP)数据

高等院校转型实践中的章程变革研究 / 王海莹著. —北京：中国社会科学出版社，2018.8
ISBN 978-7-5203-3242-2

Ⅰ.①高… Ⅱ.①王… Ⅲ.①高等学校-章程-改革-研究-中国 Ⅳ.①G649.2

中国版本图书馆 CIP 数据核字 (2018) 第 233259 号

出 版 人	赵剑英
责任编辑	任　明
责任校对	周　昊
责任印制	李寡寡

出　　版	中国社会科学出版社
社　　址	北京鼓楼西大街甲 158 号
邮　　编	100720
网　　址	http://www.csspw.cn
发 行 部	010-84083685
门 市 部	010-84029450
经　　销	新华书店及其他书店
印刷装订	北京君升印刷有限公司
版　　次	2018 年 8 月第 1 版
印　　次	2018 年 8 月第 1 次印刷
开　　本	710×1000　1/16
印　　张	15.25
插　　页	2
字　　数	303 千字
定　　价	75.00 元

凡购买中国社会科学出版社图书，如有质量问题请与本社营销中心联系调换
电话：010-84083683
版权所有　侵权必究

前　言

《高等院校转型实践中的章程变革研究》这本书，是国家社科基金"十二五"规划2014年度教育学一般课题的最终研究成果。

本书分绪论、理论研究、实践探索、国际比较、研究结论五个部分。"绪论"主要简述了高等院校转型实践中章程变革的研究背景、研究问题与方法、研究综述与意义、研究理论与框架、研究目标与重难点、研究内容、研究创新。"理论研究"主要探讨了高校转型与章程变革的基本概念，在辨析概念的基础上追溯高校转型与章程变革的发展历程，然后探讨高校转型、现代高校治理、现代高校制度、高校章程创新等理论取向，为"实践探索"提供理论上的支撑。"实践探索"研究高等院校转型实践中章程制度变革的现状。首先，对新中国成立以来我国高等教育转型政策、体制变革、高校治理变革及章程推进进行结构、内容方面的梳理和分析，试图发现政策层面存在的不足并提出改进建议；其次，选择全国有代表性的区域和转型高等院校作为样本，对其章程制度进行分析，比较各个转型高等院校在实践中进行章程与制度变革的共性与创新，特色与不足；最后，对我国高等院校转型实践中的章程制度变革现状与问题进行研究，通过对典型案例的调研，较为完整而又准确呈现高等院校转型实践中章程制度变革的现状，概括总结我国高等院校转型实践中章程制度探索的经验与创新，发现实践中存在的问题。"国际比较"主要探讨了欧美大学转型实践中的章程变革的历史渊源，对美国、英国、德国、芬兰等西方大学转型与章程研究进行比较分析，试图探析章程与制度创新在大学转型实践中所发挥的作用，以供我国高校转型与章程变革进行借鉴。"研究结论"是在上述四部分研究的基础上提出政策建议。

本书得以出版感谢对课题研究提供帮助的相关领导、学者及书中参考文献的作者，谨表衷心感谢。

目 录

绪 论 ……………………………………………………………………（1）
 一 研究背景 ……………………………………………………（1）
 二 研究综述与研究意义 ………………………………………（4）
 三 研究设计 ……………………………………………………（6）

第一编 理论研究

第一章 高校转型与章程变革的本质观 …………………………（17）
 第一节 高校转型本质 …………………………………………（17）
  一 高校转型本源含义 ………………………………………（17）
  二 转型主体 …………………………………………………（18）
  三 转型定位 …………………………………………………（18）
  四 本研究对高校转型的界定 ………………………………（19）
 第二节 高等院校转型实践中章程变革的本质 ………………（19）
  一 转型高校章程所具备的共性 ……………………………（19）
  二 转型高校章程特质 ………………………………………（19）
  三 本研究对章程变革的界定 ………………………………（20）

第二章 高校转型相关理论 ………………………………………（21）
 第一节 大学组织转型五要素理论 ……………………………（21）
 第二节 三重螺旋模式：权力的博弈 …………………………（22）
  一 三角协调模式理论：权力之争 …………………………（23）
  二 三重螺旋模式理论产生：强调权力的合作 ……………（26）

第三章 高校治理与章程相关理论 ………………………………（31）
  一 高校转型实践中的以章程为载体的治理 ………………（31）
  二 世界高校治理模式的典范 ………………………………（33）

第四章　新制度主义相关理论 …………………………………… (37)

第二编　实践探索

第一章　高等教育结构调整政策研究 ……………………………… (43)
第一节　高等教育结构调整政策变迁 ……………………………… (43)
一　"工具应用逻辑"：有计划的院系调整（1949—1978）… (43)
二　"市场导向的学科逻辑"：高校升格与高校合并 ………… (45)
三　应用逻辑与学科逻辑的并行发展：现代普通本科院校体系
结构的重塑 ………………………………………………… (47)
第二节　我国高等教育结构调整政策评析 ………………………… (50)
一　环境因素致使我国高等教育结构同质化 ………………… (50)
二　历史因素使高等教育结构制度存在路径依赖 …………… (51)
三　高校场域外认知因素致使高等教育结构与经济社会耦合
不够适当 …………………………………………………… (52)
第三节　高校转型：我国高等教育结构的重构 …………………… (52)

第二章　我国高校治理政策制度变革研究 ………………………… (55)
第一节　高等院校治理政策历史梳理 ……………………………… (55)
一　集权管制型治理（1949—1977）………………………… (55)
二　政府主导型治理（1978—1997）………………………… (56)
三　国家本位向市场本位的转变（1993—1997）…………… (57)
四　高校法人治理结构的探索（1998—）…………………… (57)
第二节　影响我国治理政策的因素分析 …………………………… (60)
一　社会背景的规制因素 ……………………………………… (60)
二　以民主法制观念等为基础的价值基础 …………………… (60)
三　主体间利益博弈的互动变迁因素 ………………………… (61)
第三节　高校治理政策变迁分析 …………………………………… (61)
一　政策路径分析 ……………………………………………… (61)
二　治理政策变迁类型分析 …………………………………… (62)

第三章　高校转型诉求与困境 ……………………………………… (64)
一　高校转型诉求 ……………………………………………… (64)

二　科学技术发展的诉求 …………………………………… （65）
　　三　第四次工业革命转型的诉求 …………………………… （65）
　　四　侧供给改革的诉求 ……………………………………… （67）
　　五　高等教育发展的诉求 …………………………………… （67）
　　六　"互联网+"发展诉求 …………………………………… （69）
　　七　工业4.0所引发的新业态的出现 ……………………… （69）
　第二节　高校发展困境 …………………………………………… （70）
　　一　政策推动中多元利益主体博弈带来的无序扩张 ……… （70）
　　二　政策意图与实践实施的偏离 …………………………… （72）
　　三　政策推进中实施规范的缺失 …………………………… （72）
　第三节　高校转型争论：路在何方 ……………………………… （73）
第四章　高校转型与章程建设 ……………………………………… （74）
　第一节　高校转型 ………………………………………………… （75）
　　一　从印刷文化向电子文化转型 …………………………… （75）
　　二　从重视知识的传播创新向重视知识应用转型 ………… （76）
　　三　从学科到跨学科转型 …………………………………… （78）
　　四　从知性到德性转型 ……………………………………… （79）
　第二节　以章程为载体变革高校理念与制度 …………………… （80）
　　一　凝铸电子文化时代理念 ………………………………… （80）
　　二　高校章程强调"应用性"价值 ………………………… （81）
　　三　高校章程重构跨学科逻辑制度框架 …………………… （82）
　　四　高校章程融德性于制度设计 …………………………… （84）
第五章　高校转型实践中章程文本的制度逻辑 …………………… （86）
　第一节　案例选取依据 …………………………………………… （86）
　　一　东部高校转型样本选取依据 …………………………… （86）
　　二　中西部高校样本选取依据 ……………………………… （86）
　　三　按照转型"身份"定位选取 …………………………… （87）
　第二节　高等院校转型实践中的文本案例研究 ………………… （88）
　　一　创业型大学——以温州大学和浙江农林大学为例 …… （88）
　　二　向应用型大学变革——以重庆文理学院为例 ………… （109）
　　三　民办高校转型与章程创新——以黄河科技学院为例 ……… （117）

第六章　高校转型的困惑及现实内涵 …………………………（126）
　　一　关于政府推动转型与章程建设的内涵及其有限性 ………（126）
　　二　行政推动限度与潜在风险 ……………………………………（127）
　　三　自主变革与行政推动的结合：我国高校转型与章程创新的
　　　　路径选择 …………………………………………………………（129）

第三编　国际比较

第一章　美国高校转型实践中的章程变革与启示 ……………（133）
　第一节　美国高校转型与治理模式概况 …………………………（133）
　　一　学校的创办与变革欧洲传统学院治理模式 ………………（133）
　　二　多元学校兴起与内外治理结构的变化 ……………………（135）
　第二节　美国大学转型与章程创新案例分析 ……………………（137）
　　一　约翰·霍普金斯个案分析——传统学校向现代研究型大学
　　　　变革 ………………………………………………………………（137）
　　二　麻省理工学院个案分析——研究型大学向创业型大学
　　　　变革 ………………………………………………………………（140）
　　三　社区大学转型与章程变革 …………………………………（147）
　第三节　美国大学转型与章程制度创新的重要启示 ……………（156）
　　一　以社会发展为创新的基石 …………………………………（156）
　　二　本校特色与变革者的战略选择有机结合 …………………（157）
　　三　将大学校长的任命过渡到校长遴选 ………………………（157）
　　四　确立既有国际视野又结合本土特色的办学理念 …………（158）
　　五　创新具体制度 ………………………………………………（159）
　　六　拓展多元化的资金来源途径 ………………………………（159）
第二章　英国高等院校转型实践中章程变革与启示 …………（161）
　第一节　新大学运动实践中章程变革与启示 ……………………（161）
　　一　新型大学创立与章程创新 …………………………………（161）
　　二　新大学运动与章程创新重要启示 …………………………（162）
　第二节　英国红砖大学运动实践中章程变革与启示 ……………（164）
　　一　新型大学创立与章程制度创新 ……………………………（164）

二　红砖大学出现与章程创新重要启示 …………………… (166)
　第三节　多科技术学院运动实践中章程变革与启示 …………… (167)
　　一　多科技术学院的创立与章程变革 ……………………… (167)
　　二　多科技术学院出现与章程创新的重要启示 …………… (170)

第三章　德国高校在转型实践中章程变革与启示 …………………… (172)
　第一节　高级专业学校转型及与政府关系的变迁 ……………… (172)
　　一　从联邦的高度集权到州政府的分权 …………………… (172)
　　二　联盟与州共治促使专业学校向应用技术大学转型 …… (172)
　　三　州政府、大学、市场三方战略合作促使应用技术大学
　　　　繁荣 ………………………………………………………… (173)
　第二节　双元制高校的形成与章程变革 ………………………… (174)
　第三节　德国大学转型与章程变革的重要启示 ………………… (176)
　　一　转变政府治理模式 ……………………………………… (176)
　　二　改革人才培养模式 ……………………………………… (176)

第四章　芬兰高校战略转型与区域协同发展治理模式 …………… (178)
　第一节　芬兰高校战略转型与区域协同治理特色 ……………… (178)
　第二节　芬兰应用科学大学区域协同治理案例分析 …………… (179)
　　一　塞纳应用科学大学——区域协同创新的促进者 ……… (179)
　　二　萨塔昆达应用科学大学——区域技术开发者 ………… (180)
　　三　于韦斯屈莱应用科学大学——区域多样化发展者 …… (181)
　第三节　芬兰应用科学大学区域协同治理重要启示 …………… (181)
　　一　办学理念上重视区域协同创新 ………………………… (181)
　　二　内部治理结构的设计服务于区域协同创新 …………… (182)
　　三　灵活构建合适自身发展的区域协同创新治理模式 …… (182)

第五章　西方大学转型与章程创新 …………………………………… (184)
　第一节　中世纪大学章程：法人资格的确立 …………………… (184)
　第二节　德国大学章程创新：文化国家观下的"学术自由"和
　　　　　"教授治校" ……………………………………………… (186)
　第三节　美国大学章程创新：职能、层次、学位及课程制度更
　　　　　贴近社会需求 …………………………………………… (189)
　第四节　结论：创新章程制度促使高校顺利转型 ……………… (191)

第四编 研究结论：中国高校转型与章程的"立法"之路

第一章　大学章程——大学之立法载体 …………………… （195）
第二章　国外经验：章程创新是高校转型的基石 …………… （197）
　第一节　外部治理结构中权力的变化 ……………………… （197）
　第二节　内部治理的创新 …………………………………… （198）
　　一　理念的创新 …………………………………………… （198）
　　二　内部治理结构的公司化倾向 ………………………… （199）
第三章　国外现代大学转型与章程创新的可取之处及困难 … （201）
第四章　我国高校转型实践中章程创新之缺失与框架构想 … （205）
　第一节　我国高校转型实践中章程创新之缺失 …………… （205）
　　一　高校内外关系过于含糊 ……………………………… （205）
　　二　外部关系缺乏市场机制引入 ………………………… （206）
　　三　行政权力缺乏约束机制 ……………………………… （206）
　　四　评价体系中激励制度不够 …………………………… （207）
　　五　市场对接中缺乏成果转化等相关专利制度 ………… （208）
　　六　程序条款缺乏 ………………………………………… （208）
　第二节　框架构想：我国高校转型实践中章程变革的立法
　　　　　之路 ………………………………………………… （209）
　　一　章程内外关系之界定 ………………………………… （210）
　　二　适当借鉴国际高校公司化内部治理模式 …………… （211）
　　三　构建利益合法化的制度 ……………………………… （212）
　　四　形塑有效监督制度 …………………………………… （212）
　　五　正当程序：实现法治的前提 ………………………… （213）

附录1　访谈记录（六份） …………………………………… （214）
附录2　调查问卷 ……………………………………………… （220）
参考文献 ………………………………………………………… （222）

绪　　论

2014年5月，国务院发布《关于加快发展现代职业教育的决定》（以下简称《决定》），指出要"采取试点推动、示范引领等方式，引导一批高校向应用技术类高校转型，重点举办本科职业教育。建立高校分类体系，实行分类管理，加快建立分类设置、评价、指导、拨款制度。招生、投入等政策措施向应用技术类高校倾斜"。教育部随之采取相应政策推动一部分高校转型，但高校在应对国务院和教育部发布的政策时，表现出迥然不同的态度，纷杂的现实图景使政策实施面临困境，决策者和研究者都在思考高校转型何以在实践中以章程创新来制度化转型？应用型高校、创业型高校等在世界各地具有广泛声誉的高校如何在我国的文化土壤中"落地生根"并逐步开花结果？这已经成为教育制度创新、理论研究与实践需要应答的重要问题。

一　研究背景

（一）高等教育大众化速度放缓，推动高校转型

自1999年扩招以来，我国进入高等教育高速发展时期，从招生人数来看，特别是近几年我国高等教育招生增长率呈下降趋势，1999年至2007年，我国普通本、专科招生数增长率从42.9%下降到3.6%。2009年以来，教育部扩招步伐进一步放缓，根据教育部公布的资料计算，2011年增长率为2%，2012年的增长率为2%，2013年的增长率为1.6%。目前，高等教育在大众化进程中经过一段高速发展后，出现一个"停滞期"或"平台期"（如图0-1所示）。

伴随着高等教育大众化，随之而来的学生规模的快速扩张直接影响了高校的质量，一方面是高校毕业生面临就业压力；另一方面是许多企业找不到生产服务一线的高素质技术型人才。体现在高等教育内部，高校的办学定位和章程建设有模仿综合型研究大学的痕迹，定位过于趋同，盲目追

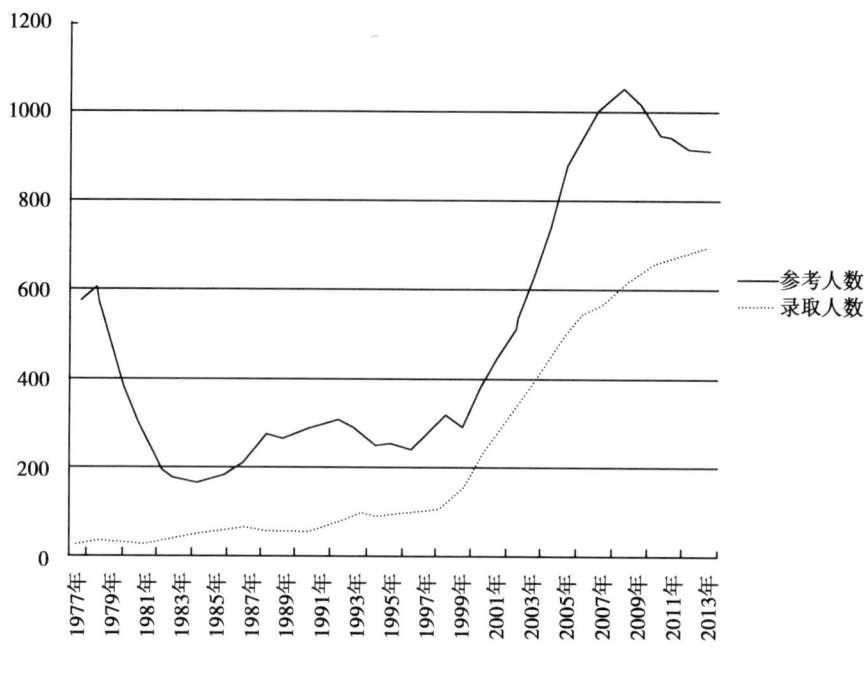

图 0-1　1977—2013 年全国高考报名人数与录取人数

资料来来源：《2013 年全国高考招生数据调查报告》，中国教育在线。

求大而全的综合院校模式，无特色学科专业，与地方产业结构脱节，人才培养体系"重理论、轻实践"，科学研究中"重理论、轻技术"，服务地方经济发展能力低，办学经费短缺，师资队伍"重理论的学历、轻实践中能力"，实践教学硬件条件明显不足，产学研合作教育不深入，企业参与合作育人缺乏有效机制与保障等。这些都严重影响我国高等教育健康、协调发展。因此，高等院校转型成为我国高等教育大众化阶段后高等教育结构调整的聚焦点。

（二）高等教育入学生源开始变化，倒逼高等院校转型

从 2013 年各地公布的高招数据来看，很多省市招生计划均没有完成，生源危机已经蔓延至全国。被誉为中国高考竞争最激烈的省市之一——河南，2013 年有 7.06 万个招生计划没完成，占整个计划的 11.63%；教育大省山东 2013 年有 6.3 万个招生计划没有完成，占整个计划的 12%；新疆有 0.46 万个招生计划没有完成，占整个计划的 3.53%；贵州有 0.24 万个招生计划没有完成，占整个计划的 1.13%（如图 0-2 所示）。

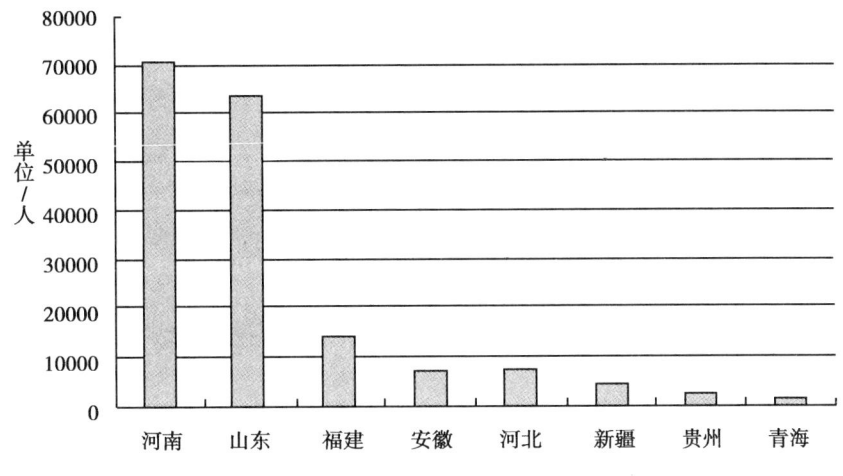

图 0-2　2013 年招生计划未完成情况

资料来源:《2013 年全国高考招生数据调查报告》,中国教育在线。

自 1999 年普通高等教育连续扩招以来,传统高等教育生源萎缩,非传统的成人学生市场得到关注和开发。为了接纳非传统学生入学,高等院校按照传统模式发展显然已经不能应对其生源的变化。这些学生的学习目的是掌握实际的应用技术,谋求在实际工作中自身的提高与发展,向应用型大学或者创业型大学转型应该是他们最为合适的选择。也就是说,随着高等教育入学生源的变化,需要现有的高等院校转型或者创办一批创业大学。因此,后大众化阶段入学形态所发生的变化,将倒逼高等院校向"应用型大学"或者"创业型大学"转型。

(三) 高校转型形成共识,促使章程变革

十八届三中全会决定提出,要深化教育领域综合改革,加快现代职业教育体系建设,深化产教融合、校企合作,培养高素质劳动者和技能型人才。高等院校转型各方已经达成初步共识,在"产教融合发展战略国际论坛"上,对于转型,各高校反应不一,关于"如何转"、"定位、使命、管理体制、师资队伍如何去进行变革",一部分校长的迷茫与彷徨态度仍然存在。美国卡内基-梅隆大学(Carnegie Mellon University)校长杰瑞德·柯亨(James. P. Duncan)在中国参加中外大学校长论坛时曾经说过,高校发展战略目标的制定是始终萦绕心头、彻夜难眠的问题。因为学校战略目标的制定就是章程建设或者变革的过程,它是面对国家政治、经济、文化的发展态势对高校办学的新要求从而由内到外对学校蓝图重新规划的过程。因此，高等院校是否转型成功，关键因素在于学校章程变革是否真正结合自身情况深思熟虑进行变革并有效落实。

二 研究综述与研究意义

(一) 研究综述

本研究以"高校转型"、"章程建设"、"现代大学制度"、"现代大学治理"等为关键词，采用手动检索，对中国期刊网、万方等数据库，通过顺向检索和逆向检索的方法，对有关高校转型和高校章程建设相关硕博论文和文章进行检索。文献检索共获得有关高校转型的学术论文和硕博论文532958篇，有关大学章程建设的学术论文和硕博论文436478篇，有关现代大学制度的学术论文和硕博论文29861篇，有关现代大学治理的论文和硕博论文7188篇。从数据检索的数量上看，高校转型与章程建设是学术领域热议的话题。

从时间分布来看，我国较早关注高校转型的论文是周富平、王骥2004年刊发的《高校独立学院要"独立"——试析高校独立学院的转型之路》，而2008年华中科技大学王玉丰博士撰写的专门探讨高校转型的学位论文《常规突破与转型跃迁——新建本科院校发展的自组织分析》是较早关注高校转型的学位论文。我国关于高校转型的研究规模逐步扩大，无论是学术论文还是学位论文均逐年大幅度增加，并且在2014年之后出现迅猛的研究趋势，这与2014年国务院颁发《关于加快发展现代职业教育的决定》以及教育部重视高校转型存在密切相关。我国较早关注大学章程建设的代表性论文是龚隽2004年刊发的《高等院校规章的法律效力——兼谈大学章程的价值》，而2005年华中科技大学米俊魁博士的学位论文《大学章程价值研究》是较早关注大学章程的学位论文。可见，高校转型与大学章程建设从21世纪初受到关注到目前的热议，历经十余年，虽然观念各异，但是高校转型和章程建设的必要性得到学术界的公认。

从内容上来看，当前有关高校转型的研究主要围绕七项内容展开：一是高校转型概念、范围研究；二是转型定位研究；三是师资队伍建设研究；四是人才培养模式研究；五是产教融合机制研究；六是关于独立学院转型研究；七是有关西方大学转型对我国高校转型的启示。同样，当前有关大学章程的研究主要围绕着七项内容展开：一是关于大学章程建设的价值;二是关于大学章程对组织文化的影响;三是大学章程性质和法律地位;四是大学章程中关于高校办学自主权的研究;五是大学章程的内容构成;六是大学章程条款的执行;七是大学内外治理结构。

有关高校转型实践中的章程变革研究顺应了我国高等教育的发展趋势,为高等教育体制改革、结构调整、高校转型、高校制度创新、章程变革提供了较为扎实的理论支撑,有助于落实国务院《关于加快发展现代职业教育的决定》和《教育规划纲要》精神,提高教育行政部门工作指导与政策制定的科学性,促使高校转型制度化、规范化、科学化,助力教育改革各项目标实现。但是目前高校转型与章程变革的研究也存在着一定程度的不足。首先,针对高校转型实践中的章程变革研究较少,多数研究者虽然在探讨高校转型,但是还未将高校转型的研究上升到章程制度化层面,虽然有些研究对高校转型与章程变革在一定程度上有所提及,但研究分散且薄弱;其次,虽然近年来对大学章程建设的研究很多,但大都是对普通高校章程的研究,高校转型的章程变革显然不同于普通院校的章程建设,有其独特的本质区别,高校在转型实践理念、定位以及学生培养模式、师资队伍机制需要如何进行变革,这些都需要高校在转型实践中变革章程从而加以制度化;再次,虽然一些研究注重对转型政策的解读和宣传以及偏重对经验介绍和分析,但是缺少深入高校转型实践中去发现问题,并对问题进行反思;最后,大多数研究者更偏爱思辨性的理论建构以及依据理论提出应然愿景,缺乏实践中的实证研究支持,所得的结论基于主观判断的偏多,以现有的研究成果去指导高校转型中的章程变革显然缺乏说服力。为此,应加强高校转型实践中的章程研究,从实践中寻找问题,然后提升到一定的理论高度,提高理论研究质量水平,并及时将理论研究成果转化为现实中的生产力。

(二)研究意义

本研究在理论与实践层面对高校转型实践中的章程变革进行系统而又深入的研究,由于欧美近代高校不仅引领着高校发展方向,而且大学发展史上的两个具有历史意义的重大转型,都源自欧美。因此,本研究以欧美高校研究为主要背景,审视高校转型与章程创新的基本概念、历史发展、相关理论,对课题研究在研究范畴和方法上进行梳理;实证部分选取有代表性的我国转型高校章程调研,并分析章程建设中制度创新,为章程研究领域提供新的研究思路和方法,也为我国高校转型实践中制度、章程创新起到前瞻性启示，因此，本研究兼具理论和实践双重意义。从理论层面来说，本研究可进一步，充实高校转型与制度研究，加深对高等院校形态转换、制度变革、范式变化及章程建设的理论认识，以高校转型实践中的章程变革为载体实现对高等教育理论的拓展与深化。本研究形成了包括转型与章程理论、基于实践的实证研究、国际比较研究在内的完整研究体系，区别于以往的这一研究领域以经验介绍、文献梳理分析、理论分析与思辨为主的研究范式，提升了高校转型与章程变革的方法论层次。

从实践层面来看，《教育规划纲要》关于"完善中国特色现代大学制度"和"加强章程建设"的提法，从实际情况来看，章程的形式意义大于实际作用。不管是学者还是高校转型的改革者，都能意识到章程变革在地方高校转型制度变革中起着举足轻重的作用，然而，面对实际转型中的章程变革大多数仅仅停留在形式意义，因此，在高校转型实践中章程如何创新，成为高校转型的核心。本研究以高校转型实践中的问题为导向，以"解决问题"为根本、以理论为基础的应用型研究，通过深入调研发现高校转型实践中的各种问题，思考如何对以章程为载体的制度化进行规范，试图提出针对实践中问题的解决方案，有助于规范高校转型，使其制度化运作，进一步深化高校转型实践中的内部治理结构改革，落实国务院关于《关于加快发展现代职业教育的决定》和教育规划纲要的精神，推动我国高校转型实践中的现代制度建设，推进依法转型方略的实施，最终为我国高校转型做出贡献。

三 研究设计

（一）研究对象与研究目的

1. 研究对象

本研究以高校转型实践中的章程为研究对象。在欧美国家，对转型的概念理解较为宽泛，狭义上包括普通院校转向应用型高校，广义上还将高校形态之间的转化包含在内。在国内，习惯上将高校转型倾向于地方高校向应用型或创业型高校的变革。鉴于国内外对于转型认识的多样化，本研究所涉及的"高校转型"采取广泛意义上的高校形态变革。高校形态的变革往往以章程制度变革为载体进行推动，因此，课题组将高等院校转型实践中的章程变革作为研究的对象。

2. 研究目的

（1）加强文献研究与理性思索，揭示出地方高校转型的时代必然性，明晰地方高校转型的内涵与影响因素，进行高校转型实践中章程研究的理论分析及建构。

（2）研究高校转型实践中章程及其与各决定因素之间的关系，对外部环境变化所带来的挑战、办学模式与课程教学的变化、特色发展以及创业型大学建设等方面进行专题研究，明确地方高校转型的具体实践特征和要求，探索其章程变革的可能路径。

（3）通过对欧美高校转型实践中章程变革的文献研究与调研，分析欧美高校转型实践中章程变革的理念体系、基本框架与组织体制，以对我国高等院校转型实践中的章程变革给予启示和借鉴。

（4）结合地方院校转型实践的实际情况，研究章程变革的基本框架及内容体系。

（5）选取有代表性的转型高校进行章程变革的案例研究，通过制度变革规范引领高等院校转型服务于地方经济，走特色发展之路。

（6）基于案例高校章程变革的经验与不足，探索高等院校转型本质与外部环境间互动所带来的章程变革，从而为高等院校转型实践中章程建设与变革提供建议。

（二）研究内容与研究重点

1. 研究内容

（1）高校转型与章程变革的理论研究。对高校章程和章程变革而言，理论研究包括：高校转型与章程变革本质观、有关高校转型的理论（大学组织转型五要素理论、三重螺旋模式理论）以及高校治理与章程（以章程为载体的治理、世界治理模式典范的分析、新制度主义）等相关理论。

（2）高校转型与章程变革的实践探索。对新中国成立以来我国高等教育转型政策、体制变革及高校治理变革与章程推进政策进行梳理分析，选取全国有代表的转型高校作为样本，比较其转型与章程变革的共性与创新，特色与不足，发现实践中存在的问题。

（3）就高校转型与章程变革进行国际比较研究。国际高校向哪种趋势转型？其制度章程如何随着转型而进行变革？课题组从国际比较的视角出发，讨论美、英、德、芬等国家高校转型趋势与模式，同时，选取有代表性的高校案例,讨论章程变革对转型的促进作用。

(4)研究结论。提出适合我国高校转型与章程变革的立法之路,探讨最适合我国高校转型的章程变革的政策建议。

2. 研究重点

(1)进行高等院校转型实践中章程变革的理论构建。

(2)分析高等院校转型的具体实践特征和要求,探索其章程变革的可能路径。

(3)依据实际情况研究制定章程变革的基本框架及内容体系。

(4)探索高等院校面对环境变化的挑战所带来的章程变革,从而形成政策性建议。

(三)研究问题与研究方法

伯顿(Burton,2001)认为研究者做研究要体现其过程,而且还要求"科学方法贯穿其中"(朱志勇,2005)。本研究在理论分析的基础上,主要采用实证调查法对我国高校转型实践中的章程创新进行研究。

1. 研究问题

我们研究转型高校实践中的章程创新,无法避免"高校转型究竟是什么"这一问题。有专家认为,转型即从一种形态转向另一种形态,可能是由一种制度转向另一种制度,由一种发展模式转向另一种发展模式,或者由一种发展定位转向另一种发展定位等。[①] 也有专家在理解国务院所部署的"引导一批普通本科高校向应用技术型高校转型"中的"一批"并非仅指高校数量,而是蕴含着制度创新意义。[②] 关于高校转型,大部分专家认为制度创新是转型的关键要义,但是我们在强调制度创新的同时,需要关注制度的载体——章程的创新。

本研究的初始阶段,笔者对我国大学章程的制定者、教师、学生进行了大量的访谈和文本分析,通过这些访谈和文本分析后不断思考,笔者逐渐发现,高校对章程创新的认识包含两个层面的问题,一是单所高校转型实践中的章程创新的认知与思考,二是关于转型院校集群章程共性创新的认知和思考:哪所学校章程有所创新?转型高校在章程创新中有哪些共性的创新?因此,本课题组所研究的高校转型实践中章程变革的核心问题归

---

① 张应强:《关于地方本科高校转型发展若干问题》,《现代大学教育》2014年第6期。
② 陈锋:《引导部分本科高校转型发展》,《中国高等教育》2014年第12期。

纳如下：

（1）如何在章程创新中体现转型院校定位变化。在高等院校转型的实践中，每一所转型高校都面临着发展定位问题，这是高校在转型实践中面临的发展瓶颈问题。

（2）如何变革章程的内部治理体制，推动高等院校科学转型。在高等院校进行恰当定位的基础上，对内部治理体制进行科学建构和变革，通过章程的构建和变革对学校权责进行明确划分，明晰领导体制、治理结构、管理模式等。

（3）如何在章程中规范人事制度变革，实现教师队伍的转型。师资队伍的科学转型是实现院校转型的关键，在高等院校转型实践中，都应重新思考人事制度改革，以实现教师转型与吸引、培养及造就高层次创新型的"双师型"教师队伍。

（4）如何进行课题的政策研究设计。课题的最终成果服务于教育行政部门及高校，围绕着高等院校转型探讨其章程的变革，如何进行课题的政策研究设计才能使研究既有前沿的预见性，又能够为现实的教育决策服务。

2. 研究方法

本研究的第一和三编是理论演绎和比较部分，主要采用文献分析方法、比较分析方法以及历史分析方法；第二编是进行问卷访谈等实证分析的方法，主要混合采用定性和定量相结合的研究方法，基于调查分析，然后找出存在问题及其原因；第三编是进行比较研究，研究欧美高校转型实践中的章程创新，借鉴欧美高校转型实践中的制度创新；第四编是基于理论、实证与比较教育的结合，提出我国高校转型章程创新的对策建议。（如表0-1与图0-1所示）为了使研究更加接近真实、客观，研究还主要采用目前世界所流行的研究新范式——混合方法研究，约翰逊和奥屋格普兹认为，"混合方法研究就是研究者在同一研究中综合调配或混合定量研究和质性研究的技术、方法、手段、概念或语言的研究类别"[①] 通常来说，混合研究方法包括8个步骤：研究问题的确定、研究目的的确定、研究方法的选择、资料的收集与分析、资料的解释（即资料所赋予的意

---

① Johnson, R. B., Onwue-Gbuzie A. J., "Mixed methods research: a research paradigm whose time has come", *Educational Re-searcher*, Vol. 33, No. 12-26, 2004.

义)、数据合法化(资料可信度解释)及结论的得出(如图0-3所示)。

表0-1　　　　　　　　本研究的具体研究方法

章节	定量研究	定性研究
第二部分		文献分析、比较研究法、历史分析法
第三部分	问卷分析	开放问卷和访谈的文本分析
第四部分		比较分析
第五部分		逻辑分析与推理

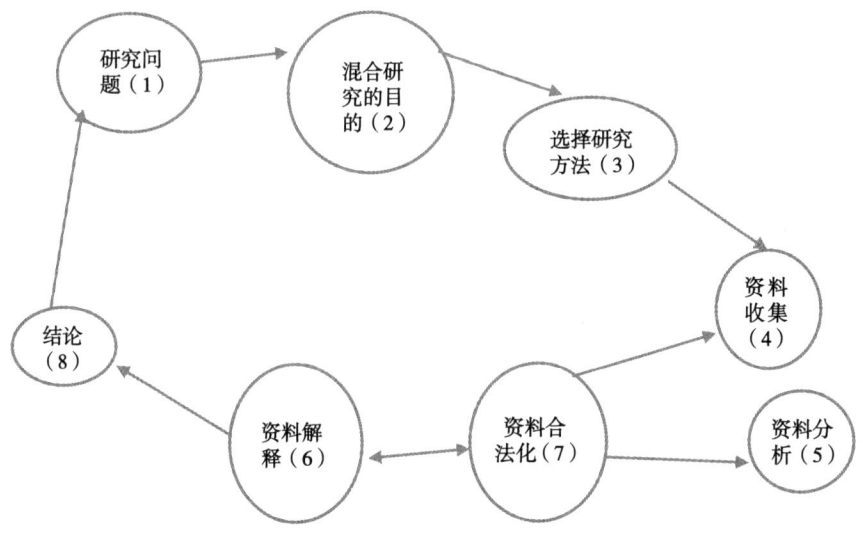

图0-3　混合方法研究程序模型

(四)研究理论与研究框架

1. 理论依据

(1)洪堡的科学观。洪堡认为科学是一种未完成的事物,是"未被穷尽,且永远无法穷尽的",因此,科学意味着不断地进取探索。洪堡的"由科学而达至修养"深刻地阐释了大学的本质,同时,它还揭示出两者之间的关系,大学是从事科学的活动,其根本目标在于培养学生道德修养,乃至引领整个民族的精神。依据洪堡的论述,大学是从事科学活动的机构,并非狭义的高等教育机构。洪堡大学"科学"观包含着对科学的态度,他指出:"应视科学为一切尚未解答之问题,因而始终处于探索之中。"但是大多数人并不具备探索科学的条件,只是在大学受到科学精神

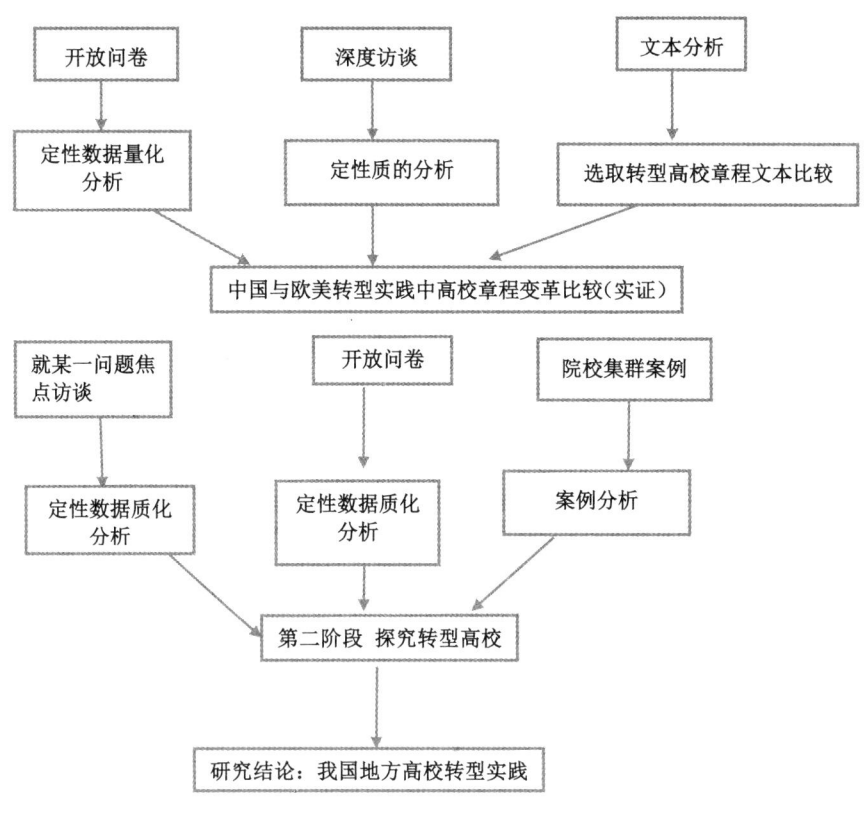

图 0-4 总体研究方法

的陶冶，获取应用科学的知识。从这个意义上来说，大学不仅研究"高深学问"，大多数大学还应致力于科学的应用。

（2）谢尔斯基的变革观。人类推动社会变革的基本行为模式有三种：一是革命，二是改革，三是创新。改革就是对原有的事物进行修正，为其确立新的精神。高等院校转型属于高等教育改革，是基于社会的迫切需要，形成新的观念、使命及规范体系。也就是说，高等院校转型需要新的安身立命的理想与观念系统去支撑，一种高瞻远瞩的章程变革规范体系。

2. 研究假设

（1）随着我国经济结构化转型的不断深化，第三产业和高技术工业产生了巨大的人力资源需求缺口，而这两个缺口又恰恰是传统学历教育模式所不能弥补的。我国地方院校以往所追求大而全的综合化发展已经不适合时代的发展,随着高等教育普及化,地方高校转型呼声随之而起。地方高校转型应主动适应和全面支撑地方经济社会发展需求,基于这一需求,培养的学生不仅具有丰富知识、探索科学的精神,而且还需具备应用科学知识的技能,更重要的是与地方需要紧密结合,形成特色。

(2) 地方高校肩负着为全面提升区域性经济、社会发展水平提供人才和智力支撑、消除地区发展不平衡性的历史重任。高等院校转型实践中的章程变革既是科学转型的核心因素,也是发展的持久动力。

(3) 高等院校转型中章程的变革应明确学校定位、使命、方向、办学模式、管理体制等,使学校找到适切的发展路径。

3. 研究框架

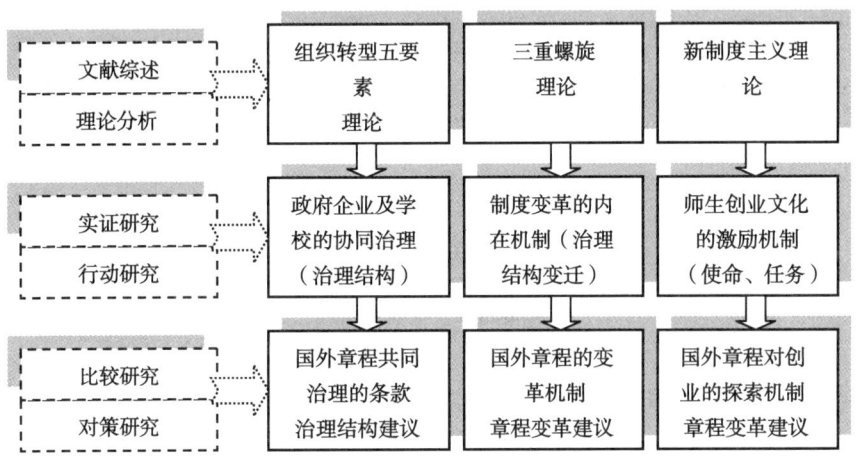

图 0-5 研究框架

在我国当前院校转型变革的迫切形势下,以高校转型实践中的章程变革为研究对象,选取世界不同代表性的高校转型章程变革为研究样本。采取跨学科视角,综合职业教育学、高等教育学、政治学、管理学、法学等多学科的研究方法,以高等院校转型实践中的章程变革的文献综述、理论分析、实证研究、比较研究为主线,对大学治理结构、使命、任务、师生满意度、大学制度等因素的相互关系进行研究,针对上述研究对象,在院校转型章程变革与其决定因素之间关系方面得出具有普适性的研究结论,进而为院校转型实践中的章程变革提出可行性对策(如图 0-5 所示)。具体来说，第一编是研究的理论部分，对高校转型和章程变革进行理论分析；第二编是实证部分，基于第一编的理论分析，选取转型高校为案例研究，进行章程文本分析结合问卷访谈等研究，进行差异性分析，探讨章程创新对高校转型的提升效果，从而得出实证部分的结论；第三编是对西方大学转型与章程变革的历史梳理；最终通过理论探讨、实证调研及比较分析，对我国大学转型实践中的章程变革提出具有操作性的建议，从而构成研究的三角互证。

(五) 研究难点与研究创新

1. 研究难点

(1) 国外大学有关高等院校转型实践中章程变革的调研与一手资料的获取与把握。

(2) 在对影响高等院校转型实践中章程变革因素的分析中，采用数据统计法对各因素之间的影响路径的方向和大小进行总体分析，发现普适性结论。正确把握普适性结论是提供政策建议的出发点，因此，对普适性结论的正确把握是本研究的难点。

2. 研究创新

近几年来，随着政府对高校转型和章程建设的日益重视和推动，有关高校转型和章程建设研究的文章和著作虽称不上浩如烟海，但确实不少，这些研究大多是专门研究转型或者专门研究高校章程，很少将两者结合作为研究的对象。国内仅有的研究大都是概括地分析，并没有对该领域的范畴加以界定，也很少有基于实证基础上的调研。本研究为地方高校制度与章程建设拓宽思路，主要的创新点包括：第一，从理论层面对高校转型和章程建设进行概念辨析和历史追溯，阐释了大学治理、高校转型与章程变革的相关理论，考察了高校转型和章程、制度、治理的研究概况，聚焦到高校转型和章程创新两个核心领域，并对其研究方法和路径进行梳理；第二是在高校章程制度领域从方法论层面尝试运用混合研究方法，主要通过问卷调查和访谈的方法来获取原始数据，综合运用定量和定性的研究方法，比较中美高校转型与章程创新的差异，发现章程创新促使高校的顺利转型；第三，从实践案例层面分析了中美高校转型实践中的章程创新，阐释高校转型与章程创新的相关因素，考察章程创新对高校转型实践所产生的影响，最后综合中美高校转型实践中章程创新的差异，对我国高校转型实践中的章程创新提出可操作性的建设意见。

第一编　理论研究

本部分首先界定高校转型与章程变革的基本概念,在辨析概念的基础上追溯高校转型与章程变革的发展历程,探讨高校转型、现代高校治理、现代高校制度、高校章程创新等理论取向,为第二编实践探索提供理论上的支撑。

第一章 高校转型与章程变革的本质观

本研究的基本概念包括高校转型、高校转型实践中章程等相关概念。

第一节 高校转型本质

高校转型是我国现阶段党中央和国务院的重大决策,在特定时期有特定的含义,那么,为何要转型?哪些高校是转型的主体?转型高校要实现哪些形态上的变化?如何以章程为载体引导其规范转型?这些根本性问题涉及高校转型概念的探索。

一 高校转型本源含义

高校是从分类视角出发所形成的相对概念。目前我国具有普通高等学历教育资格的高校大约2500所。由于学校之间在办学层次、办学水平、隶属关系、办学体制等方面的不同,普通高校就具有了不同的类别。按办学层次划分,可分为本科院校和高职(专科)院校等;按办学体制划分,可分为公办高校和民办高校(新体制独立学院);按隶属关系分,可分为教育部直属高校、中央其他部门所属高校、省(区、市)所属高校等;按办学水平划分,可分为"985工程"大学、"211工程"大学、国家重点建设的大学和一般大学。在国内大家熟知的由武书连教授带领的中国大学课题评价组也为高校设计出一套分类体系,该体系依据"类"与"型"两个维度来对我国高校划分归类。首先,基于国家教育部的学科门类和高校自身的学科比例通过计量分析的方法,将我国高校划分为12个学科门类,分别是:科研综合实力类、自然科学类、理学类、工学类、农学类、医学类、社会科学类等,然后依据一定的标准进行特定的数据处理将我国高校划分为四大"型",其分别是研究型大学、研究教学型大学、教学研究型大学和教学型大学。就广义而言,通常政府文件、媒体及学者所研究的"高校转型"是指高校在"类"和"型"两个维度都发生变革,从狭义上来说,仅指高校在"型"方面发生变化。课题研究的范围是广泛意义上的转型,是指高校通过合理定位、发展策略及制度促使其实现类或者型发生变革。

二 转型主体

我国高等教育的大众化进程,虽然拉动了经济增长、满足了人民需求,却随之带来规模与质量、外延扩张与内涵发展、人才培养目标与培养结果、人才需求与人才供给、高校使命与高校追求之间的一系列矛盾。这些矛盾在地方院校表现得尤其严重,地方本科院校由于地方政府的有限拨款与快速扩招对资金的需求之间的差异,其结果是很多地方高校往往采取举债办学。地方高校为了争取更多的教育资源,从而热衷于高校层次的升格及争取更多项目支持,很多地方高校孜孜追求综合性高校的发展目标,这种对利益的急切追逐,使其疏离了人才培养和服务地方的根本使命,致使培养出来的人才"重理论、轻实践",到社会上出现就业难现象。因此,就当前历史时期而言,我国高校转型的主体是地方高校。

三 转型定位

"高等院校转型",有专家认为所谓转型,是指事物的结构形态、运转模型和观念的根本性转变过程,转型是从一种形态转向另一种形态,可能由一种制度转向另一种制度,由一种发展模式转向另一种发展模式,或者由一种发展定位转向另一种发展定位,[①] 是主动求新求变的过程,是一个创新的过程。"高校转型转什么"则是回答由"原来什么形态"转向"未来什么形态"。就高校转型而言,目前通常的说法是"普通本科院校"向"应用型院校"或者"创业型院校"等的转型,笔者认为"应用"并非高等教育分类的依据,而是其为了迎合社会和时代发展所进行的更贴近实践的变革。德意志学术交流中心驻京办事处主任施多恩博士依据德国这一类高校对中文译名进行解读,即这一类型德国大学的中文译名应该为"应用科学大学"或者"应用科学学院",而非目前国内常见的"应用技

[①] 张应强、蒋华林:《关于地方本科高校转型发展若干问题的思考》,《现代大学教育》2014年第6期。

术大学"或者更非"高等职业学院"。"应用科学大学"或者"应用科学学院"为一种具有应用导向性的高等教育机构，该机构具有丰富内涵，"技术"两字难以涵盖其全部含义。

四 本研究对高校转型的界定

笔者综合以上分析可以认为，课题中的高等院校转型是指广泛意义的转型，是高校决策者依据外部环境的变化，对高校的定位、使命、管理体制、师资队伍、课程体系等进行动态调整和创新，使其转变为符合当代社会和时代发展要求的发展方向。

第二节 高等院校转型实践中章程变革的本质

一 转型高校章程所具备的共性

转型院校章程具有普通章程的"宪法"纲领性和权力"规制"性等共性。"高校章程"是比较广泛意义的概念，追溯学术史进行考察，一般认为大学章程起源于中世纪大学的特许状。中世纪大学特许状（chart）是由教皇或者皇室颁发的赋予大学自治等特权的契约，特许状和章程共同组成中世纪大学的"大宪章"（Magma Charter），可以这样说，特许状是大学章程的雏形。自中世纪以来章程这种"舶来品"经过我国特殊国情的转化，成为法律意义上的特有语言，我国"章程"的称谓出自于《教育法》、《高等教育法》中对"学校章程"的称谓。我国学者通常认为章程通常被认为是机构的管理制度、是大学依法自治的基本文件及大学总纲领。笔者认为高校章程是组织依据国家法律、遵循组织特性、遵照一定程序，制定出来的衔接法律与组织内部规章的最高纲领性文件。纲领性与规制性是章程超越组织类型的共有属性，章程在组织内部的纲领性和对组织内外权力的规制功能，使得高等院校章程与普通高校章程具有共性的内在逻辑。这种共性的内在逻辑体现在高校自治、治理结构的规制、利益相关者参与治理以及高校决策机构、执行机构和监督机构之间的权力制衡。

二 转型高校章程特质

转型高校章程除了体现一般院校法定意义的组织规章的特性之外，更重要的还应体现制度变革的特质。地方高校向现代应用型转变的定位，决定着高等院校章程的特色。转型高校的特质还指"现代性"，"现代性"不能简单地与传统加以区分，或者是与传统相对立，是与现代经济、社会的契合，这种契合不仅是指高校在知识经济时代的背景下转型，而且指治理现代化、工业化、城镇化改革背景下，在结合自身具体办学实际情况下，地方高校所进行"现代应用型高校"的应然构建。"应用性"和普通大学注重学术性的学科体系不同，其更注重于应用性的科学实践；在教育功能上不仅体现普通高校的公益性而且体现市场经济性；在办学模式上鼓励企业的参与合作，甚至有部分学校尝试政府、企业参与的董事会制度管理模式；在教育形式上重视学校教学与就业培训之间的融合；在教学内容上强调应用科学技术在实践中的应用；在学习方式上鼓励科学理论知识在实践中的运用。转型高校的"应用性"开拓了学校自主管理的范围，与其他普通高校相比，高校转型的应用方向的创新性使其在办学和管理中更为开放和灵活，转型高校的章程中界定自主权时，应区别于其他普通高校，以适应区域经济和社会发展需求为导向，高校在转型实践中的章程应该凸显出转型后的职责与使命、组织内外部权力规制及应用型高校特有的文化。转型高校章程的建设不是人为设计出来的，而是必须在继承原有制度的基础上符合应用型高校发展规律并结合时代背景及未来发展趋势有所创新。转型高校章程建设必须紧扣历史积淀和现实发展状况，体现高校在转型实践中的个性特质，以高校最高宪章的形式对其使命、内外权力规制以及内部治理结构加以界定和诠释。

三　本研究对章程变革的界定

"章程变革"，章程是社会组织经过特定程序制定的关于组织理念、使命、任务及管理体制等规则的正式文本制度。章程变革是社会组织对不适应组织发展的旧的文本制度进行改革，建立新的适应社会及时代发展的新制度。本课题所关注的"章程变革"是指教育部促使高校在转型实践中经过特定程序废除旧的不适合其发展的组织理念、使命、任务及管理体制等旧的文本制度体系，建立适合其发展的新的文本制度体系。基于对转型高校章程共性与特质的理解，笔者认为，高校转型实践中的章程，不仅具备一般院校的共性，还应具备上述特质。

第二章 高校转型相关理论

关于高校转型的理论探讨，也就是为什么转型、转型的理论支撑是什么的问题可谓是观点纷繁，既有普通高校的"就业难"缘由、高校发展"趋同说"，又有"产业结构升级说"或者是"经济社会转型说"。笔者认为，高校转型绕不开"政府、高校与市场"三者之间演变所形成的组织关系。因此，研究试图以美国学者伯顿·克拉克所提出的"大学组织转型五要素"理论及"政府、高校与市场"之间的三角协调关系的演变理论作为高校转型发展与章程建设的理论基础。

第一节 大学组织转型五要素理论

纵览大学发展历史，大学的使命和功能发生两次重大转型，由中世纪的行业协会转型为德国的现代研究型大学，再由德国的现代研究型大学转型为美国的社会服务型大学，进入知识经济时代，由于社会、企业需求和政府推动，大学由"社会轴心"转型为"知识产业"，高等教育大众化、进而普及化所带来的生源结构也在发生着深刻的变化，学生数量增多、全球经济下滑，使政府对大学的财政投入能力面临挑战。大学的发展往往需要向社会提供更多的服务以争取资金的支持。对企业而言，也需要同大学合作以提高竞争力。在这些因素的影响下，大学在全球范围内进入转型阶段，面对社会时代环境的变化，大学需要通过组织变革而实现转型。

20世纪与21世纪之交，学者们关于组织转型的研究日益增多，其中有代表性的研究是伯顿·克拉克的著作《建立创业型大学：组织上转型的途径》是针对20世纪末一些大学如何转型为创业型大学的著作。他通过案例研究发现这些创业型大学在组织结构上有五个共同因素，分别是：强有力的驾驭核心、拓宽的发展外围、多元化的资助基地、激活的学术心脏地带、整合的创业文化。① 伯顿认为这五个因素是相互关联、交织在一起的，唯有强有力的驾驭核心才能在瞬息万变的信息时代进行智慧果断决策以应对环境的变化和时代的变迁，大学只有不断拓宽活动范围，走出象牙塔才能谋求到有利于大学发展的关键资源，随着大学发展空间的拓展，随之带给多元化的自主发展，从而激发大学最为核心的学术心脏地带。学术创新又为大学拓展发展范围提供了强有力的保障。在这些相互紧密联系的因素中，创业文化对于大学的发展发挥着重要作用。这五个因素是相互作用的整体而非个体，在转型中这五个因素整体发挥作用，而不是单独某个因素在发挥影响。

伯顿·克拉克关于组织转型的五要素理论是基于组织结构视角的多维整合的社会学分析，这种分析超越传统管理学理论对组织转型的单个因素诸如对大学转型的使命、愿景、领导力等单维因素的分析研究，从新的视角出发对大学组织转型进行阐释，这也是伯顿·克拉克"转型五因素"理论的主旨所在。伯顿·克拉克继承了对组织结构进行分析的旧制度主义的重要观点，重视组织的特质与组织的职责，把组织的特质、职责与结构关联进行研究，认为特定的组织特性实际上对应于某种特定的职责，同时他也非常关注组织理念渗透和支配组织活动的重要性。② 在如何看待大学转型问题以及其背后深层次原因上，伯顿·克拉克依然徘徊在传统的结构功能主义理论上，他认为大学转型面临的关键问题是社会环境、时代变迁对大学的需求及大学应对需要严重失衡，而大学转型则是应对社会环境急剧变化的变革方式。

第二节　三重螺旋模式：权力的博弈

从中世纪大学诞生之时至现代化大学的繁荣，政府、高校与市场三者之间的关系一直是普遍性存在的问题，同时也是目前各个国家现代高等教育体制改革的主题。因为各个历史时期各个国家的政治、经济及文化传统各异，形成了世界形态各异、纷繁复杂的政府、高校与市场三者之间的关

---

① ［美］伯顿·克拉克：《建立创业型大学》，王承绪译，人民教育出版社2003年版，第3—7页。

② 同上书，第170页。

系形态。美国学者伯顿·克拉克认为,虽然在不同历史时期,政府、高校与市场之间各自所处的地位与力量各异,但是对于某个特定的历史时期特定的国家主体而言,政府、高校与市场三者之间处于相应的平衡态势。据此,伯顿·克拉克提出了"三角协调模式"理论,以对高等教育体制与制度中的学术权力(大学)、行政权力(政府)和社会力量(市场)之间的权力博弈进行解读。然而,部分学者容易将"三角协调模式"和"三重螺旋模式"混淆。由此,笔者试图厘清两者之间的区别,以高校转型为例子进行论证。

一 三角协调模式理论:权力之争

大学是特殊的学术组织,自中世纪以来一直尊崇"学术自由"、"大学自治"、"教授治校",学术权力在大学占据着举足轻重的地位,最为典范的是德国的洪堡大学,重视"教学与研究的结合",将研究知识作为大学使命。到19世纪,随着社会发展,国家开始重视大学在社会发展和国家繁荣的重要作用,政府逐步插手大学的事务与发展前景,将大学看作为国家意识形态和政治经济服务的工具,大学国家化的特征得以体现,由此形成大学学术权力与政府权力并存的局面,如德国文化国家观下教授管理大学的格局(如图1-2-1所示)。

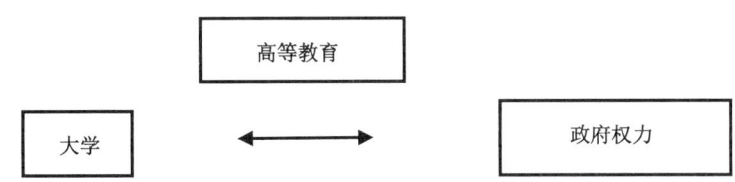

图1-2-1 近代高等教育政府行政权力和大学学术权力的关系

第二次世界大战之后,一直对德国大学模仿的美国大学开始变革,开展赠地学院运动,将服务社会作为大学新的重要职能,市场力量开始逐步在大学管理体系中发挥作用,并影响大学的发展。至此,政府、大学与市场三者之间的鼎足之势得以形成。这是伯顿·克拉克所提出的"三角协调模式"理论的时代背景。伯顿·克拉克认为,现代大学权力交织着国家政府权力、市场力量与大学学术权力而致使形成"三角协调模式"。他勾勒出三者力量抗衡的模型图。在三者的权力对峙中，政府往往代表着国家意志，以政策为顶层设计、以财政拨款为手段对大学实施影响；学术权力以资深教授、专家以学术委员会等正式组织抑或非正式组织为载体在大学中发挥着重要作用；市场代表着社会和利益相关者的意愿，以服务消费者的要求对大学施加影响，正如伯顿·克拉克所描述的那样"三角形内部各个位置代表着三种力量抗衡的程度"。当大学受市场力量主导时，大学学术权力和国家行政权力相对减弱，市场力量在三者中居于核心位置；当大学依靠政府大部分或者全额拨款时，政府的行政权力发挥着重要作用，大学学术权力和市场力量较弱，政府行政权力居于最重要位置；当大学崇尚学术，追求知识真理为主要使命时，大学教授、专家则居于权力抗衡中的核心，国家行政权力和市场力量居于相对次要位置，大学学术权力居于权力核心位置（如图 1-2-2 所示）。

图 1-2-2　伯顿·克拉克的"三角协调模式"

伯顿·克拉克的"三角协调模式"揭示政府权力、市场力量及学术权威三者之间的相互依存性，三者之间的模型呈现出内在的"向心力"。伯顿·克拉克认为政府、市场与大学之间权力协调最理想的状态应该是上图 1-2-2 模型所示的三足鼎立之势，彼此相互牵制、又相互合作。然而，在现实的世界各个国家的高等教育发展战略中，这种理想状态的"三角协调模式"则是不易实现的。不同国家的政府会依据国家的现实状况来选择对大学的支持力度从而侧重于其中一种模式实施国家战略政策，有的国家重视学术权力，以学术权威为主；有的国家重视政治权力，以政府的行政权力为主；有的国家重视市场力量，在三方力量的交锋中，市场力量占据主导。回溯历史，大学发展史呈现出以学术权威为主的"意大利模式"、以政治权力为主的"苏联模式"和市场发挥重要作用的"美国模式"。通过分析伯顿·克拉克的"三角协调模式"可以发现,其理论不仅揭示了大学发展的内在逻辑、权力关系因素之间的矛盾,而且为研究大学与政府、市场之间的关系以及高等教育体制改革奠定了方法论基础。

随着社会的进步,时代变迁,影响高等教育体制、现代大学制度变革的因素越发复杂和多元,伯顿·克拉克的理论需要适应时代发展进一步完善,后续研究者依据社会变化及高等教育发展所需对"三角模式"理论进一步细化。其中英国学者加雷斯·威廉斯认为在"政府主导"权力模式下,大学只是属于政府机构的一部分,必然受到政府的约束与监督,大学在有限的范围自治;在大学"学术权威"主导模式下,大学拥有广泛的自治权力,较少受到政府的干涉,但其可能因自治的过度化而致使大学封闭,难以走出象牙塔;在"市场主导"模式下,市场以无形之手对大学方方面面实施影响,大学对知识的追求受到利益的驱使,必须适应市场的变化才能生存,而政府行政力量和大学学术力量相对较为薄弱。依据加雷斯·威廉斯的观点,在"三角协调模型"中,政府所扮演的角色更为关键,其与其他二者的密切程度决定着三方鼎足之位置变化,依据他的构想,他将"三角协调模式"细化六种小模型(见图1-2-3)。

在第一种模式中,政府权力、大学学术权力及市场力量达到较为理想的"三足鼎立"之势,三者的权力关系相对较为均衡,大学拥有较高自治权力的基础上,仍然能够得到政府和社会的支持,三者之间呈现良性制衡和互动的发展趋势;在第二种模式中,政府、大学与社会之间的发展方向并不一致,三足鼎立的理想态势被打破,政府在三者关系中扮演监督者的角色,在大学发展中发挥的影响较为有限;在第三种模式中,虽然三者定位并不一致,但是政府和大学定位趋向较为一致,体现出在市场力量日益增强时,政府与大学合作趋向明显,在促使大学发展的同时制约市场力量的日益膨胀;第四种模式中,三者虽然在同一水平线,但政府与大学方向完全一致,却与市场方向相反,说明政府倾全力支持大学发展,从而致使大学过度依赖政府,受到政府约束和控制,远离市场需要,大学难以实现自主发展;第五种模式中,政府与市场发展方向趋向较为一致,却与大学发展方向背道而驰,说明政府鼓励大学发展遵循市场的选择和运作规则,促使大学按照市场规律自主发展;第六种模式中,政府、大学与市场在一条水平线上,政府与市场完全一致,却与大学完全相反,说明政府与市场发展立场一致,政府将自己看作大学的消费者,制定政策进行顶层设

政府　　市场　　　　　　　　　市场

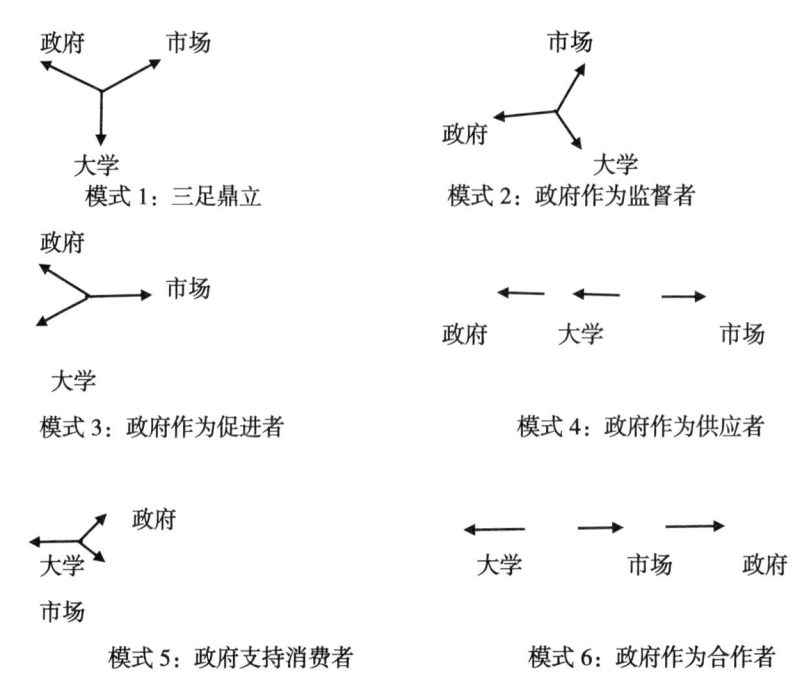

大学　　　　　　　　　　政府　　大学

模式 1：三足鼎立　　　　　模式 2：政府作为监督者

政府　　　　　　　　　　　　←　←　→
　　　市场　　　　　　　政府　　大学　　市场

大学

模式 3：政府作为促进者　　模式 4：政府作为供应者

　　政府　　　　　　　　←　　　　　　　→
大学　　　　　　　　　大学　　市场　　政府
市场

模式 5：政府支持消费者　　模式 6：政府作为合作者

图 1-2-3　三角协调模式图示

计引导大学按照市场规律发展，对大学资助力度减弱，重视大学服务社会的职能。显而易见，加雷斯·威廉斯理论更为翔实，将政府、大学和市场之间的权力关系以动态演变的形式展现出来。

二　三重螺旋模式理论产生：强调权力的合作

虽然加雷斯·威廉斯的"六种关系模式"理论对伯顿·克拉克的"三角协调模式"理论进行了详细的分解和进一步的充实，但并未从本源上进行突破和改变。他们论证三者关系的基点是政府、高校与市场之间既彼此牵制又相互发展。也就是说，在三者的权力博弈中，必然会存在着矛盾和冲突，当某种权力发挥关键作用时，其他两种权力或被削弱或被控制；由此体现在特定时期或者特定国家，大学的权力要么受制于国家控制，要么受制于市场因素，要么是受学术权威支配。从上述理论来说，"三足鼎立"是政府、高校与市场之间理想状态，而加雷斯·威廉斯和伯顿·克拉克则认为在现实中根本无法实现。与加雷斯·威廉斯同一时代的学者荷兰学者罗伊特·雷德斯多夫和美国学者亨利·埃茨科维兹在继承和发展伯顿·克拉克的"三角协调模式"理论时,并未将关注点停留在三者之间的基本矛盾和冲突上,而是聚焦在三者之间的互动合作。

伊特·雷德斯多夫和亨利·埃茨科维兹认为,随着信息化时代知识经济的到来,大学组织并不存在坚实的边界,政府、大学与市场三者之间各有特色和优势,权力博弈的有利方向是合作和协调,并非是矛盾和冲突。他们将政府、大学与市场的关系用图示的形式表述为三种模式(见图1-2-4):第一种是强权控制模式(An Totalitarian Model),政府权力统领着大学和市场发展,占据着主导地位,大学与市场之间处于绝缘状态,各自独立,狭隘的空间使大学难以创新;第二种是自由放任模式(A "laissez-faire" Model),政府放任大学发展,三者虽然处于"三足鼎立"状态,然而却缺少必要的沟通和合作机制,依照自身的逻辑来运行与发展;第三种是三重螺旋模式(The Triple Helix Model),政府、大学与市场之间不仅存在两者之间的交集和合作,而且三者之间还相互共同协作,混合孕育出网状组织机构,构筑起彼此交互合作的战略伙伴,依托三者合作共同促进社会经济增长和产业的升级。"三重螺旋模式"更为直观形象地展现了三者的合作和互动关系,通过政府、大学和市场三者合力,加强"官、学、研"一体化发展,提高科技产业效能和市场核心竞争力,从而最终使三者共同获益。[①]"三重螺旋模式"理论相对于"三角协调模式"理论的创新之处在于重视三者主体地位与职能,用缠绕的螺旋形象地描绘三者在创新活动中不可分离、密切合作以及相互发挥影响的组织形态,在三者相互交织的权力博弈和合作中促进资源和能量回旋运转,使之共同发展。

"三重螺旋模式"理论认为,在大学知识创新向市场转化过程中,政府、大学与市场的"三重螺旋"权力关系需要历经四个环节:第一环节是三个权力主体的角色重新定位,其实质是政府、大学与市场突破原有牢固的边界,在螺旋线内部进行演变。政府的角色演变为风险投资者、大学从单一的知识创新者角色演变为兼具知识应用的角色,企业搭建联盟平台与大学共同开展研发应用。第二环节是主体之间螺旋相互发挥影响。三者之间产生"三位一体"式的螺旋交融的发展趋势,政府、大学与市场这三个主体不仅在理念上发生变化从而致使大学组织在结构和功能发生变

[①] Etzknowitz H, L "Incubation of Incubation: Innovation of Triple Helix of University Industry Government network." *Science and Public policy*, Vol. 29, No, 2, 2002.

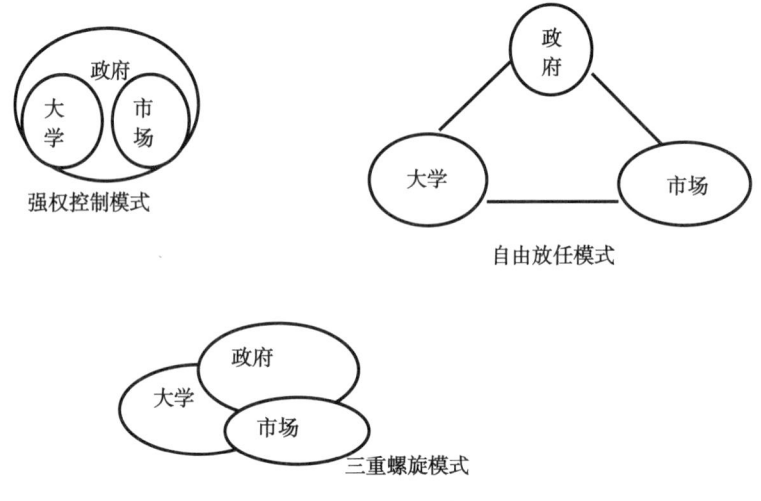

图 1-2-4 "三重螺旋模式"图示

革,而且三个主体类似图示中的螺旋线那样产生信息交互以及情景的相互作用。第三环节是产生新的覆盖三个主题的网络组织以及重叠组织。政府、大学与市场三个主体在螺旋状态下产生相互影响,产生新的符合三者共同利益和需求的新的网络和混合组织,譬如联盟的建立、协同研究中心和产业孵化器的产生等。第四环节是三个主体之间的"三重螺旋"的递归影响。所谓递归影响是指主体在螺旋状态的交互作用下对社会产生广泛的递归效应。譬如,知识的开发应用并赋予商品性质不仅改变大学教授传统的知识观念,而且也改变着政府、大学与企业之间的关系。正是由于以上四个环节之间以螺旋状态的循环往复,由此促使政府、大学与市场的"三重螺旋"态势良性反复循环。

"三重螺旋"权力关系的提出揭示了世界各个国家高等教育权力结构体系中都包含着国家、市场与高校三个权力中心,研究我国高等院校转型的章程制度变革,需要对以上三者之间权力关系网络,也就是对高等院校组织变革的情景因素进行探讨。目前,国家、市场、学术这三个权力中心在高等院校转型中发挥着重要的影响。首先,政府作为高校权力结构中的第一个权力中心,国家中央政府、地方政府在高等院校转型实践中提供资金支持等诸多政策上的支持,但是,由于高等院校转型涉及社会诸多机构和领域的方方面面,实施转型政策很难改变在以"一流大学建设"为导向的资源配置状况,在调研中发现,高等院校尤其是新建本科院校在转型实践中对外部政策的稳定预期信心不够，较难产生高等院校内部制度章程变革的动力。其次，市场作为高校结构中的第二个权力中心，既包括高等院校自身竞争高等教育资源的市场，又包括消费者市场。我国较长时间内将建设世界一流大学作为高等教育政策的重点，使得地方高校纷纷效仿综合研究型大学以期在高等教育资源竞争的市场中获取发展资金。消费者市场主要是指高等院校专业相关的行业、企业、家庭等与高校发展息息相关的利益相关者所形成的市场。由于受到公众"学校层次观"以及地域经济、产业结构的多样性的影响，高校转型可能会面对来自家长、学生的质疑以及可能引发的与区域经济需求耦合等消费者市场中遭遇的暂时困境。最后，学术作为高校权力结构的第三个中心，同样对高校转型的行动逻辑发挥着重要的影响。

当前，外在社会环境中对高校学术性排名的重视、政府对高校学术资源配置的学术性导向及高校等级分明的制度，使得高校在深层次的观念中依然将综合性大学作为自己的发展目标。可见，外部社会环境中三个权力中心均对高校转型存在着系统性偏见。这种偏见的原因不仅使高校转型受制于我国区域经济和产业结构的多样性和复杂性，而且也深受传统文化中的"学而优则仕"、"精英主义"等观念的影响。传统文化的"重学轻术"为各个权力中心的行动策略提供了合法性的理由。社会环境因素与权力中心结构的约束使高校转型举步维艰，高校转型的政策策略、章程构建呈现出多元化、复杂化的现实图景。

高等院校转型与章程制度的变革，其实质是高等院校转型与章程制度变革能够获得外部社会和内部成员的认同，符合多元利益相关者的期许、意愿与利益。由于高等院校转型的复杂性以及利益相关者在观念、利益上的冲突，在一些高校内部，特别是地方本科向应用型转型的过程中，应用型高校制度逻辑遭遇到部分内部管理人员和教师的质疑。显而易见，高校的学术权力中心对高校向"职业教育"或者"应用型高校"的系统性偏见并不会因为高校转型的政策的颁布而消除。从根本上而言，在高等教育场域内，社会制度逻辑占据着重要的地位，以市场为导向的产业逻辑仍然处于弱势地位。新兴的产业逻辑受到占优势地位的社会制度逻辑的压制和排斥，产业逻辑亟待合法性重建。章程制度的变革并非是自发的，它受到更为宏大的社会环境和权力结构的影响。国家与地方经济发展、产业结构升级以及新的行业出现，急需高等教育体系从以往的"学术独霸市场"

向"学术教育"、"职业教育"、"应用技术教育"及"创业教育"等多元和谐共生的状态转变。国家治理体系的现代化变革也需要高等教育"分类管理"与之呼应,它要求高等教育增强多样性与适应性。高校转型意味着高校的重构,它揭示着高校内部和高等体系从社会制度逻辑占主导地位向社会制度逻辑和产业逻辑包容发展的转变。

第三章 高校治理与章程相关理论

一 高校转型实践中的以章程为载体的治理

大学章程是大学治理的载体,那么大学治理的逻辑是什么?这无疑是大学章程研究的最基本问题,当然也是高校转型治理与大学章程实践中人所关心的重要问题之一。众所周知,大学是特殊的学术组织,其肩负着最为重要的使命便是对知识的创新,在知识创新的过程中培养人才,给社会或者企业提供研发产品或者智力服务。高校如何在转型实践中实现创新呢?治理者与研究者的共识是必须在高校转型实践中激发教师知识创新应用的热情。只有大学转型在实践中实现治理时,高校老师们的创新热情才会被激发。因此,高校转型实践中以治理为载体激发师生创新和应用知识是高校章程建设的关键,如果高校在转型实践中无法实现,仍以急功近利的态度来获取政府转型经费,将制定章程看作上级交付的任务草草完成的话,那么高校将无法实现真正的转型,也无法实现真正的创新。因此,高校在转型中实现以章程为载体的治理是转型的关键所在,如果高校转型中不能实现,那么,高校转型将始终只能停留在低水平状态。

有研究者认为大学治理是大学管理的目标状态,它是大学管理达到内在和谐的一种状态,故而它仍然从属于大学管理范畴,只不过它是大学管理的高级阶段。[①] 这种说法得到学界的一定认可,就转型高校而言,在管理的低级阶段,管理往往局限在外在可见目标的实现上,对内在隐含的目标却关注不足。体现在高校章程上,如天水师范学院章程序言部分指出"着力把天水师范学院建设成为办学特色鲜明的地方性、多科性、教学型应用技术大学",这是外在可见的目标。只有当地方高校转型以章程为载

---

① 李福华:《大学治理的理论基础与组织架构》,北京教育出版社2008年版,第14—26页。

体的管理进入高级阶段时,才会注重激发老师们内在的积极性,换言之,地方转型的有序治理就是在转型实践中激发主体的创造性,使大学转型成为利益相关者共同推动的职责。只有当大学转型走上文化转型,而非仅仅靠国家转型经费、地方转型经费支撑之时,在管理理念上依靠的自我约束而非外在某种力量驱动之时,方达到以章程为载体的治理。

虽然高校治理隶属高校管理的领域,两者只是在同一范畴阶段高低上有所区分,然后通常会被人误认为是两个范畴。在这样的认识下,管理者在推动高校转型时,会重视高校转型外在目标的实现,并且目标是清晰、可见,认为这样的目标是上级部门有计划、有组织推动的。当大学依照章程进行治理使之大学转型时,则会非常重视大学主体的自治、激发师生的创造性,注重营造内部和谐的转型文化氛围,把师生对转型的共识和创造性放在首位,而把外在的目标放在次要位置。从地方高校转型的论述上来看,当谈及管理时,人们多停留在垂直权威的推动上,强调任务责任的划分与分配,在谈及以章程为载体的高校转型治理时,则会注重利益相关者的共同参与,重视非正式权威和文化认同的引导。因而,高校在转型实践中以章程为载体的治理更重视过程,而大学转型的运动式管理则更注重目标,管理更强调正式权威,以章程为载体的治理则注重权威的文化认同。

显而易见,大学转型中的管理与治理并非是对立的。作为一个学术组织,内在的转型文化认同、和谐与外在的目标同样重要,只是在转型的不同阶段,其侧重点应该有所不同。在高校转型初期,政府应注重正式权威发挥作用与目标的正确引导,在高校转型到一定时期就应该鼓励高校建设章程,进行自我约束与转型文化建设。特别是高校转型处于初创时期,不能缺乏目标的引导。但是高校转型要健康、科学、稳定的发展,就必须依赖大学以章程为载体的自我治理。从高校转型实践来看,不从规范建设章程入手就试图一步到位达到高校转型认同和内部和谐几乎是不现实的。因此,章程建设与创新的治理是服从高校转型根本目标的要求,高校文化建设同样是高校办学目标内化的过程。

高校转型的目标无疑是知识的创新应用,这是高校转型以服务地方经济的根本所在,当今世界各国都重视高校的转型,以服务经济转型与产业升级,但高校同时也是一个教育机构,肩负着培养人的职能。

不少高校将其目标定位为"创新性、地方性、应用性"或者"应用创新型"等,这与高校转型的理念紧密相连,转型高校为社会提供智力服务，这种服务地方的使命也是高校创造性的根源，因此，高校在转型实践中尝试应用性知识开发为中心开展教学、科研和社会服务。

高校要高水平地实现其转型后的基本职能，就一定要建构合理的治理结构，也就是要确保多元利益主体承担明确、合适的责任以及章程制度建设，这样才能确保高校转型的有效性，从而达到内外部都满意和协调，这样的有效治理才能确保高校转型的科学规范。总之，高校在转型实践中的以章程为载体的治理中就是高校内部实现了真正的自我管理，这是高校在转型中的自治状态。所以，高校转型实践中的以章程自治是大学治理的内在逻辑。

二 世界高校治理模式的典范

（一）传统的学院管理模式

中世纪大学随着教学场所的逐步确立并固定，其管理模式也日趋稳定，学院管理模式在中世纪大学日渐盛行。传统的学院模式以住宿学院为组织团体的管理模式，学院兼具住宿和教学双重功能。教师也住在学院，教师中选举出代表肩负院长之职责，负责教学事务，并进行日常管理。学院具有相对独立的权力，大学则是相对自治的独立学院组成的联合体，类似契约式的机构，而非行政权威，因而，大学校长通常由教师所推举的学术权威来担任，其荣誉性的学术象征意义大于行政权力。学校事务一般由资深教授组成的评议会来协调，校长是评议会主席，负责召集并协调探讨大学总体发展。[①] 也就是说，中世纪大学其实质是实行学术权威的治理模式，这种治理模式是学术自治的典范。学术权威模式虽然历经变迁，现如今依然是欧洲大学治理的基本模式，对其他各国的内部治理模式起到典范效应。学术权威是无形的权力，是师生在对知识的探索中形成的，是一种典型的自组织模式，这种自治传统依然是大学有效运转的基础，由此，换言之，学院制管理是高校自治的经典模式。

学院制治理的载体是师生自己制定章程，章程以特许状的形式被教皇或者国王认可。因此，大学章程是大学内部的师生职工内部协商形成的，被教皇或者国王认可后就成为学院制治理的依据和载体。从中世纪学院制

---

① ［英］博伊德·金：《西方教育史》，任宝祥、吴元训译，人民教育出版社1985年版，第136—152页。

的源起可以看出,它是自下而上的契约式的治理模式,是基于平等协商的契约。显而易见,大学内部要达成一致的契约并非容易的事情,其必然是历经多元利益相关者不断反复争议的谈判和协商,这种讨价还价的声音代表着多元利益相关者的不同的利益和价值观,但终究会在学术根本利益上趋于一致。高校外部的最高权力者对高校章程的认可意味着高校作为一个正式的学术组织而存在。①

(二) 近代治理模式

1. 国家主导型治理模式

国家主导型治理模式的典型代表是德法。德法属于欧洲内陆国家,启蒙运动的兴起使宗教势力对大学的控制日渐减弱,民族国家的政权日渐强大,成为管理大学发展的主导力量,形成国家主导型的治理模式。在这种模式中,教授负责内部治理,国家政权对大学实施外部控制。在内部治理结构中,由教授组成的评议会是最高的权力机构,校长只是一种荣誉性的象征职位。评议会负责教学、招生、课程、推荐校长及提名教师候选人等权力。推荐的校长和新教授候选人需要得到政府主管部门的审批。常务副校长则负责执行评议会所做出的决议以及负责高校内部日常事务。在高校内部,教授享有自由治学的权利和参与管理高校的权力。

2. 专业中介型模式

专业中介型模式的典型代表是英国。英国大学治理结构继承了中世纪大学传统学院制的特征。大学传统自治受外界影响较少,政府通常不会干涉大学内部事务。但是政府对大学治理并非漠不关心,而是通过建立专业中介来间接对大学实施治理,最具典型意义的是英国政府在 20 世纪初叶筹建的大学拨款委员会,它对 20 世纪的大学的发展发挥着关键的影响。政府对大学的不干预使牛津、剑桥等大学保留着中世纪以来的古老自治传统,大学内部治理结构实施学院制,大学校长和副校长由内部推举产生,教师的聘任由大学内部说了算。学院内部的教师代表大学决定着教学、科研及招生等事务。大学的最高权力机构是评议会,由资深教授组成,决定着校长的选择、聘任及学校重大事情及发展方向。当然,这些工作都是有

---

① [美] 查尔斯·霍默·哈斯金斯:《大学的兴起》,梅义征译,上海三联书店 2007 年版,第 1—17 页。

章可循的，都依照政府所批准的大学宪章进行。① 也就是说，以英国为代表的专业中介模式的治理虽然接受政府的资助，却很少受到国家政府的干涉，从而一直保持相对独立的法人身份，政府以拨款委员会这一审议咨询的中介机构为途径对大学实施间接治理，大学内部则选择学院制实施管理。②

3. 现代以市场为导向的社会参与模式

以市场为导向的社会参与模式以美国为典型代表。美国大学的治理模式借鉴了英国和欧洲大陆的双重风格。美国大学外部治理并不受政府的管制，美国的国家体制是联邦分权制。美国公立大学的外部治理依据州的管理体制和法律进行治理，私立大学的发展则完全由市场机制来决定。大学是完全的法人，自己的发展由自己决定，实施完全的自治。美国公立大学外部治理结构是：基于州立法建立高等教育委员会来负责管理大学的董事会，而大学则交给董事会来管理。董事会则吸纳社会代表参与大学治理，从而形成美国特有的社会参与治理的模式。美国私立大学的董事会吸纳各界代表人士，包括政府官员。

美国特有的联邦分权体制与市场的有机结合，使高等教育体系焕发勃勃生机，使每所高校都能结合自己的特色在市场中扮演独特的角色，探索高校特色亦是在创新中自我定位的过程，这也是美国高校不同于其他国家高校的特色所在，称之为市场导向模式。因此，美国哈佛大学前校长德里克·博客认为，大学自治、竞争和适应性构成了美国高等教育系统的特色，是美国高等教育能够超越于欧洲大陆高等教育系统的根本原因。③

(三) 我国转型高校治理的未来选择

我国高校传统上沿袭科层制，也就是用行政管理的逻辑取代高校本应的自治逻辑。行政管理的逻辑治理模式致使学术创新力降低，因此，民众呼唤变革行政化治理逻辑来实现高校自治的逻辑。在高校转型实践中，要规范治理秩序，就需要通过变革大学章程引导高校治理转型。在高校转型实践的章程变革中，高校面对政府的放权所给予的以章程法规为载体的自

---

① 孙贵聪：《英国大学特许状及其治理意义》，《比较教育研究》2006 年第 1 期。
② 甘永涛：《英国大学治理结构的演变》，《高等教育研究》2007 年第 9 期。
③ [美] 德里克·博客：《美国高等教育》，乔佳义译，高等教育出版社 2011 年版，第 38—44 页。

治，却无法规定自身权力边界，之所以出现这种尴尬的局面，在于高校在转型实践中并不清楚自己的权力边界。不少高校在转型实践过程中，无法清楚界定自身、政府、企业等利益相关者的权力和责任，也就不能在章程中予以体现。但要实现我国高校转型特别是地方高校向职业院校、应用型高校及创业型高校的合法性构建，就需要探索以市场为导向的社会参与模式，否则，高校转型就难以有实质性进展。目前，高校转型自上而下进行，政府对高校转型多是以项目经费的方式促使高校转型，很多高校为经费驱使而去转型，内在动力不足。较为理想的做法是促使高校转型作为一种"积极意义合法性构建"牢固地深入高校管理者及教师的认知中，推动高校转型从外在压力或者利益的驱使向内在驱动转变的自主变革，促使高校成为转型的自主行动者，主动变革章程制度。

要实现高校转型实践中章程制度的变革，首先让学校自行决定其专业；其次，学术委员会决定高校领导层的选举，参与治理学校，有效遏制高校转型实践中延续以往的行政化的趋势；再次，吸引社会参与高校治理，面向市场，使大学转型后成为一个利益相关者组织成的组织；最后，党委在高校转型实践中真正担负起监督的职责，发挥类似美国高校监事会的职能。高校转型实践中的章程变革依照这样治理结构的变化，将面临高校转型实践中权力结构的适度分化，我国传统思维定式和文化奉行"和合"主义，不太愿意接受分权和制衡。然而"合"则容易滋生集权和行政化，而"分"才能彼此制衡，才能各司其职和专业化，才能促进社会的参与和高校服务于地方经济的发展。但是三个权力中心如何有效分工、达到彼此制衡始终是高校转型实践中制度变革的难题，更是高校转型治理的难题。高校转型实践中章程制度改革，必须粉碎封闭性科层制度的束缚，探索构建一种开放性的适合社会经济发展和时代潮流的治理结构体系，构建关注市场的社会参与式的治理结构体系，这或许是高校转型的唯一出路。

第四章　新制度主义相关理论

"制度"和"制度分析"概念从现代社会学生发而来,首次被社会学先驱迪尔凯姆(Durkheim)所提出,他提出了社会学中著名的功能论,认为社会的基本构成要素是"规范",也就是公众所认同的价值观所赞同的并对个体行为进行约束的"规范",而"规范"在社会某个范畴内的系统化便是"制度"。由于迪尔凯姆认为维系整个制度规范体系的是共同价值观,正是由于迪尔凯姆对共同价值观的关注,因此道德教育成为他研究的兴趣,他认为社会的道德教育体系承载着构筑社会公共道德和规范社会公众行为的功能。以此而推论,他更深入地论证得出教育制度就是规模庞大的生物意义上的人类社会化的体系,不仅是社会价值观和行为规范体系,而且还包括共同的符号、情感乃至经验,都需要通过教育体系向社会新生代传承和延续。[①]迪尔凯姆的教育理论不再仅从个体的视角来论述教育目的、内容、过程和方法,而是超越原有的教育学知识范畴,开辟了教育社会学新学科。虽然以迪尔凯姆的旧制度分析在深度和细化方面不断得以发展,但仍存在局限性。旧制度分析仅仅研究教育制度外的社会功能,而对教育内部特质却鲜有分析和研究。

新制度主义的形成有其特殊的社会背景,20世纪60年代,重视行动者认知和建构的现象社会学的兴起以及常人方法学在社会学中广泛应用,至70年代初期组织研究开始引入这些方法。如斯尔维曼(Silver-man)强调意义系统以及在社会行动中被建构和再建构的方式,认为意义不但在个体的头脑中运作,而且还存在于社会制度中的客观事实,并认为组织的环境是组织成员的意义的源泉。在这种背景下西方社会科学领域制度主义理论思潮卷土重来,在这次制度主义的复兴中,"市场"因素也被定义为一

---

① [法]迪尔凯姆:《教育与社会》,转引自罗燕《教育的新制度主义分析——一种教育社会学理论和实践》,《清华大学教育研究》2003年第6期。

种"制度",对制度的比较分析亦成为制度研究中的新贵,制度的复制与变迁也开始引起学者重视。新制度主义的经典理论认为教育系统在社会分工中发挥着重要的作用,对社会而言,高校这种组织具有合法性,受制度的广泛作用,具有较强的仪式性;并且,高校组织内的机构松散联结,其组织松散的性质减弱了来自外部的影响,保障了高校的核心活动——教学和研究;此外高校与社会之间存在着形成的契约——信任逻辑,社会对高校的正式评价均带有仪式性。

"制度"在各个不同的学科有着不同的含义和理解,在经济学中,"制度"通常被认为规则和规则体系,是对资源分配和利益相关者权利关系的部署;在社会学中,制度被扩充到被认为包含规则、规制与文化认知等方面以资源或者利益相关者的权力和权利为核心而形成的利益相关者和组织之间的互动框架。与经济学和社会学相比,"制度"被新制度主义者定义为"由社会符号、社会活动和物质资源所组成的多层次稳定的社会结构,它包含以下三大要素:法令规章体系(regulation)、规范体系(normative)和文化认知体系(cultural-cognitive)"。[①] 显然,与以往旧制度主义将"规范"视为制度的基本构成要素相比,新制度主义者将"制度"的含义扩展,不仅将其延伸到法令层面,而且还将其扩展至"认知"层面。新制度主义不仅把旧制度主义中模糊不清的"规范集结和体系化"修改为较为明确的"法令规章体系",而且论述了制度产生基本原因和机制是社会文化认知,也就是"广泛的符号体系"(collective symbolic system)和"共同意义"(common meaning)的构建,新制度主义在这几个方面的特点如下表所示。

表 4-1　　　　　　新制度主义关于"制度"构成的因素体系

	法令规章体系 Regulation	规范体系 Normative	文化认知体系 cultural-cognitive
命令的根基	法令条文	共同期望	共同认知范畴
服务的基础	利益相关者博弈	社会义务	共同理念的支撑
发生机制	外在压力与强制	内在的规范与约束	模仿
逻辑	工具性	认同性	正统性

---

① W. R. Scott, Institutions and Organizations. *California: Sage Publications*, Inc. 2001. pp. 49 – 58.

续表

	法令规章体系 Regulation	规范体系 Normative	文化认知体系 cultural-cognitive
指标	法律、规则及制度	认证与证书	主流的理念与价值观
合法性基础	符合法律要求	不违背道德	为社会主流文化接受、支持和理解

制度环境在组织结构中发挥的重要作用是新制度主义的分析核心，高校与企业的制度环境不同，那么其组织结构也就存在着较大的差距。制度对组织的作用经常在特定时空发生，区别与旧制度主义对社会环境的关注，新制度主义认为组织自身仅仅是组织环境的一部分，并非与环境相隔离。

新制度主义扩展了旧制度主义的框架，拓展包括管制、规章和文化的影响力对组织、组织群落和组织域所实施的约束和影响，"高等教育作为一种制度，由文化认知、准则和管制因素以及相关活动与资源构成，它为社会提供稳定和意义"[①]。我国高等院校转型实践中的章程变革，需要将之放置于更为宏大的权力结构和社会环境中进行考量，新制度主义认为研究组织转型与章程变革，不仅需要研究组织转型的利益博弈、资源分配、社会情景因素以及内外权力结构平衡等问题，更需要探究组织结构转型的合法机制与制度逻辑。依据新制度主义理论，高等院校组织转型通常发生在更广阔的社会环境与权力结构中，要对高等院校转型与章程制度变革进行研究，需要对规制高等院校的权力中心进行探究，需要对现实中的问题进行分析。我国高校转型政策的颁布从新制度主义理论的视角来看，其实是制度变革的一种途径，应重视制度变革中的规范、价值观和理念的适应性作用。

综上所述，我们依据有关大学转型与大学治理、章程等相关理论的研究成果，能够较为清楚地廓清高等院校转型实践中大学章程建设的基本思路。这一思路是以高等院校本质属性和时代发展为逻辑起点，高等院校的本质是随时代发展而变革自身章程制度以实现自治与接受治理监督的有机统一，这是基于对高等院校在历史发展中的实然状态的分析而得出的辩证

---

① [美] W. 理查德·斯科特、杰拉尔德·F. 戴维斯：《组织理论：理性、自然与开放系统的视角》，高俊山译，中国人民大学出版社 2011 版，第 293—294 页。

高等院校发展观。这种高等院校的本质观点体现了自治与监督对立统一的运动规律，随着时代发展，高等院校必须转型，变革自身的章程、制度，在社会市场中自治、竞争和适应并存，构成高等院校转型和变革章程制度的根据。处理好高等院校的自治、来自政府的控制及社会的参与这三者的关系是推动高等院校转型实践中章程变革的应然诉求。这也是变革高等院校转型实践中章程变革所遵循的规律。这一思路以明晰大学、政府、市场三者之间的权力关系为核心，高校组织的自治性、受控性、监督性及随着时代发展社会力量多元参与历史发展趋势决定着高校章程取向与所处时代的政治、经济、文化认知取向的对立统一。作为高校制度载体——高校章程也必须服从于这一取向，理应辩证而又客观地认识高校组织特性，在科学树立高校转型观、治理观及高校本质观的基础上，彰显高校转型诉求，真正能够客观反映高校组织转型特性的章程制度。这一思路以高校转型所涉及的多元利益主体以及与时代、政治、经济发展相适应的高校内部治理结构为依托，在高校实践中章程变革时，应把握高校转型与治理的本质特点，兼顾市场导向的社会参与治理为切入点和归宿，基于中国公立高校治理体制，建构包括理事会、党委会、校长、专业委员会、政府、企业、市场、社会等相关利益主体为责任主体的高校决策、执行、咨询、监督反馈在内的高校治理结构。这样才能理顺地方高校转型各相关利益主体间的权力关系，实现高校科学、顺利发展以及持续繁荣。

第二编　实践探索

随着20世纪90年代后期高等教育体制变革及高校扩招以来，我国高等教育步入大众化时代。依据官方2013年发布的数据，2012年高校数量共2442所，在校人数激增到2391.3万人，居全球第一，但是高等教育扩大所带来的是质量的下滑。在这样的情况下，教育部2001年颁布《关于加强高等学校本科教学工作提高教育质量的若干意见》，自此，质量监管成为政府管理和问责的一种手段。然而，近年来大学生就业难问题凸显，特别是地方普通高校毕业学生就业问题更为严峻，质量问责工程并未解决高等教育结构的矛盾。地方普通高校特别是新建地方高校的办学模式、育人方式与市场存在着脱节，亟须转型发展。地方高校转型，政府政策重点从"质量监管"进入"结构调整"已经成为大众化时代改变"千校一面"，实现高等教育与社会发展良性互动的理性选择。2014年国务院、教育部分别颁布《关于加快发展现代职业教育的决定》（以下简称《决定》）、《关于地方本科高校转型发展的指导意见》（以下简称《指导意见》）等文件，《决定》和《指导意见》的颁布标志着高等教育结构调整、高校转型从理论层面的研究、高校自主探索阶段进入政府有计划有步骤的试点推动阶段。转型高校的章程变革是高校转型的关键内容，两年多来，在国家政策推动下，各试点高校积极探索高校转型与章程制度变革，例如荆楚理工学院探索校企融合共同体，与中兴通讯股份有限公司合作共建中兴信息学院；湖北医药学院改变人才培养模式，培养适用型人才，与当地制药企业共建实践教学基地；西安交通工程学院积极探索专业集群的优势作用，开展试点专业，这些探索性改革取得一定成绩，积累了较为丰富的经验，在制度变革的关键环节取得了一定程度上的突破。除了地方高校开展探索转型之外，我国地方政府和教育行政机关也陆续出台政策引导并促进地方高校转型。可见，围绕着高等院校转型实践中的制度探索在政策引导、高校本身改革以及学术层面研究三个方面共同推进。

　　本编研究高等教育转型实践中章程制度变革的现状。首先，对新中国成立以来我国高等教育转型政策、体制变革、高校治理变革及章程推进进行结构、内容方面的梳理和分析，试图发现政策层面存在的不足并提出改进建议；其次，选择全国有代表性的区域和转型高校作为样本，对其章程制度进行分析，比较各个转型高校在实践中进行章程与制度变革的共性与创新，特色与不足；最后，对我国高校转型实践中的章程制度变革现状与问题进行研究，通过对典型案例的调研，较为完整而又准确呈现高等院校转型实践中章程制度变革的现状，概括总结我国高校转型实践中章程制度探索的经验与创新，发现实践中存在的问题。

第一章　高等教育结构调整政策研究

第一节　高等教育结构调整政策变迁

"新中国 60 年来的教育经历两大时期：前 30 年间的重大教育改革多由政治统领，后 30 年间的重大教育改革则常以经济主导，期间呈现政治经济双重取向的改革，可统称为政治—经济改革取向下的教育改革。"[①]我国高等教育结构调整受政治与经济的影响而与我国的治理结构体系相呼应。新中国成立以来，高等教育的结构调整是国家依据自身体制改革而建构的结果，受到国家政治经济发展的影响，呈现出"运动治理"的特征。按照学科逻辑还是应用逻辑来调整高等教育结构始终困扰着决策者，其实这在一定程度上反映了高等教育"认识论"与"政治论"哲学观的博弈和冲突。受国家治理模式影响，在全能主义与发展主义的观念主导下，我国高等教育结构调整始终处于应用逻辑与学科逻辑非此即彼的严重失衡状态。

一　"工具应用逻辑"：有计划的院系调整（1949—1978）

"新中国成立后，出于巩固和发展政权的需要，国家对旧高等教育进行了全面彻底的改造，并实行高度集中统一管理：教育宗旨和目标由政府制定，学校和专业设置由政府确定，课程和教学内容由政府规定，招生和就业由政府决定，办学经费由政府划定，大学领导由政府指定，学术水平

---

①　程天君：《教育改革的转型与教育政策的调整——基于新中国教育 60 年来的基本经验》，《北京大学教育评论》2012 年第 4 期。

由政府评定，科研项目由政府选定等。"① 这种融高度集权与计划于一体的高等教育管理体制是当时计划经济体制和新中国建设之初向苏联学习的产物。1950年6月在第一次全国教育会议上，教育部明确提出全国公私立高校应该尽可能结合国家建设发展需要来调整系科。调整的主旨方向是发展专门学院，对综合型大学进行整顿和加强以满足国家工业化发展所需的建设人才和师资的需要。1951年11月教育部颁布全国工学院调整方案是全国院系调整关键性文件，自此我国高等教育结构调整拉开了以专门学院建设为重点的序幕。专门学院由同类系科合并或者组建，重视师范院校和综合型大学的理科发展，并扩大其规模。

经过全国性、大规模的院系调整，我国当时高校由211所缩减为182所，私立性质的高校改为公办性质高校，工业专业得到空前重视，专业达到137种，而政治学、人类学及社会学等文科专业被取消，财经与政法类学科规模被缩减；减少综合类大学数量，由原来新中国成立初的55所减至12所，综合大学由新中国成立初期（1949）占高校总数的41.4%缩减至1953年占高校总数的8.5%，文科生招生比例下降了18.2%。"院系调整后，最终形成由教育部和中共中央联合管理的以中国人民大学为首、教育部直接管辖的一些工业大学和综合性大学，以及相关部委管辖的高度专门化的部属院校构成的、以教研室为基本教学研究单位的高等教育系统的基本格局。"② 此次院系调整的主旨在于加强工业学院建设，除了原有的工业学院，还新增钢铁、冶金、水泥、地质等12个专业学院，以应对国家建设需要。

就当时的实际情况而言，新中国成立初期经济基础薄弱、百废待兴，国际政治经济环境特殊，学习苏联，按照苏联模式改革，在当时历史背景下有其历史必然性，符合新中国成立初期计划经济客观现状。完全照搬苏联、重视工业学院发展以及专业工业学院归属专门部位管理的院系调整政策和措施使普通高等教育迅速改变成职业教育体系，旧中国的博雅高等教育演化为新中国初期的专业教育。新中国成立初期的计划经济体制势必对高等教育结构、人才培养模式、院校布局、专业设置产生深刻影响，促使

---

① 刘振天：《从外延式发展到内涵式发展：转型时代中国高等教育价值革命》，《高等教育研究》2014年第9期。

② 包丹丹：《1952年院系调整再解读》，《教育学报》2013年第1期。

高等教育与新中国成立初期的政治经济紧密耦合。培养国家所需的工业人才特别是工程技术型人才成为新中国成立初期高等教育发展的方针，这也是高等教育工具应用逻辑下的价值诉求。然而，高校服务于国家建设的单一工具应用逻辑难免会产生负面效果。有学者在回顾这段高等教育院校调整历史时认为，院系调整对通才教育的否定使专业发展缺乏理性基础，削弱了人文和社会学科，在一定程度上降低了高等教育质量。[1] 院校调整的应用逻辑其实质是布鲁贝克的"政治论"在实践中的体现，其忽视了高校作为主体的自主办学及高等教育发展的客观规律，当高校为国家服务的职能变为唯一时，高等教育的工具应用逻辑势必被异化。院系调整虽然为国家建设培养了急需的工程技术人才，然而，在工业化进程中，这些人才虽拥有一技之长，却难以触类旁通，举一反三。新中国成立初院系调整政策毫无疑问对高等教育的影响是深刻的，它重构了高等教育系统的结构，用"专业教育"代替院系调整前的"通识教育"，构建了"条状"高校与行业之间管理方式。这种管理结构不断在新中国成立初期得以强化，形成当时高校发展与人才培养的路径依赖。

二 "市场导向的学科逻辑"：高校升格与高校合并

1978 年 12 月十一届三中全会起我国开始实施对内改革、对外开放政策，市场因素开始引入经济体制。计划经济体制下的"行业化"逐步被"区域市场化"需求所代替。随之，我国高等教育的条状管理体制——"行业管理"逐步演化为中央政府与地方政府分级负责、分级管理体制。区域市场化的发展，使普通高等教育与职业教育呈现"非耦合"的分离状态。20 世纪末，持续快速发展的经济需要更多高素质人才，但是亚洲经济危机、国内通货紧缩、失业率攀升的背景下基于"拉动内需、刺激消费、刺激经济增长、缓解就业压力"在 1999 年的改革开放后的第三次全国教育大会上决定进行高等教育扩招。扩招致使高校人数激增，2002 年高等教育毛入学率就达到 15%，高等教育的跨越发展使我国进入高等教育大众化阶段。1993 年中共中央、国务院颁布的《中国改革和发展纲要》针对原有体制中的条块分割、重复设置、布局不合理等弊病而展开，我国原有的高教管理体制是一种国家集中计划、中央政府各部委（俗称

---

[1] 毛礼锐、沈灌群：《中国教育通史》（第六卷），山东教育出版 2005 年版，第 10 页。

"条")和省级政府(俗称"块")分别投资办学和直接管理的体制。由于条块分割,你发展你的,我发展我的,造成了大量重复建设。1992年提出了共建、合作办学、划转、合并和协作办学五种形式并首先在广东试点,教育部与广东省共建华南理工大学和中山大学。1997年李岚清副总理在实践基础上提出了"共建、调整、合作和合并"的 8 字方针,要求到 2002 年左右基本完成高等教育管理体制改革和布局结构的调整,形成综合性大学、多科性大学和单科性大学比例合适的新格局。这是自院校调整以来,我国高校布局进行的最大的一次改革。进入 21 世纪,为了迎接新技术挑战,1992 年 10 月,中央在讨论《中国教育发展与改革纲要(草案)》时认为要办好 100 所重点大学,我国政府开始实施"985"工程、"211"工程,政府拨款直接与工程学校挂钩,大学纷纷选择"综合研究型"大学的发展路径以获取政府更多的资助,于是,高校特别是地方高校纷纷采取"升格"举措。"高校合并"和"高校升格"成为该时期高等教育结构调整的主要内容,与此同时,市场化导向也在重构高校与政府的新型关系,政府不直接管理大学,而是通过规划、立项、审批、评估等方式将政府意图与资源分配挂钩。显然,市场导向各种力量的博弈所产生的效应使高校逐步向综合化方向发展,这使得高等教育结构日益趋同,相似的培养模式,使人才培养逐步与市场脱节,大学生就业难问题日益凸显。伴随着国家大众化、国际化教育战略的实施,高校效仿英美通识教育的情结越来越重,高等教育体系全面去"职业化",以学科建设为核心的高等教育理念成为时尚。① 计划经济时期的"工具应用逻辑"开始被"市场导向的学科逻辑"代替。以清华、北大为标杆的综合型研究大学成为制度逻辑,不断描绘着高等教育结构秩序,支配着高等教育的政策系统,成为高校的行动基石。地方普通高校在合并、升格之后成为高校生源扩招的重镇,通常由以往的"数千人高校"演变为"数万人高校",大部分地方高校将自身定位于"教学型大学"或"研究型大学"。地方普通本科院校在发展思路上几乎沿袭了老牌本科院校模式,无论是人才培养模式还是学科专业结构抑或课程体系同质化程度较高。② 不少地方普通院校开辟新

---

① 周光礼:《国家工业化与现代职业教育——高等教育与社会经济的耦合分析》,《高等工程教育研究》2014 年第 3 期。

② 陈新民:《新建本科院校转型研究》,《教育发展研究》2009 年第 1 期。

校区，积极申报硕士点，有部分地方高校甚至为了摘掉"学院"帽子，将其更名为大学，其实质是想朝综合性大学方向发展，形成"千校一面"的发展格局。

"学科逻辑"所构建的高等教育结构，体现了以市场为导向的经济体制背景下，高等教育秩序的重塑。然而，这种学科逻辑的制度不仅使高等教育日益趋同，而且使高等教育脱离社会需求，呈现"非耦合"状态，该时期的高等教育结构调整在一定意义上体现了市场导向下的政府与高校复杂的博弈过程。学科逻辑导向下的高等教育结构忽视产教融合、创业教育等高校服务社会的属性，学科逻辑倡导理性主义，其教育遵循线性简化逻辑，所培养人才在解决实际问题时，往往停留在理性层面，一旦面对实践情景中的复杂问题，往往缺乏解决的能力。近年来，高校学生就业问题日益严峻，其中部分普通本科院校学生出现毕业即失业的现象。依据教育部公布的2015年统计的827所全国普通高校就业率数据显示，教育部直属高校、国内百强高校以及职业院校就业率明显高于地方普通本科院校，特别是新建地方本科院校。数据及现实说明，自20世纪90年代以来我国高等教育结构逐步形成的以"市场为导向的学科逻辑"的办学模式已经不能适应时代、社会经济发展所需，占高校大多数的地方普通本科院校所培养的人才已无法满足市场需要，亟待转型。

三 应用逻辑与学科逻辑的并行发展：现代普通本科院校体系结构的重塑

纵览历史，左右大学发展的力量主要来自两个方面，其一为大学的理性追求与内在发展逻辑；其二为外部社会需求的压力与推力。[①] 学科逻辑和应用逻辑的分离势必引发高等教育危机，学术自由、大学自治与社会干预、国家监督此消彼长而又富有张力的博弈，揭示了高等教育变革的根本原因。目前的知识经济时代、第四次工业革命与以往传统工业时代的重要差别在于知识信息无所不在、知识继承与创新与外部社会之间的关系正发生着深刻的变化。知识传承、创新不再局限于学校，传统高校对知识的传承、创新难以满足时代发展需求，迫切需要高等教育进行多样化的分层和分类。传统大学是精英化的人才培养模式，恪守学科逻辑，研究"高深

---

① 龚放：《试论现代大学的社会责任》，《北京大学教育评论》2008年第2期。

学问",主要培养科学研究与社会管理人才。随着高等教育进入大众化,社会对科学研究与管理人才需求毕竟有限,很多高校学生进入社会后将定位为普通的劳动者。高等教育培养模式必然分化为学术定向和职业定向两种方式,培养模式的变化势必要求高等教育进行分层、分化,构建新型的学科逻辑与应用逻辑之间的平衡框架,同时,这也体现高校理念多元化的诉求。以此为契机,高等教育系统亟须以公共治理为基础,重构国家、政府、社会与市场之间的关系,定位自身的发展理念,并使其制度化和合法化。

国际高等教育发展趋势,体现了高等教育多元化的发展路径。欧洲国家采用多种途径重构高等教育结构,促使高等教育与社会经济之间达到相对松散的耦合状态。欧洲国家通过将一些局部区域的普通地方大学改变为应用大学、职业学院的方式,或者在高等教育系统外再建立新的高等教育体系的办法进行高等教育分化和分层。例如,德国的职业学院、应用科学大学,美国的社区学院,都是政府政策推动的结果。随着知识创新途径的变革,高等教育应用逻辑的兴起与制度化已经成为国际高等教育发展的新潮流。高校的学术探究职责与社会角色得到同样支持,在欧洲职业学院、应用型大学、创业型大学普遍被包含在和普通大学同样的法律框架中。

2010年7月29日,教育部发布《国家中长期教育改革和发展规划》(2010—2020)(简称《规划纲要》)明确提出"引导高校合理定位,克服同质化倾向",鼓励"探索多种培养方式,形成各类人才辈出、拔尖创新人才涌现的局面",重点"扩大应用型、复合型、技能型人才培养规模"。[1] "引导"一词体现政府较之以往将自身角色定位为宏观调控与指导;"高校合理定位,克服同质化倾向"的表述则是表明对以往一窝蜂似的升格都朝综合化大学发展的纠偏,鼓励高校发挥自主权,探索适合自身的发展方向和路径,走多元化的特色发展之路;"多种培养方式"的表述实际上是要求高校顾及市场需求,探索市场参与合作的产学研结合的育人方式。为了落实《规划纲要》,促使地方高校办出多元化特色,逐步形成高等教育多元化的教育结构,引导地方普通本科院校转型发展,2013年6

---

[1] 《国家中长期教育改革和发展规划纲要》(2010—2020),2010年7月29日,教育部门户网(http://www.moe.gov.cn/srcsite/A01/s7048/201007/t20100729_171904.html)。

月，应用技术大学（学院）联盟正式成立，由最初的 35 所地方本科院校发展到现在正式会员高校 159 所。2014 年 3 月，教育部副部长鲁昕在全国职业教育与成人教育工作会议上特别指出"一大批地方新建本科院校办学定位不明、专业特色不明显，与地方经济社会发展严重脱节"等问题。①

2014 年教育部发布《关于地方本科高校转型发展的指导意见（征求意见稿）》（简称规划纲要）指出必须优化调整高等教育结构、加快发展现代职业教育、培养劳动一线高水平的应有型与技能型人才，以推动经济转型与产业结构的调整。征求意见稿旨在试图调整高等教育结构，更期望通过院校结构的重塑，实现人才培养模式的变革。

2015 年 10 月 21 日，教育部、国家发展改革委员会和财政部联合发布《关于引导部分地方普通本科高校向应用型转变的指导意见》（简称《意见》），该《意见》以政策条文的形式将地方普通本科院校转型发展之说纳入正式议事日程，为此，关于地方普通本科院校转型发展的方向似乎已经尘埃落定。② 政策文本中的"地方普通本科院校"主要是指自 1999 年以来地方所属的新建本科院校、民办本科院校及独立学院。政策将地方普通本科院校办学思路定位于"服务地方经济社会发展"，"开展产教融合、校企合作"，将转型发展的使命确定为"加快融入区域经济发展"，"建立行业企业合作发展平台"等 14 项主要内容。③ 可见，政府转型政策的出台，正是基于上文所论述的"三重螺旋模式"理论在政策中运用，通过政府、地方本科高校与社会市场三者之间的"功能变革"、"资源共享"以及"构建组织"以实现三者之间利益相互惠及。地方本科院校在发展的初始阶段，以政府为主导力量进行推进，随着办学自主权逐步向地方高校下放，政府在地方高校发展起着宏观调控的作用，市场经济代替计划经济后，市场因素在高校发展中发挥着重要的作用，市场因素在"三角关系"中的位置凸显。然而，无论是政府对地方本科院校的完全操

---

① 教育部：《加快本科高校转型发展》，《北方新报》2014 年 3 月 28 日。
② 蒋平：《地方普通本科院校转型发展：三重螺旋模式下政策指向》，《教育发展研究》，2016 年第 5 期。
③ 教育部、国家发展改革委、财政部《关于引导部分本科高校向应用型转变的指导意见》，2015 年 10 月 21 日，教育部门户网（http://www.moe.edu.cn/srcsite/A03/moe_1892/moe_630/201511/t20151113_218942.html）。

纵还是完全由市场决定其发展，都不是我国地方高校发展的理想状态，政府、高校与市场之间应该相互配合、优势互补，共同作用形成合力，这样才能促进地方高校的转型发展。

第二节 我国高等教育结构调整政策评析

新中国成立之后，我国高等教育结构进行了三次较大程度的调整，研究高等教育结构调整的成因及动力，需要分析政策背后深层次的制度逻辑。我国高等教育结构调整为何始终不能形成与社会之间的松散耦合关系？我国高校的学科逻辑与应用逻辑为何一直处于非此即彼的割裂状态？笔者试图以历史制度主义的视角，通过对制度的关注，将政策中的"行动者"与结构主义中的"深层结构"相结合，建立宏观结构政策—中观章程制度—微观行动者的解释框架。历史制度主义能够较为合理地解释我国高等教育结构调整为何一直处于政府主导的结构之中，又能够说明高校应对政策的缘由。由此，挖掘政策制度深层次的政治经济因素、文化心理因素、社会观念因素以及政策制度本身、高校等方面来研究高等教育结构政策变迁。

一 环境因素致使我国高等教育结构同质化

"社会学制度主义强调环境在政策变迁中的作用，这就是所谓的同构性逻辑。根据这种逻辑，制度将要且必须适应环境变迁方式，宏观的社会结构将限制任何制度背离现状太远。"① 我国高等教育结构的调整往往是深深嵌入于国家特定的政策体制中，呈现出政府主导政策制度变迁的特点。我国长期以来对集体文化的强调以及中央集权管理的政治制度，使得每次高等教育结构的调整都以国家为主导，始终无法挣脱政府单向度的管理，高校往往缺乏自治环境。20世纪90年代，随着国家对高校自治权的重视，高校开始探索自身的办学理念与模式，然而，政府在设置学科专业、教学与科研等方面对高校实施管理。因此，高校的变革其实被限定在一定的范围之内，高等教育结构政策的调整往往是对政治经济、文化、工

---

① 周光礼：《中国大学自主权（1952—2012）：政策变迁的制度解释》，《中国地质大学学报》（社会科学版）2012年第3期。

业化、时代潮流等外在环境的亦步亦趋的被动应对，显然难以遵循高等教育自身发展的规律。

从新中国成立初期的计划经济体制到社会主义特色的市场经济体制，我国高等教育结构调整的变迁呈现出从"科层治理"到"市场治理"的模式，"科层治理"使高等教育作为工具应用，政府主导下的"市场治理"使之将"学科逻辑"作为神话。也就是说，在计划经济体制下，高校人才培养完全按照国家行业工业化的标准厘定，呈现出极端的工具应用导向。我国高校的市场治理与中国"文凭至上"的文化观念相结合，使得高等教育结构调整中并未呈现合理的结构，而是在"政府、市场与高校"三者互动的权力角逐中，呈现出教育结构同质化的局面。近年来地方高校毕业生就业形势严峻等问题就是我国高等教育结构同质化困境的外在表现，于是，国家试图调整高等教育结构，实施高校分类管理以及促使地方高校向应用型高校转型等政策举措，实现高等教育结构的科学化。

二　历史因素使高等教育结构制度存在路径依赖

高等教育结构在一定意义上是一种政策性制度，其本身的演进也是不断地"再生产"。高等教育结构调整意味着新旧制度之间的变迁，蕴含着资源配置体系的变化与观念秩序的更迭。既定形态的教育结构的存在，会以无形之手对未来的教育结构产生一定的影响。因此，高等教育结构的更迭，总是受到历史的深刻影响，体现出较为严重的路径依赖。我国高等教育结构改革，往往是在原有基础上的改变。新中国成立之初我国对苏联的全面学习使教育结构呈现出国家控制的"单一结构"，"国家控制"的历史对我国教育结构变迁产生了重要影响，自此之后，我国教育结构的变迁往往离不开国家的主导，在形式上体现"自上而下"的强制性的变革。在"自上而下"的推进中，高校的"学科逻辑"和"应用逻辑"往往不是根植于自身的需求的变革，而是呈现出较为鲜明的"外生性"特征从而陷入"异化"的困境。国家控制的变革难以避免衍生出为了争夺资源的"升格运动"和"合并浪潮"，高校的发展沦为对资源的追逐，从而失去其追求真理的使命。大学生的知识结构与社会发展脱节等问题尽管受到时代变迁和产业结构的影响，但是与高校大规模扩大招生及升格合并运动相关，毫无疑问，这是以国家为主导

"自上而下"管理的结果。

三 高校场域外认知因素致使高等教育结构与经济社会耦合不够适当

认知因素在高等教育结构变迁中发挥着重要作用,它是政策调整的观念秩序,亦是政策制定者和执行者对政策的认同和理解,影响着政策的制定、实施和变迁。我国高等教育结构的调整往往受到高校外部思维模式和认知方式的控制,作为结构调整的主体——高校往往缺乏话语权或者高校自主变革制度动力不足。由于高校场域外认知因素的影响,致使高等教育结构或者是过于紧跟经济形势而忽视高校发展规律,或者是与经济社会"非耦合",结果是高等教育结构政策调整存在着"一放就乱、一收就死"的局面。在新中国成立初期计划经济体制下,围绕着国家建设、工业化进程所实施的"院系调整"政策,由于管控得过于严格和死板,致使专业划分过于细,学生理论基础薄弱等问题出现。我国实施社会主义特色的市场经济体制以来,虽然给予高校一定的自主空间,但由于国家政策导向、高校及社会对学科逻辑的崇尚,高校又面临"千校一面"的困境,高等教育与社会之间出现"非耦合"问题。因此,地方高校转型并不仅是知识生产模式的变化,而是要受到国家整体结构调整政策的影响。高等教育治理现代化及高等教育结构的调整,需要治理主体、执行主体等认知观念发生根本转变。

第三节 高校转型:我国高等教育结构的重构

信息化时代潮流及产业结构的升级迫切要求高等教育、政府及市场之间的关系进行反思。随着知识生产模式的演进与时代的深刻变革,知识应用日趋受到重视。展望未来的发展趋势,随着高等教育结构的变革,学科逻辑与应用逻辑两者之间的界限将日趋模糊。以知识创新为使命的学科逻辑需要在实践中应用方能焕发出生命力,换言之,知识的应用拓宽了学科逻辑的广度;有理论支撑的应用方能够触类旁通,也就是说,学科逻辑加深了应用逻辑的厚度。高等教育结构调整政策的重构应超越学科逻辑与应用逻辑单一的观念,实现两者之间的融合,通过高校转型实现应用逻辑与学科逻辑的融合是我国未来高等教育体系变革取向。

梳理我国高等教育变革的历史，从国家角度出发的变革往往在较短时间比较见效，能够较为迅速地实现大规模的教育结构调整，甚至能够暂时迎合社会需求，但是它难以避免会产生系统性风险。重构高等教育结构政策性制度需要政府和高校之间关系的重新定位，需要政府与高校之间建立一种契约，这种契约便是章程。以章程规范大学与政府关系契合时代发展的治理模式，可以实现国家、市场、高校、个人之间的良性互动。政府"自上而下"的政策顶层设计与高校"自上而下"的主动转型变革有机结合，有利于实现我国高校内涵式发展与现代高校体系变革，有利于重构学科逻辑与应用逻辑相互均衡与包容的现代高等教育结构体制，促进国家经济社会发展与高校发展的松散耦合。

首先，院校群集体转型变革。目前，我国高等教育结构调整主旨是为了应对产业结构转型、工业化与城市化的发展，它涉及诸多政策议题，其中构建高等教育分类体系建设、促进高校转型成为重要的政策性议题。那么，既然教育部的转型政策已经出台，那么，在这种情况下，就应该进行理性的研究，对政策的颁布和实施应追问"为什么转型"、"怎么转型"、"转型后会带来哪些改变"、"在转型过程中应避免什么"，以尽量避免以往出现的"合并风"、"院系调整风"那样的"风"刮过去遗留下来的一些"后遗症"或者"负面效应"，顺利实现政策的预期目标。事实上，关于高校转型的理论和实践的研究与探索一直都在进行着，但是这些研究和探索局限在新建本科院校转型的探讨，多是对某个高校转型发展的实践探索，大多数局限在应用技术类的转型，缺乏对高校这一院校集群制度化转型的系统思考。因此，这些高校转型的研究与实践对高等教育结构变革并未产生实质性的影响，当前政策体系所直接涉及的是我国高等教育体系中的六百多所新建本科院校，其转型将会对其余本科院校及高职院校的改革产生深刻的影响，甚至会带来高等教育理念的深刻变化与高等教育结构的调整。

其次，高等教育治理体制变革。高等教育结构调整是政府与高校之间动态博弈的过程，其实质是对高等教育治理权的合理配置，政府的简政放权是高等教育治理权力格局变迁的路径，如何规范高校与政府之间的权力格局变迁，笔者认为，需要用法律来确定高校自治权，赋予高校法人地位，避免在"事业单位法人"这一模糊概念界定背景下呈现出"双界性"

法人特有的"公私串通"等法人滥权现象。① 通过法律手段来确立高校的法人地位,实现政府和高校之间的关系契约化、法制化。政府从传统管控者的角色走向服务者与合作者的角色,采用行政指导和与高校协商制定法律性质的契约——高校章程进行监督的新型治理方式。目前,我国政府正在推动的"权力清单制度"与"负面清单制度"是其简政放权制度设计的范例。简政放权意味着高等教育治理权力的重新分配,赋予省级政府更多的教育统筹权是未来高等教育体制治理变革的趋势,这样能够激发地方政府与高校的主动性,促使高校与当地经济之间松散耦合。

再次,以章程为载体构建高校法人治理结构。构建高校法人治理结构是高校实现自治的基础,也是高校有效治理的关键。高等教育结构的调整不仅涉及高校转型布局、专业设置的调整与转变,更和有关知识生产模式的变化、教学、实训、学生的培养模式以及高校使命变革等诸多问题息息相关。以章程为载体构建高校法人治理结构,不仅可以思考梳理这些问题,使这些问题规范化,而且可以使诸多议题彰显程序正义,从而更好地保障利益相关者的合法权益。转型高校内部治理结构的构建需要以章程为载体进行内部制度构建,大学章程作为高校的"宪法",应该是权利法、程序法与组织法。② 高校章程是高校法人治理的基本制度,是落实高校民主协商的载体。转型高校的章程变革需要完善校、院、系治理,平衡学术权力、行政权力、市场权力,构建高校理事会制度,保证利益相关者参与高校治理等。构建转型高校法人治理结构是高校治理彰显参与式共同治理理念的制度基石,它将促使高校在转型实践中依据自己的历史积淀、未来发展趋势,深思熟虑自身特色、专业、科层、人才培养等涉及转型变革的重大议题,有效确保高校治理与决策的科学、民主。

---

① 龚怡祖:《"双界性"法人:我国高校法人滥权的制度特征及治理》,《东南大学学报》(社会科学版)2008 年第 6 期。

② 湛中乐:《通过章程的现代大学治理》,《法制与社会发展》2010 年第 3 期。

第二章　我国高校治理政策制度变革研究

历史的最大特性是变,历史分期的目的是在找出"变点",观察历史的"质变"与"量变",从而了解各个时代的特性。本研究把1949年以来我国高校治理政策史分期依次进行梳理和分析。

第一节　高等院校治理政策历史梳理

一　集权管制型治理（1949—1977）

（一）"条状"集权式管理体制（1949—1965）

新中国成立初期,我国高等教育主要向苏联学习,逐步建立起权力高度集中的高等教育管理体制。1950年颁布的《关于高等学校领导关系的决定》给予教育部高度集中的领导权,中央有关部门与地方政府定位是予以协助指导和积极帮助,这些权力既有宏观层面的制定教育政策、大政方针、设置高校、变更或者停办高校等,又有微观层面的行政事务、教师招聘、经费设备管理及外出参观学习等方面教学运行。三年之后,国家发布《关于修订高等学校领导关系的决定》进一步赋予教育部高度集中的领导权力。如果教育部管理遇到困难时,可以委托中央业务部门、大区行政委员会或者省市人民政府进行管理。自此,"条状"集权式的管理体制产生,高校无办学自主权可言。

（二）党委领导下的校长负责制（1957—1965）

1958年9月19日中共中央发出《关于教育工作的指示》指出"党的教育工作方针,是为无产阶级的政治服务,教育与生产劳动相结合,为了实现这个方针,教育工作必须由党来领导"[①]。自此,传统的校长负责被

---

① 《关于教育工作的指示》,《人民日报》1958年9月20日。

党委领导下的校长负责制取代。随后同年国家颁布的《关于高等学校和中等技术学校下放问题意见》政策使地方政府取得了管理地方高校的权力，从而掀起了全党、地方、全民办学的热潮。然而，革命式的教育"大跃进"使经济不堪重负，不仅教育质量严重下滑，而且高等教育呈现一片混乱状态。为了纠正和总结"大跃进"式的高等教育革命，1961年9月15日中共中央印发讨论试行的《教育部直属高等学校暂行工作条例（草案）》，简称《高教六十条》。《高教六十条》反思和总结教育革命的不足，强调中央的集中领导和党委领导下的校长负责制，政策对整顿"大跃进"、稳定教学秩序、提高教育质量和科研水平方面发挥了重要作用。但是从治理视角来看，《高教六十条》依然是国家中央集权式的治理范式，地方和高校的权力重回中央，大学自治权极其有限。

（三）"文革"致使治理失控（1966—1977）

随着极"左"思潮涌起，"文化大革命"肆虐，《高教六十条》在十年期间形同虚设，教育部被撤销，高校或合并、撤销或划归地方所用。由于特殊年代地方政府实际处于瘫痪状态致使全国高校陷入完全失控状态。"文化大革命"结束后，1977年8月8日在召开的全国科学与教育座谈会上，邓小平谈了《关于科学和教育工作的几点意见》中提出"体制搞得合理的话可以提高积极性"、"高等院校、特别是重点高等院校，应当是科研的重要方面军"[①] 等意见对教育领域的拨乱反正起到重要作用。

二 政府主导型治理（1978—1997）

1978年党的十一届三中全会不仅吹响了改革开放的号角，而且开启了高校治理改革的历程。1978年2月17日国务院转发《教育部关于恢复和办好全国重点高等学校的报告》在全国重点高校恢复"中央统一领导、地方分级管理的管理体制"。为了使所有高校恢复管理秩序，教育部党组于1979年9月《关于建议重新颁发〈关于加强高等学校统一领导、分级管理的决定的报告〉》建议在个别条文修改的基础上重新颁发1963年5月21日《中共中央、国务院关于加强高等学校统一领导、分级管理的决定（试行草案）》。9月18日中共中央同意并批转了教育部的报告，文件

---

① 邓小平：《关于科学和教育工作的几点意见》，《邓小平文选》（第二卷），人民出版社1994年版，第33页。

转批后，促进了高校教育秩序的稳定、有序、健康进行。随着市场因素给国家经济体制的改革所带来的活力，这一体制对高校管理过于死板的弊端愈发显现，部分大学校长呼吁政府赋予高校一定的自主权。恰逢80年代是开启社会主义现代化建设的年代，发轫于农村的改革，随之是改革城市经济体制，继而改革教育和科技体制，1985年5月27日中共中央会议上通过《关于教育体制改革的决定》，第一次赋予高校自主招生自费委培学生、专业调整服务方向、教材编写与选用、与外单位合作、经费安排、开展国家交流等权力，这次教育体制改革是国家对高校治理的深刻变革和治理的价值转向。实际上，由于计划经济体制与中央集权所根深蒂固，政府主导的治理模式依然占据优势地位，高校治理变革并无太大改变。

三　国家本位向市场本位的转变（1993—1997）

1992年召开党的十四大首次明确确立社会主义市场经济体制的目标，把社会主义制度与市场经济结合起来标志着社会转型进入新的探索阶段。1993年1月12日，国务院转批教育部《关于加快改革和积极发展普通高等教育的意见》的通知得以颁布，特别是同年2月13日中共中央、国务院印发的《中国教育改革与发展纲要》这两个政策文本共同构建适合社会主义市场经济体制的高校治理范式，其主要变革体现在办学主体、管理体制、政府职能、学校权力、投资体制等方面，变革计划经济体制下政府单一办学的局面，构建以政府办学为主、社会各界共同参与的适合社会主义市场经济体制的新局面，逐步实行中央与省（自治区、直辖市）两级管理、两级负责为主的管理体制，政府的职能由行政管理逐步走向宏观调控，逐步扩大和落实高校依法自主办学的权力，改革高等教育投资体制，逐步建立财政拨款为主、多渠道筹措经费的投资体制，此次关于教育体制的改革使高校治理由国家本位转向市场本位。

四　高校法人治理结构的探索（1998—）

（一）高教法的颁布为高校法人治理提供了依据（1998—2009）

自80年代改革开放以来，我国高等教育治理的改革始终围绕着"中央政府放权"、"地方分权"、"高校自主权"来进行变革，但是改革并没有从根本上得以改变。用法律形式进行法人治理规定的是1998年《中华人民共和国高等教育法》的颁布，其第三十条规定"高等学校自批准设立之日起取得法人资格。高等学校的校长为高等学校的法定代表人"，高等教育法以法律形式奠定了高校法人治理的法律依据。高教法第三十二条至三十八条明确规定了高校在招生、专业设置、教学计划制定、研究、开发、社会服务、内部组织机构设置及财务方面的自主权力；高教法第三十九和四十二条以法律形式规定了高校内部党委领导下的校长负责制、学术委员会及教职工代表大会等权力主体的权力边界。《高等教育法》的颁布为我国高校的法人治理结构的探索确立了依据。

(二) 以章程为载体的高校法人治理结构的不断完善（2010—）

虽然高教法的颁布为高校法人治理结构改革奠定了法律基础，但是由于受到外部社会环境以及高等教育体制不尽完善的影响，我国公立大学法人治理结构改革并未有实质性的推进，大学行政化愈发严重。2010年《国家中长期教育改革和发展规划纲要（2010—2020）》（以下简称《纲要》）明确提出高校治理结构的进一步完善。《纲要》在第十三章以专章的内容来阐述"建设现代学校制度"，其内涵包括"推进政校分开、管办分离"，"建设依法办学、自主管理、民主监督、社会参与的社会制度，构建政府、学校、社会的新型关系"，"落实和扩大办学自主权"，"依法保障学校充分行使自主权和承担相应责任"、"完善治理结构"、"加强章程建设"、"扩大社会合作"、"推进专业评价"，等等。① 笔者认为，《纲要》中论述已经大致勾勒出我国特色的现代高校制度，构建出了高等教育宏观体制的总构架。可见，我国将建设现代大学制度作为一项重要的战略举措，提出高校"探索适应不同类型人才成长的学校管理体制与办学模式，避免千校一面。"② 为此，作为管理体制探索的载体——大学章程得到前所未有的重视。2013年11月党的十八届三中全会明确提出推进国家治理体系和治理能力现代化，那么，高校治理体系与治理能力现代化的改革亦是大势所趋。2011年11月28日，教育部发布《高等学校章程制定暂行办法》（第31号令），推动高校章程建设。2013年9月，教育部发布《中央部委所属高等学校章程建设行动计划（2013—2015）》，要求"985"高校在2014年6月底前完成章程起草工作，"211"高校在2014

---

① 《教育规划纲要辅导读本》，教育科学出版社2010年版，第37页。
② 《国家中长期教育改革和发展规划纲要》（2010—2020），2010年7月29日，教育部门户网（http://www.moe.gov.cn/srcsite/A01/s7048/201007/t20100729_171904.html）。

年年底前完成章程起草工作，所有高校在 2015 年完成章程起草工作。① 毋庸置疑，对很多高校而言，这并非易事，应该说，很多高校章程已经制定并且得以核准，但就成效来看，效果并不理想。虽然教育部在转型高校章程方面没有政策性文本规范和指导，但转型高校的特殊性及我国转型高校章程的特殊属性使其研究越发具有迫切性。

2014 年 7 月，国家教育体制改革领导小组办公室发布《关于进一步落实和扩大高校办学自主权 完善高校内部治理结构的意见》，政策从招生制度改革、学科专业优化、人才培养模式改革、自主选聘教工、自主开展科学研究研发与服务社会、自主管理使用经费及国际交流合作等几个方面落实办学自主权，以章程为载体进行内部治理结构改革，内部治理结构改革包括坚持和完善党委领导下的校长负责制、保障学术组织相对独立行使职权、完善校内民主和监督机制、健全社会监督机制。② 2015 年 5 月教育部印发《关于深入推进管办评分离 促进政府职能转变的若干意见》，进一步将政府职能下放到学校和中介评价机构，落实高校办学自主权。可以看出，以 2010 年颁布的《纲要》为标志，之后这十年高校治理进入了新的历史阶段，"以章程为载体构建现代高校治理结构"、"以章程为载体推进具有中国特色的高校制度"将成为该阶段高校治理的重点，在推进章程建设以变革和完善高校法人治理结构过程中，《纲要》等政策性文本为章程变革的推动奠定了政策框架和行动指南。

自 1978 年的改革开放以来，特别是 1998 年颁布的《高等教育法》，政府一直在寻求扩大高校办学自主权的良策，但是实际上却并没有从实质上改观。从高校、政府及市场三螺旋关系来看，三者是既相互依存又相互制约，高校的自治的权力无法从自身获取，必须来自政府的赋予，这种赋予需要以特定的法律为支撑与依据，又需要高校构建自身的规章条例予以规定和昭示。高校章程建设则正好能够担当起这个角色，转型高校通过章程建设，在转型过程中可以在国家法律与政策的范围内厘清自己与政府、

---

① 《中央部委所属高等学校章程建设行动计划》（2013—2015），2013 年 9 月 26 日，教育部门户（http://old.moe.gov.cn/publicfiles/business/htmlfiles/moe/s5933/201310/xxgk_158133.html）。

② 国家教育体制改革领导小组办公室：《关于进一步落实和扩大高校办学自主权、完善高校内部治理结构的意见》，2014 年 12 月 22 日，教育部门户网（http://www.moe.gov.cn/s78/A02/zfs__left/s6528/s6529/201412/t20141222_182222.html）。

社会、市场、企业以及与其他外界法人团体与个体之间在权力、权利、责任、义务等诸多方面的关系，划分与规定相关的边界，这样既可以确保转型高校能够在国家法律与政策范围内运行，又能够在转型过程中探索其转型理念、治理结构，构建合理、办学自主的法人实体，而这正是现代高校制度建设的关键。因此，在高校转型实践中进行章程变革已迫在眉睫。

第二节 影响我国治理政策的因素分析

通过对新中国成立后相关高校治理政策文本的收集和梳理，从高校治理政策的背景、价值、社会经济、博弈互动四个维度进行分析，以展现影响我国高校治理政策的演化因素，为进一步探索我国高校治理和章程建设的发展规律做参考。

一 社会背景的规制因素

新中国成立之后改革开放之前的 30 年间，我国的政治背景处于高度中央集权体制下，无论是对苏联高校治理的模仿还是本土实践的探索，都在强化教育部对全国高校的统领作用。计划经济体制致使政府对高校过度控制，资源由政府来计划配置造成社会参与高校严重不足，国家法律、高校制度的缺位随之带来的是高校治理的行政化，高校方方面面的事务均需要教育部审批。改革开放之后的 30 年，我国高校办学自主权得以逐步彰显，高校治理模式从以政府为主导的行政治理慢慢过渡到高校自主治理的法人模式。从以上分析可以看出，我国高等教育治理政策的变迁受到我国中央集权下的经济计划体制向有中国特色的社会主义市场经济转型、权力集中型政治向民主型政治转变、崇尚权力的文化向以法律为依据的文化转型等诸多深层次的社会背景因素的规制。

二 以民主法制观念等为基础的价值基础

新中国成立之初，我国经济基础薄弱，社会资源极其短缺，只有采取强有力的行政手段才能保障社会秩序稳定。因此，当时政治经济背景下政府采取集权的行政管理方式也是历史的必然的选择。改革开放之后，发展经济成为重中之重，民主思想相对比较活跃，再加上政治经济体制改革，一些高校领导者从高等教育促进生产力的因素谈论高校自主的合法性，随着十五大依法治国方略的推进，法制观念深入人心，民主观念、法制意识、高校多元利益相关者的权利意识等观念为高校治理变迁提供价值基础。

三 主体间利益博弈的互动变迁因素

我国的治理政策本身对高校的行为过程起着制约作用，高校治理政策一旦形成，高校会依据政策来判断自身的利益向度，从而形成高校对政策的解释与价值判断，政策的社会政治背景同样影响高校对治理政策的偏好，从而对高校的行动产生作用力，高校治理政策通常会框定了高校的行为目标和行为范围，就本质而言，治理政策是权力在主体之间的分配博弈过程，这种权力的博弈反过来促进治理政策的执行与变迁。通常来说，高校的治理政策的主旨是促进社会进步、经济发展，加强政府治理的合法性和权威性，这种治理政策的变革始终基于经济社会发展的诉求。我国高校治理的政策变迁正是这些方面的鲜明体现，1958 年的"教育大革命"、1985 年教育体制改革所赋予高校自主办学权力的扩大、1993 年之后高校自主办学中的市场因素以及 1998 年高等教育法对高校法人地位的厘定等都是政府基于政治经济的发展诉求以期通过对治理政策的变革来促进高等教育的发展。但是，一旦治理不够适当致使教育秩序混乱、失控时，政府会立即进行干预与控制，这也是我国在高等教育治理博弈中呈现"一抓就死、一死就放、一放就乱、一乱就收"的局面。

第三节 高校治理政策变迁分析

一 政策路径分析

每项政策的制定通常存在着相对的路径依赖、在其实施过程中存在着与其主体的协同以及适应性预期。

第一是学习国外经验。新中国成立之始，在当时的政治经济环境下，我国选择向苏联学习，我国的高校治理定位于行政化管理。改革开放之后，我国又试图模仿美国高等教育治理经验，政府数次变革高校治理政策，尝试重新勾勒中央与地方、政府与高校之间的关系，但是政策实施效果并不理想。迄今为止，高校治理中的行政化倾向依然存在，党委领导下的校长负责制、教授治学、社会参与民主管理等高校治理模式依然步履蹒跚。这说明我国治理政策变革学苏学美路径依赖的惯性，组织变革参照现成的版本按照设定好的方向，总比另创途径或者方法要来的容易。

第二是政策主体的融合。高校治理政策变迁的主体主要包括中央政府、地方政府、高校等。为了应对政治经济体制变革的要求，促进高校健康发展，回应时代变迁发展的诉求，我国政府不断变革高校的治理政策，以扩大地方政府自主管理和高校自主办学的权力，在宏观上为高校治理确立法律和政策的框架。然而，中央政府的法律和政策文本往往是纲领性的规划为主，能够指导在实践中实施政策的政策并不多，宣示性的政策居多，能够在实践中操作的少。地方政府和高校在解读和实施治理政策的时候，往往一方面会参照其他地方政府和高校情况；另一方面要考虑与上级的利益博弈与政策性支持等因素。对于高校治理变革而言，外部治理的创新明显是力所不及，而内部治理结构及制度的创新又往往是热情不高。因为内部治理中的创新可能会出现失败的风险、要付出"实施成本"等因素，所以，搭乘政策的"便车"，选择有利于自己的政策性取向，成为高校一种"时髦"做法。由于政策主体之间的融合，由中央政府制定并推动的高校治理政策变迁可能会成为走过场，致使治理制度的变迁可能成为"表面性变革"的陷阱。

二 治理政策变迁类型分析

纵览新中国成立后我国高等教育治理政策变迁的历史，大致可以分为两个类型：中断式变迁与渐进式变迁。前者是与以往政策有很大不同，传统政策在历史进程中被终止；后者是对原有的政策进行循序渐进的变革。梳理我国新中国成立后60年来高校政策治理路径发现，这两种类型的变迁均在整个高校治理政策史中有所体现，在历史进程表现为隔断与渐进交织进行。

第一是中断式变迁。我国现代大学制度仿效于西方德国，大学自治与学术自由先天根基不牢，虽然民国初期蔡元培先生在北京大学倡导现代大学制度并使其获得了一定的成长，但现代大学制度在新中国成立后便中断了。这是我国高校治理政策的首个节点，之后，我国高校治理政策学习苏联建立中央集权政策体系，此时的治理模式为国家控制型范式，治理政策体现出强烈的国家控制。1958年之后的十年，在极"左"路线"大跃进"的政策图景中,高等教育迅速开展教育"大跃进",高校治理权力下放地方,高校数量激增、质量滑坡、教育秩序陷入一片混乱。因此,"文化大革命"为高校治理的又一节点。梳理新中国成立至改革开放之间的高校治理政策,虽然也有渐进式的变化,但是高校治理政策总体呈现中断式的变迁特征。

第二是渐进式变迁。1978年十一届三中全会之后,教育界对"文化大革命"的反思率先开展,高校混乱的局面得以控制,高校治理进入新的历史时期。改革开放之后的高校治理政策较为稳定,渐进式的变革为其主要特征。梳理这段时期高校治理政策历程,可以发现,随着计划经济体制向社会主义特色的市场经济体制转型,我国高校治理范式从"逐步扩大高校自主权"到"法人治理"的渐进式变迁,尽管政府在推动高校治理政策时,力图平稳、有序,但是依然存在着对旧制度政策的过度依赖。

第三章　高校转型诉求与困境

纵览世界高等教育历程，大学转型是随着经济社会大学冲破教学职能，开始肩负研究使命，研究型大学逐步形成。美国经济繁荣发展使1862年赠地运动开始兴起，威斯康辛思想的产生与传播，使大学又突破原有的职能边界，承载起服务社会的历史使命，社会服务型大学产生。知识经济时代的到来使斯坦福大学的科技园——硅谷模式的胜利，再次将大学的职能扩展。现今的政府、大学、社会的螺旋模式中，已经将彼此的边界迷糊，三者相互交织、相互融入。由此可见，高校转型是随着社会经济的转型而变革，新的高校类型存在的价值与合理性，主要判断的依据是是否与社会经济发展相适应，是否促进社会经济的发展。课题组尝试对高校转型诉求与困境进行分析。

一　高校转型诉求

（一）经济社会发展转型的诉求

人类社会历经农业经济转型到工业经济，从工业经济转型到知识经济。经济形态的转型是人类社会科学技术发展与人类需求逐步演变的产物。在农耕经济时代，人类以刀、斧等器物为生产工具，从事农业、放牧和手工业等生产方式，这时的生产力依赖于劳动者的体力。农耕经济在人类社会持续几千年，工业革命的产生，工业部门和服务部门取而代之社会大部分的生产方式和交通方式，彻底颠覆人类的生产生活方式，农耕经济转型进入工业经济，工业经济的主要特征是机器生产物质产品。随着信息革命、市场经济及全球化浪潮的兴起，逐步冲破社会封闭自守禁锢的思维模式，20世纪80年代，美国加州大学教授在其"新经济增长理论"中首次提出知识成为生产要素并在全球得到认可，其表征是知识经济在GDP中相对比重超过60%，高校肩负着知识的传承与创新，社会经济的转型势必要求高校转型。

二 科学技术发展的诉求

高校以知识探索为基础，因而高校发展与科学技术发展息息相关。美国教授万尼瓦尔·布什将对知识的探索分为两种类型：基础研究与应用研究。在高校的表征是"自由文理教育"和"专业教育"。由于布什思想的作用，美国自基础研究到创新技术，再从技术转化为实践中的经济发展模式得以诞生。联合国教科文组织将"研究与实验开发（R&D）"分为"基础研究"、"应用研究"及"实验开发"三种类型。基础研究主要是探索基本理论和创新知识而进行原创性的理论研究工作，并不以在实践中的运用为目的，其主要作用是科技进步发展和经济繁荣的先导，象征着国家的综合国力和国际形象，是人类最高文化的表征。我国基础研究薄弱体现在原创性研究成果不多，大师级别人才短缺，创办若干所高水平的研究型大学一直以来是我国政策导向，正如《国家中长期教育改革与发展规划纲要（2010—2020）》所强调的"以重点学科建设为基础，继续实施'985工程'和'211工程'……产生一批国际原创性成果"。我国研究型大学的功能定位在学术水平的提高和高层次人才的培养。应用研究就是以知识的应用为主旨的研究，主要在实践中为知识的应用寻找多种途径，为解决实践中的问题寻找科学的根据。我国很多高校的研究属于应用研究，但是在培养应用型人才方面却措施不力，致使一部分学生不能适应企业所需。实验开发是指为建立新的产品体系生产产品或者对原有的生产产品进行实质性的改进。实验开发的目的是对理论研究或者应用研究的知识加以运用以开辟新的应用途径，其体现形式是专利、新产品或者新服务等。基础研究与应用研究主要是知识创新与科学技术的开创，而实验开发是在生产过程中对理论研究和应用研究的综合运用。大多数高校虽然在一定程度上参与实验研发，但其培养的大多数人才到社会上后仅仅懂得理论知识，难以在实践中运用理论知识进行试验研发，社会呼唤高校转型，呼唤高校所培养人才既能够综合运用理论研究和应用研究的成果，又能够在生产活动中创新技术。

三 第四次工业革命转型的诉求

革命伴随着人类始终，每一项新技术的出现，人类经济体制和社会结构便会发生深刻变革。① 第一次工业革命大约始于1760年历经百年，由蒸汽机发明引发革命，促使人类进入机械生产时代；第二次工业革命始于19世纪末，发展至20世纪50年代，随着电力和生产线的涌现，使规模化生产成为可能；第三次工业始于20世纪中叶，半导体和计算机技术催生了这次以计算机为基础的数字革命。计算机和网络为核心的技术已并非新奇事物，然而，现今社会面临着纷繁复杂的挑战，其中最严峻的莫过于如何理解及应对这些新技术革命，这是人类的一次重要变革。这些新技术革命并非仅是第三次工业革命的延续，数字革命正变得更为精深、一体化程度更高，其在速度、广度、深度及系统性影响方面具有自身特性，其速度呈现指数级而非线性发展、因这次技术变革建立在数字革命基础上，其给社会、经济、商业及个人所带来的广度和深度是前所未有的，不仅改变着人类做事的方式，而且还改变着人类的自身，涉及整个社会体系的变革，因此，世纪经济论坛创始人兼执行主席克劳斯·施瓦布将这次技术革命称之为第四次工业革命。第四次工业革命发展速度之快、范围之广、程度之深、都迫使高校反思其发展定位、组织机构的适应程度。第四次工业革命使未来存在着诸多不确定性，对于高校而言，有一点确定无疑的是：利益相关者必须合作进行转型来应对挑战。

关于第四次工业革命对劳动力市场的影响，学者之间基本上可以划分为两个观点，乐观派认为新技术会取代一部分人的工作，这部分人会重新找到工作，而且这次工业革命会激发新一轮的繁荣；悲观派则认为第四次工业革命致使从业者出现大范围的失业，从而致使社会和政治陷入冲突。历史经验说明，最终的发展趋势可能会介入两者之中。然而，我国大学面对第四次工业革命转型期所应深思的问题是：高校采取何种措施进行转型来面对工业革命的急剧变革，使结果朝向更为积极的方向发展？

在经济领域，应用的创新典型的案例是史蒂夫·乔布斯，这个模式始于2008年，当时他决定让外部开发者为苹果手机开发应用程序。直至2015年，这几年间，全球应用经济所产生的效益超过了1000亿美元，远远高于一个多世纪电影行业的收入。我国高校转型，尤其是地方高校转型，有部分学者认为应向应用型转变或者创业型转变，但是，高校的转型与经济转型有何区别？该如何转？应用型高校与创业型高校之间有何联系

---

① ［德］克劳斯·施瓦布：《第四次工业革命》，李菁译，中信出版社2016年版，第3页。

与区别?

四 侧供给改革的诉求

我国高校正由粗放型的规模扩张转为注重质量内涵,这既是高校优质发展、彰显特色战略机遇时期,也是教育矛盾凸显时期。制约高校发展的因素突出体现在结构失衡、局部需求不足。当前高等教育大众化增速放缓看似有效需求不足,实际优质高校供给不足,结构失衡才是深层次的原因。[①] 这就容易解释为何普通高校毕业生难以就业,而企业却找不到合适的应用型高层次人才以及国内高校需求不足,而海外出国"热度"愈发加剧的根本原因。

2015年下半年以来,"侧供给改革"成为高等教育的"热词"和高频率词。习近平总书记在亚太经合组织和中央财经小组十一次会议两次提出要加强"加强侧供给结构性改革"。2016年在十二届全国代表大会和中国人民政治协商会议上,习总书记进一步强调推进侧供给结构改革是一场硬仗。教育部部长袁贵仁认为高校的转型,实质上是我国高等教育供给侧结构性改革。经济政策的改革必然会影响高校发展,我国高校长期注重外延的扩张,而忽视自身内涵建设,这种外延式的扩张在促进高等教育规模发展的同时,也积累了侧供给的矛盾。[②] 当改革进入深水区,只有切中时弊,才能使转型取得真正时效。未来如何以章程制度来激发高校转型积极性,规范多元利益相关者行为是当务之急,也是高校以侧供给为主旨的改革逻辑前提。

五 高等教育发展的诉求

高等教育大众化使我国高校迈向新的历史阶段,"量的增长必然会引发质的变化"。[③] 随着大众化高等教育的到来,高等教育的分类、高校定位、职能、理念以及课程模式、科研、组织机构、制度形式、资源配置等

[①] 王克群:《习近平供给侧结构性改革思想探讨》,《前进》2016年第3期。

[②] 张旭、郭菊娥、郝凯冰:《高等教育"侧供给"综合改革推动创新创业发展》,《西安交通大学学报》(社会科学版) 2016年第1期。

[③] 刘献君:《经济社会发展转型与教学服务型大学建设》,《高等教育研究》2013年第8期。

方面都应随大众化时代而发生变革。然而现实中高校的发展并没有契合大众化高等教育的发展。我国高等教育的分类和定位一直沿用美国卡耐基分类方法，分为研究型大学、教学研究型大学、教学型高校以及高职高专四类，这种分类方法在一定历史时期内有一定合理性，然而随着时代的发展，以智能制造为主导的第四次工业革命（工业4.0）带给传统制造业更多发展机会，原有的分类方法凸显不足。第一，这种金字塔的分类方法使所有高校都追逐学术性的发展方向。我国传统文化素来"重学轻术"思想严重，这种分类方法对这种思想起到催化作用。在这种金字塔的分类态势下，所有学校都不安于现状，想尽一切办法朝着研究型大学的终极目标奋斗。学校的重心也偏重于研究职能，纷纷争取科研课题、引进在一定领域有研究能力的高水平教师、注重论文数量、培养学术型人才。社会体系纷繁复杂，"智能+网络化"的工业浪潮的市场对人才需求是多个层面、多种规格，既需要擅长研究理论知识的学术型人才，更需要掌握先进技术的应用型人才。高校千校一面的发展定位与企业市场多样化的需求之间不协调，因而出现普通高校学生毕业就失业，而企业却招不到自己所需的人才。第二，这种金字塔形的分类方法使高校大都自我封闭，自成体系。目前，我国地方高校占据整个高校的95%，从1998年的759所发展到2152所，由1998年的占据高校总数1022所的74%到2008年占据高校总数2263所的95%。地方本科院校除了少部分定位于研究型外，大多数定位于教学型，个别高校定位为创业型，大部分纠结于是否转应用型两难决策中。地方高校定位的单一，容易使其形成自娱自乐、自我封闭的思维模式。无论是服务社会还是人才培养，都偏离社会需求，以课堂、教师、书本为中心，鲜有深入社会真正了解社会需要。在教学质量评价上，注重上级和校内评价，忽视社会评价。应用型、创业型等大学的发展定位，正好能够弥补上述地方高校定位单一所带来的缺陷。一方面，明确高校应用型、创业型等定位发展方向，以培养应用技能型等人才为主；另一方面，服务地方发展可以开阔地方高校的视野，服务的意蕴既是为学生发展服务，又是为地方经济发展服务，意味着打破封闭的环境，走向开放的市场中去。应用型、创业型等大学的定位是多元化、多样化、立体化的发展方向，地方高校可以依据自身的地域情况、学科特色、组织结构、资源配置及办学特色，形成五彩缤纷的发展态势。

六 "互联网+"发展诉求

第一次公开提出"互联网+"概念的是马化腾在 2014 年 4 月 21 日《人民日报》所发表文章,他认为"互联网+"是知识经济时代的发展趋势,"+"是传统的各种行业。① 之后,阿里研究院推出《"互联网+"研究报告》指出"互联网+"是以互联网为基础的信息技术在社会各个领域应用的过程,其过程是传统产业升级的过程,云计算、大数据等技术推动产业实现物联网化。② 2015 年随着李克强总理在政府工作报告中提到关于制订"互联网+"的行动计划及国务院颁发的《关于推动"互联网+"行动的指导意见》,"互联网+"迅速备受关注并上升到国家战略高度。高校应变革传统的发展模式,改变传统的教学方法,创新制度与教学形式,结合市场及企业的需要,培养学生的互联网思维和理念,以满足"互联网+"对高校使命、职能等要求。

七 工业 4.0 所引发的新业态的出现

工业 4.0 不只是工业领域问题,也不只是生活领域问题,它的牵涉面和覆盖面太广,所以其边界至今依然很难界定,它上可以上升到世界格局,下可以渗透到生活各个领域。一系列科技进步引爆第四次工业革命,新技术产业革命引发社会结构性变革。这种变革影响行业或者职业形态的变化,2015 年 5 月国务院颁发《中国制造 2025》战略规划提出:新一代信息技术与制造业深度融合,正在引发影响深远的产业革命,形成新的生产方式、产业形态、商业模式和经济增长点。2016 年李克强总理在夏季达沃斯论坛开幕式致辞中对来自全球的政商届代表说:中国的新技术、新业态、新经济在快速增长,高端制造业、电子商务等一些转型升级的产业也在快速发展。新职业的粉墨登场使我们思考新业态的概念,新业态可以有多种解读:产业形态、行业形态、职业形态、就业形态、劳动形态等等。学术上还没有专门的定论,网上词典没有收录,鲜有人论及这个概念。行业形态(industry status)一般会被认为,例如,商业零售业的百货

---

① 乔杉:《20 年互联网带来的改变才刚开始》,《人民日报》2014 年 4 月 21 日。
② 马化腾:《关于以"互联网+"为驱动,推进我国经济社会创新发展的建议》,2015 年 12 月 10 日,求是网(https://wenku.baidu.com/view/7a17bf2b19e8b8f67d1cb954.html)。

店，杂货店是一种原有的业态，而超市、网店就是一种新业态；现代物流是新业态；行业跨界的互联网金融等等都是新业态。学术界对新业态研究尚未形成气候，难以支持对现实中职业形态变化的分析，关于未来新职业的预测很多，但多半是注重了职业技术内涵的更新，而新职业未必是新业态。职业研究包括：职业分类体系、职业活动分析、职业生涯规划、职业行为规范、职业能力结构、职业资格标准、职业发展趋势等等。对职业形态认知的缺失往往容易产生误解，职业是社会分工，但社会分工不一定是职业，职业分工的出现是社会分工内部矛盾演化的结果。新经济的转型带来了新的业态，使市场对高端应用型人才需求加大，部分产业供不应求，但是大学生就业特别是普通地方高校学生依然存在毕业即失业的现象，因此，高校需要积极应对新业态的出现，促进高校在定位、结构及人才培养方面的变革。

第二节　高校发展困境

近年来，随着高等教育大众化发展，高校发展迅猛，其规模急剧扩张的同时也使高校陷入困境，大多数高校为了争夺资源均把综合性研究型大学作为其奋斗方向，很多高校以飞跃方式实现学校向综合型研究大学转型。这种对利益追逐的转型致使高校普遍以科研为重心，教学反而被轻视，出现了学术失范和学术腐败等诸多问题。如何突破这些困境并通过章程变革进行制度创新摆脱发展困境，以实现高校持续健康发展，是我们高等教育大众化甚至是普及化进程中所必须着手解决的问题。自新中国成立以来，我国高校历来受教育政策的影响较为深远，可以这样说，我国目前的教育结构是在政府与高校的博弈中形成与发展起来的。[1] 因此，有必要追溯政府政策以挖掘高校困境之根源。

一　政策推动中多元利益主体博弈带来的无序扩张

1999 年国家开始全面推进高校扩招政策以推进高等教育大众化进程。1999 年高等教育毛入学率仅为 9.8%，2016 年我国的高等教育毛入学率达到了 40%，我国在较短时间内完成了精英化高等教育时代到大众化高等

---

[1]　冯向东：《高等教育结构：博弈中的建构》，《高等教育研究》2005 年第 5 期。

教育时代的转型，高校数量和规模均得到了扩张，特别是地方高校承担了高等教育大众化主力军的任务。

在我国，政策虽然不是法律意义上的制度，但却发挥着举足轻重的作用。在政策的运行中，主要涉及三方利益主体：政府、地方政府和高校。三方利益主体在政策制定、实施中所站视角各不相同，具有不同的视角和抱负。对于中央政府而言，其希冀通过理顺各方利益，以形成合理的高等教育结构，以保证和社会和谐共生发展，以服务于现代化发展。对于地方政府来说，其希冀是通过发展地方高校为本地区发展提供智力和人力的支撑，推动本体文化繁荣和经济发展。对于高校而言，其希冀通过政策来获取政府的资金，以实现自身利益的最大化。可以这样说，资源的分配是政府与高校之间联系的纽带和桥梁，那么教育政策是调整资源分配的政治博弈措施，教育利益的博弈最终导致教育政策范式和制度的变化。① 因此，利益主体围绕着政策资源分配的多次博弈形成了限制一部分高校发展的某种范式，高校发展的困境在某种程度上得到合理的解释。

我国教育政策的推进素来是以自上而下的方式以政府为主导，其借助政治优势和资源分配强力推进高等教育管理体制改革，成为高等教育政策及规则的制定者。由于这种政策并未和地方政府及高校达成一致，因此，地方政府和高校在执行中央政府政策时会对政策加以细化或者在实践中朝有利于自身发展的方面解读，"取政策之所需，也就是所谓的上有政策下有对策"。

20世纪末，国家把大部分部属高校交由地方政府管理或者实施与地方共同管理。这种放权的背景是由于经济体制改革使各个部委经费日益紧张，至20世纪90年代末，部分高校投资额度与80年代相比下降了26%，其中有部分高校甚至下降50%。为了缓解投资窘迫，中央部委被迫主动下放权力。在中央部委下放行业高校管理权力的过程中，地方政府并未被动接受，而是采取主动争取中央资金支持的共建博弈策略或者静观其变看是否有利于促进本地经济发展的博弈策略，地方政府在接管高校时以成本和受益为博弈的基点。一些地方高校在下放地方政府后会因中央部委与地方政府的博弈致使陷入差别性投入不足的发展困境。为了促进高等教育大

---

① 刘复兴：《教育政策的价值分析》，教育科学出版社2003年版，第258页。

众化进程，政府在大众化初期采取"依据招生数量划拨资金"，很多高校为了获取政府资金支持，采取对原有专业扩招、新设热门专业及增加低成本投入专业，由于高校从自身发展来考虑，致使扩招专业带有很多盲目性，培养的学生很难与就业市场、经济发展结构及产业升级适应。为了遏制这种扩招的盲目性，政府又不得不出台一系列新政策对高校的这种无序扩张进行规范。

二 政策意图与实践实施的偏离

在政策的博弈中，政府的出发点是试图政策引导高校资金来源的多元化，鼓励高校从社会领域获取更多资金支持。然而，政策的实施却是高校都想尽办法从政府那里争取更多的资金支持，政策意图与实践实施的偏离，限制了高校的发展。对于大多数高校而言，经费的主要来源依然是政府，近年来，中央政府实施的"985"工程、"211"工程资源分配政策集中有限财力、重点扶持推动国家战略发展的综合研究型大学，大部分普通高校与精英研究型大学差距日益加大，地位更加弱势。为了挤进重点行列，获取更多资金，高校纷纷模仿综合研究型大学的模式，以升格来提升自己的发展空间，致使高校出现"千校一面"的发展现象，这在很大程度上偏离了其初衷。

三 政策推进中实施规范的缺失

在高等教育大众化进程中，高校管理权一直从中央高度集权向地方分权的变革，但在权力下放过程中缺乏规章制度的安排，利益相关者权力缺乏合法性的界定，致使政府的权力遭到滥用和规避。改革开放以来，教育体制改革始于1985年的《中共中央关于教育体制改革的决定》，之后1993的《中国改革与发展纲要》和1998年的《高等教育法》都较为笼统和宏观，没有对中央政府、地方的管理权及高校的责任以法规的形式予以清晰划分和界定，关于"如何创新高等教育体制、哪些权力交给地方、如何移交权力、利益相关者有哪些权利和义务、如何监督才能不使权力滥用等问题"，均没有在这些政策中得到实质性地回答和规范。因而，有专家认为，中央政府如何统筹全国高等教育、如何对地方政府进行权力监督，地方政府如何对地方高校进行有效管理、如何统筹地方高等教育发展，一直是我国高等教育政策的盲点。① 由于政策总是带有阶段性的指向性质，随情景变化会随之发生改变，因此，地方政府和高校总是过度解读政策对自身有利的方面，而不是对区域或者高校自身情况的深思熟虑基础上的中长期规划，更没有法规或者章程的约束。近年来，地方政府或者地方高校利用自己的权力擅自降低标准设立新校，在没有基于市场调查的基础上扩大招生，独立学院发展混乱的现象，其实质是中央政府、地方政府及地方高校在没有达成一致契约的情况下，三者利益博弈的结果。在这种背景下，学者、政府均提出了高校转型的命题。转型必然涉及我国高等教育结构整体的深刻变革和调整，变革涉及方方面面的利益博弈，再加上学者、政府及高校认识的不一致，致使"高校是否转型，朝哪个方向转"的认识依然存在着分歧。

第三节 高校转型争论：路在何方

上节论述了在大众化进程中，中央政府、地方政府及高校在利益博弈中存在着明显趋同的发展趋势，无论是否适合自身发展，大多数高校把综合性研究型大学作为自己的发展方向。很多高校选择扩张的方式以实现自己快速升格变成重点，以争取更多经费。然而这种"跨越式"的急功近利的做法使高校陷入困境。于是，"转型"成为高校生存发展的热词，"转型"是近些年来经济领域发展的核心，而经济的转型升级需要高校培养人才的支撑，经济的转型升级必然引发高校转型。然而，高校转型在理论及实践中均非易事，大学组织的天然属性使得转型的争论接连不断。高校转型实质上是通过制度变革使其在定位、组织结构以及功能、培养人才方面整体变化以适应时代发展的潮流，因而，有必要从大学章程建设的视角对我国高校转型进行思考。

---

① 张应强、彭红玉：《地方高校发展与高等教育政策调整》，《高等教育研究》2008 年第 9 期。

第四章　高校转型与章程建设

全球正处于知识经济时代转型之中，时代的转型意味着高校转型势在必行。高等教育发展史经验表明，不同时代总会有不同类型的高校，不同类型的高校造就不同的时代。在知识经济时代，信息与技术决定这个时代的精神并重塑人的思维与存在。如今的高校发展绝不仅仅是知识的创新与积累，作为学术性组织本身也在发生着质的转变，也就是从一种范式向另一种范式的转型。在某种意义上来说，高校转型相当于高校的重塑，但事实上，今日的高校大多是庞然大物，复杂的结构使之完全重塑是不可能的。正如曼海姆所言："形象地说，重塑一个变迁的社会很像替换正处于运动的火车轮子，而不像在新的基础上重建一所房子。"① 高校的转型与社会转型道理一样，高校转型主要是通过不断变革其理念与制度以实现转型合法化。新时代背景下的高校，必须以未来为立足点来思考转型中的现实问题，高校转型不是为了避免失败，而是从优秀走向卓越。在信息时代，"真正的危机在于高校、在于制度、在于普遍的社会状况"②。高校章程是其理念与制度的载体，建设科学、有效力的章程，将有助于其实现科学转型，同样，高校在转型过程梳理其理念和制度，也促使章程建设。本文探讨的高校是广泛意义的高等教育组织机构，这里的转型是指大学随时代转型而随之发生的变化或者变革，一般文章多从理念或者制度层面论述转型，笔者试图另辟蹊径，从时代文化、知识、学科、知性与德性所发生的变化来论述高校转型与高校章程建设。

---

① ［德］卡尔·曼海姆：《重建时代的人与社会：现代社会结构的研究》，张旅评译，生活·读书·新知三联书店2002年版，第9页。
② ［挪］G. 希尔贝克：《时代之思》，童世骏、郁振华译，上海译文出版社2007年版，第37页。

第一节 高校转型

一 从印刷文化向电子文化转型

文化与媒介相伴而生，就媒介来说，有广义和狭义之分，日常生活俗称的媒介大多与传播有关，是狭义的媒介；从广义上来说，媒介是人的延伸，凡属人所创造的一切技术或工具均可能成为媒介。按照原创媒介理论家美国教授马歇尔·麦克卢汉的说法，媒介即信息和文化。人类发展史上，各种媒介层出不穷。以文化的角度进行考察，人类历史上先后有口语文化媒介、文字文化媒介、机器印刷文化媒介和电子文化媒介四种主要类型。与之相对应，人类文化也可以大致区分为口语文化、文字文化、印刷文化与电子文化四个时期。在口语文化时期，中世纪大学早期的教学方法主要以背诵和辩论为主，人才培养多注重知识的融会贯通与整体性，大学教育重视记忆力与口才的重要性。在这个时期，知识没有进行分类，整体性的知识储存在人的大脑之中，知识是完整性的、人也是完整的、包容的人，"大学（university）是一个大而全的宇宙"[①]。伴随着文字的出现，西方大学开始出现知识分类，到中世纪中期时候，以"七艺"来进行知识分类的划分已经在大学较为普遍。随着印刷纸质载体及印刷技术的出现，知识膨胀、书籍扩散，人们在态度、信仰与价值观方面也发生了重要变化，人们更相信书籍的记载与论证，而非个体的独立判断，知识的分类逐步确定下来，并被制度化。可以这样说，印刷文化集中体现了诸如线性、分析、专门化及自由等现代性的逻辑，从而在客观上促进了人类的理性发展。因此，可以这样推论，印刷媒介可能促使了知识的增长和社会的现代化，进而可能形成知识分类的印刷文化和学科规训制度，也使大学自治与自由成为可能。从某种意义上说，如果失去了印刷媒介的支持，现代大学的学术自由与自治以及传统科层式的院系结构将面临危机，例如相对于虚拟大学而言，院系科层内部结构已经趋于消失。在12世纪末期兴起的电子媒介促使深刻文化的转型，电子文化的形成标志着后现代社会的来临。

[①] [德]卡尔·雅思贝尔：《大学之理念》，邱立波译，上海人民出版社2007年版，第75页。

按照麦克卢汉的"媒介即文化"的认知逻辑,在电子文化社会环境下,大学也面临着文化的转型。如果说在印刷媒介下,大学理念是理性、自律、稳定的,大学以科层院系组织结构为依托,教师对学生传道、授业和解惑。在电子文化情景中,宏大叙事将会消失,"现象"背后不再是必然存在唯一的"本质",人的"理性"所确立的辩证关系需要重新审视。不同媒介衍生出不同的文化,从而导致不同时代人们态度、价值观与世界观的不同。印刷媒介文化时代的精神主要是关注个人目标的追求和自我不断进步,大学教育的目的是为社会分工和专业培养做准备。"电子文化时代正试图废除掉专门化的分工,正从专门化时代走向全面参与时代。"① 建立在专业教育合法性基础上的现代大学必须重新调整自己的办学理念、重组院系专业机构以及人才培养目标与模式,唯此才能适应"从专门化走向全面参与时代"的需要。与印刷媒介文化所塑造的"中心"与"边缘"知识格局相比,电子媒介文化更提倡处处皆中心,无处是边缘。伴随着电子媒介时代地球村的到来,所有大学都有可能成为全球性大学,基于现代逻辑的"中心"与"边缘"的知识格局将会瓦解,多元价值文化在大学内成长。电子媒介文化赋予教师使命不再是信息的提供者,而是洞见的分享者;学生也不再是昔日的消费者,而是教学伙伴。大学对知识的传播向知识的发现转变,教育的任务不仅注重环境对知识的作用,更重要的是培养学生对环境的感知力。以往大学印刷媒介文化依托相应院系建制成为知识生产与传播中心,并通过对学历、学位的垄断实现学术自由和自治。在今天的信息社会,一些开放性的网络大学开始颁授自己的学位,现代大学对知识和学位的垄断已经面临巨大挑战,知识生产与传播制度以及学历学位制度的转型已经迫在眉睫。

二 从重视知识的传播创新向重视知识应用转型

应用性与人们常谈论的大学的服务性、职业性、技术性及产业性有着不同的含义,服务性等属性仅是地方院校实现社会服务职能的一种途径抑或手段,至多是高校的衍生属性。"知识本身即是目的"的经典台词在知识社会中逐渐过时,高校既是知识的孵化器,又是知识应用的中介。在知

---

① [加拿大] 马歇尔·麦克卢汉、斯蒂芬妮·麦克卢汉、戴维·斯坦斯:《麦克卢汉如是说:理解我》,何道宽译,中国人民大学出版社2006年版,第35页。

识社会中为了生存、发展与强大，高校不仅要创新知识、传播知识，而且还要应用知识、转化知识，高校为"知识"而生，靠"知识"而活，知识的应用性随时代发展而愈加凸显。[①] 因此，高校重视知识的应用是高等教育发展到一定阶段的必然选择。其职能正从中世纪的"传播知识"，到19世纪德国以洪堡大学为标志的现代大学的"创造知识"，直至20世纪中期的"应用知识"。实践中知识的传播和创新都离不开应用，离开了应用，就失去了传播和创新知识的目的，知识也就失去了价值的意义。对高校而言，要弄明白"应用"既不是转型的目的也非手段，而是实实在在的理念。"应用"并不等同于"实用"，也非庸俗的"实用主义"，更不是把高校降格为职业技能培训机构。作为一种办学理念，应用是对高校应用性职能的张扬。创业型大学在全球范围的蓬勃兴起便是例证，创业型大学的学术单位超越了学科的含义，向大学边界外延伸，将大学外部的问题带到大学解决，使教学研究接近于应用。正如斯科特所说的，在创业型大学，知识这种原始商品是"应用生成的"。传统高校是以学科结构为基础，知识生产强调同行评价。高校向应用型转变并非是原有的系科结构完全失效，以学科结构的基础生产依然会存在，只不过不再是主要部分，最具创新意义的知识通常会在学科框架外产生。目前，我国政策所倡导的地方高校转型主要是国家主导下的制度安排，这与我国政府主导型的权力组织结构相适应，也体现了我国政策治理体系中的"动员式"治理风格。然而，应用性作为能否以政策推动的方式嵌入高校，是一个比较复杂的制度推动议题。一些社会心理学研究指出，外在的物质激励，可能弱化而不是强化参与者的内在动机和精力投入。[②] 以资金项目等形式进行的政策性激励高校转型，可能并不能激发其转型的内生动机，相反，还可能出现一系列策略性转型问题。高校转型观念的深入以及组织结构转型变革往往需要来自自身的章程组织制度的建构，仅仅通过外部行政政策推动的强制性制度变迁并不能促使其内部变革。只有建设适合高校自身转型发展的章程，才能促使转型嵌入高校观念及组织变革之中，推动高校转型从外在的

---

① ［美］亨利·埃兹科维茨、劳埃特·雷德斯多夫：《大学与全球知识经济》，夏道源译，江西教育出版社1999年版，第20页。

② ［英］玛丽·亨克尔、布瑞·达里特：《国家、高等教育与市场》，谷贤林等译，教育科学出版社2005年版，第23页。

政策推动下的"被动选择"向"内生动力"驱使下章程建设的转变，促使高校成为转型制度构建的行动者，增强其转型理念与制度变革的自主性。

三　从学科到跨学科转型

19世纪以来，在学科制度化思潮影响下，以系科为中心的高校彻底被制度化。伴随着学科的分化，科学知识不可避免出现碎片化。但是，人类世界所面对的自然、社会及人文等方面的问题是不可分割的整体性结构。紧密联系的世界日益要求学科之间的协同合作，20世纪中叶以来，为了弥补学科制度化给人类知识进程所带来的困境，向跨学科转型成了各国高等教育改革的重要选择。全球范围的跨学科研究成为后现代科学研究的"规则"与"范式"。伴随着从学科到跨学科的转型，在未来的跨学科大学范式下，知识的树状结构将逐步被网状知识所取代，知识的整体性将得到重建。跨学科高校会逐步突破传统学科对知识的垄断局面，打破传统学科的规则和方法，建立跨学科新规则。当然，由于理念与制度的惯性，再加上对学科制度化的依赖，从学科到跨学科的转型不可能是一蹴而就的。沃尔斯坦认为，目前跨学科研究虽然呈现巨大活力，但大部分仍然停留在提升层面，尚未发展到有足够实力重塑高校制度层面。[①] 尽管如此，学科化制度向跨学科制度转型的趋势不可逆转。跨学科研究在行动上达成一致需要建立制度以便于操控与规范，高校将面临跨学科研究组织与行动的制度转换。[②] 经过长期历史积淀，现有高校体制下，组织结构与分科模式互为表里、高度一致。不进行高校体制改革，以学科为单位的知识结构就难以实现变革。同样，不变革以系科为基础的高校制度，跨学科的组织结构就难以有适宜生存的空间。美国学者哈威·布鲁克斯分析了高校按照学科组织的弊端，他认为日益分化的学科不适宜解决实际问题，学科成员仅对同行负责，而不是对利益相关人负责。[③] 面对跨学科组织在高校实践

---

① ［美］伊曼纽尔·沃尔斯坦：《反思社会科学——19世纪范式的局限》，刘琦岩等译，生活·读书·新知·三联书店2008年版，第118页。

② 周朝成：《当代大学中的跨学科研究——学科文化与组织的视域》，博士学位论文，华东师范大学，2008年。

③ 董金华等：《研究型大学跨学科研究的组织模式初探》，《中国软科学》2008年第3期。

中所遭遇的制度困境,很多国家认为应该打破传统的学科建制以促进跨学科研究,21世纪初,英国大学拨款委员会(Evaluation Associtos)的报告《跨学科研究与科研评价活动》、荷兰国家科技委员会(Promoting Multi-disciplinary Research in the Netherlands)的报告《1+1>2》、欧洲科研咨询团(European Union's Research Advisory Board)的研究报告《欧洲的跨学科研究》等对跨学科问题的困境、对策等进行了深入研究。2004年美国科学研究院发布的《促进跨学科研究》则把其提高到战略高度,随之,美国学科分类标准(Classification of Instruetional Programs,简称CIP)已经专门设置交叉学科,从而使交叉学科不再边缘化,从而在制度上保证其顺利发展。"关于政府应该支持什么样的学科问题,转化为何为从事科学最佳方式的争论。"[①] 此时,政府对于科学管控同样存在,不过,逐步向宏观治理渐变。

四 从知性到德性转型

知性源于德国古典哲学,是指介于感性与理性之间的认知能力。德性一般是指道德品性,苏格拉底以哲学的角度论述了德性是人性的最终目标。对于人类社会发展,知性与德性不可缺少的两翼。缺失知性,人类就难以摆脱蒙昧,缺失德性,人类的存在就会失去意义。高校的发展亦是如此,缺少知性,高校就失去前进的动力,缺少德性的护航,失去前进的方向。历史长河中,中世纪大学是个充满道德优越感的地方,曾被誉为社会的良心、道德的领袖,当时所谓的知识是上帝赐予民众用以提升道德的工具,美德即知识、知识即美德,在这种氛围下,制度架构上以修道院与教会为主,其存在的目的主要是为了弘扬道德而非知识的传播。但17世纪以来,以牛顿的经验主义与笛卡尔的理性主义为主导的现代范式逐步倡导科学的力量,科学与道德开始背道而驰。19世纪之后,无论洪堡还是纽曼都主张:大学教育的目的是理性而非道德,大学成为帕森斯所谓的"知性复合体",在知性化的制度环境下,致使高校原本指向生活世界的德育践行被知性德育所代替。高校作为一种教育制度,从中世纪的重德性到近代的重科学,有其深刻的社会逻辑与内在逻辑。目前,大学奉行科研

---

① [瑞士]海尔格·诺沃尼特、[英]彼得·斯科特、[英]迈克尔·吉本斯:《反思科学:不确定时代的知识与公众》,冷民等译,上海交通大学出版社2011年版,第165页。

至上，道德之于大学越来越成为一种粉饰，大学日益成为只追逐理性不理睬德性的组织机构。在现代性逻辑科研可量化原则的主导下，对科研卓越的追求几乎成为所有大学的奋斗目标，对大学德性、制度伦理以及个人道德品质的关注日益减少，几乎所有大学已经主动放弃成为道德领袖的追求，高校教师热衷于科学知识的传播与研究而放弃道德教育的责任。在科研至上以及系科流行的影响下，大学教授从普遍的知识分子向专业知识分子转变，昔日的象牙塔和道德领袖主动放弃了道德责任和社会批评责任，大学教授失去了道德的自律，权力和金钱的逻辑进入大学，学术开始成为一种新的资本。在知识、金钱与权力的逻辑下，高校打着理性与科学的口号，为金钱和权力提供合法化话语，德性已经失去了判断是非的标准。随着时代精神的蜕变，今天要求大学树立起道德领袖的风范似乎已经不是大学的天性而是一种矫情。① 在全球范围内，创建一流大学成为多国精英大学发展的目标，所谓一流大学基本上是科研卓越的研究型大学。如果大学一味追求科学研究卓越而忽视德性的教育，未来一流大学恐怕也只是"失去灵魂的卓越"。美国前哈佛学院院长哈瑞·刘易斯在《失去灵魂的卓越》一书中以自己亲身经历向读者描述哈佛是如何放弃教育宗旨的。大学如果想要继续保持社会的轴心机构，必须在转型过程调整方向，加强对教育宗旨和德性的重视程度。正如克拉克·克尔所认为的，未来伟大的大学将是那些已迅速和有效地做好调整的大学。②

第二节 以章程为载体变革高校理念与制度

一 凝铸电子文化时代理念

在印刷媒介文化与电子媒介转型之际，电子媒介文化已经遍及大学各个方面，然而高校理念依然依照19世纪知识分类模式，电子媒介文化客观上要求现代高校知识分类从专门化走向整合，人才培养从职业定向型走向全面参与型。面对媒介文化的深刻转型，现代高校的危机在于媒介文化之间的鸿沟阻碍了其顺利转型。受印刷媒介影响，高校依然在维护和推进

---

① R.W. 费尔夫：《西方文化的终结》，丁万江等译，江苏人民出版社2004年版，第13页。
② 克拉克·克尔：《大学之用》（第五版），高铦译，北京大学出版社2008年版，第6页。

与其相关的教育制度、价值和知识,教学和课程计划依然是工业环境模式、还未与电子时代文化反馈达成妥协。长期以来,人们仅仅关注媒介的内容,而容易忽视媒介本身的存在,作为一种新的技术形态,媒介绝非只是信息传递的手段,它本身传递着某种信仰与理念、甚至是价值观与世界观。高校作为学术人组成的群体,从理念到制度都深受媒介影响。面对媒介环境的变化,高校一定要反省其角色与功能、教育内容、目的、价值的改变。在理想状态下,现代高校应该主动转型,以应对电子媒介文化的来临,然而迄今为止,现代高校无成功应对新兴媒介理念方面的制度安排。高校的办学理念大都经过长期的探索实践,结合时代文化,逐步熔炼、沉淀、发展而成。办学理念的凝铸过程不仅是高校对自身办学方向、价值及育人不断反思、批判、提升的过程,也是主动应对电子文化时代的诉求。章程作为高校制度的载体,是高校内在的精神规训,蕴含高校理念,以明确的语言表达自身在电子文化时代所追求的办学目标和价值,以简明扼要的规章和条款表明在电子文化时代自身的办学特色和人才质量观。高校理念是大学之魂,决定高校未来发展方向,应蕴含电子文化时代的精神内涵,才能面对未来挑战与时俱进。高校章程规范着其组织行为与程序,是现代高校治理的基础。高校转型,需要建设蕴含电子文化时代理念、量身而制、博采众长、自成体系的好章程,这样大学的治理就会走向卓越。

二　高校章程强调"应用性"价值

自高等教育大众化以来,研究型大学与教学型大学成为高等教育分类的基础模型。在学科主义盛行的20世纪,依据社会与专业需求将大学分为研究型大学、教学型大学及服务型大学在一定的历史阶段具有一定的合理性。研究型大学专注于研究,教学型大学强调教学、服务型大学更多地提倡社会服务。但步入信息化时代之后,由于"更多的研究发生在大学之外,大学教学、研究与服务之间的区分开始瓦解,研究开始失去了其精英的内涵"[①]。大学区分为研究型、教学型与服务型也失去了应有的意义,应用性成为大学的共同价值选择。在应用语境下,研究、教学与服务从相互隔离走向一体化,它们与大学的应用属性结成一条链,以应对时代变革

---

① 罗杰·金等:《全球化时代的大学》,赵卫平等译,浙江大学出版社2008年版,第216页。

所带来的知识博弈。一直以来,研究型大学位于高等教育核心地位,而以应用为主的高校处于边缘地带。这种核心与边缘的瓦解对于高等教育体系的重构具有革命意义。唯有应用成为大学的共同价值选择,构建全新的应用型高等教育体系才会有希望。自2014年国务院和教育部出台了《关于加快发展现代职业教育的决定》和《关于地方本科高校转型发展的指导意见》出台之后,不同地方政府相继出台相关政策落实本科院校转型。笔者在调研中发现,一些高校漠视和甚至抵制高校转型,认为倡导应用型会对办学历史和积淀产生冲击,影响大学办学的延续性,在其新制定的章程中,鲜有提及大学的应用性,更别说组织制度的变革。大学应用转型应从政府推动、走向自发和自觉,促使大学进行制度重构,组织结构向应用性转型以及思想观点的渗入不仅需要逐渐变革,而且还应该通过制定章程进行制度变迁以激发大学转型变革的内在动力。在大学章程条款中明确转型理念与组织制度,促进大学"学科逻辑"与"应用逻辑"从"隔离"走向"融合"、从"各自画地为牢"走向"协作共生"是建立新的高等教育体系的必然要求。

三 高校章程重构跨学科逻辑制度框架

跨学科的兴起既是外部需求也是内在逻辑的演进,具体来说,外部需求呈现的方式是以问题为导向,其目的是为了解决复杂的社会问题,而内生学科导向的跨学科研究则是以新的范式产生高深知识。外生的跨学科研究体现在产学研和为社会服务,内在逻辑的跨学科则表现在大学内在的科研与教学。跨学科研究根本的主旨并不是仅仅满足于政府和产业界的产学研需求,其内在逻辑是知识演进和大学制度的变革。20世纪我国高等教育大众化,大学规模扩大,是一种"扩展中"(spreading)大学,现在的转型,是大学从一种范式向另一种范式转变的革命性变化,更可能是"被拉伸"(stretched)的大学。作为情景化的、分布化的知识得以生产的地方,大学的演进使其本身可以被视为情景化和分布化的一个组成部分。① 由此可见,知识制度、学科制度与高校之间是相互适应、彼此匹配的过程。高校转型意味着一种新的知识生产方式和新的组织制度的构建,

---

① [瑞士]海尔格·诺沃尼特、[英]彼得·斯科特、[英]迈克尔·吉本斯:《反思科学:不确定时代的知识与公众》,冷民等译,上海交通大学出版社2011年版,第165页。

制度的变革体现在章程的建设。就高校现状而言，跨学科往往流于表象，名义上的跨学科协作完成，实际上分成"小"项目在独立开展。跨学科研究可能成为争取科研资助的动听词汇。由于学科制度、系科制度以及学院文化的根深蒂固，跨学科建设并不是一帆风顺，更不可能在较短时间内完成，在高校转型过程中进行跨学科制度建设必将有个痛苦而又漫长的过程。"历史上高等教育变革通常采用一种折中方式进行，即新的单位绕过旧的单位，而旧的单位依然生存。"① 正是在现实高校转型过程中在组织机构变革方面"只做加法不做减法"的路径依赖，目前的跨学科制度重构仍然停留在理想层面，甚至跨学科制度作为一种新的模式还不足以和传统的分科制度模式分庭抗衡。世界范围内跨学科制度建设成功的典型是日本的筑波大学，但其成功并未在日本乃至全球产生示范效应。我国很多高校即便崇尚跨学科研究但依然坚持学科制度作为大学组织建制的基本原则，坚持在学科建制院系外创设更多的跨学科研究中心以应对分科制度所带来的危机。在这种背景下，未来转型大学的章程建设目标就要重构大学组织机构，逐渐从学科制度与跨学科中心并存到以跨学科性作为大学组织建制的基本原则，以跨学科组织作为大学的轴心机构。美国洛克菲勒大学注重跨学科组织建构，大学没有传统学系，主要以开放的实验为中心进行跨学科研究。日本的筑波大学抛弃传统的学部、学科、讲座等组织体系，用"学群"这样崭新的教育组织。② 为了实现"欧林三角"（工程教育应植根于传统自由艺术）的培养理念，美国的富兰克林欧林工学院章程规定学院不设系，教师不属于任何系，取消终身聘用制，采纳合同制，五年一个聘期。这种制度设计能够在组织建制上打破学科壁垒，以有利于进行跨学科教学和研究。③ 我国的跨学科组织改革相对较为滞后，传统的学科制已经面临重重危机，为了使高校转型成功，首先要重构学科，淡化领地概念，强化学术团队与视角的融合。在章程制定过程中，要保障跨学科组织与大学制度之间的匹配，大学从分科到跨学科既反映了学科从综合到分

---

① ［美］伯顿·克拉克：《高等教育系统——大学组织的跨国研究》，王承绪译，杭州大学出版社1994年版，第242页。
② 董金华等：《研究型大学跨学科研究的组织模式初探》，《中国软科学》2008年第3期。
③ 李曼丽：《独辟蹊径的卓越工程师培养之道——欧林工学院的人才教育理念与实践》，《大学教育科学》2010年第2期。

化再到综合的辩证发展逻辑，也反映了高校组织变革从科层化到去科层化的内在需求，符合制度变迁的一般规律。通过章程建设中跨学科制度框架的重构，使学科成为高校的学科，而不仅是在高校的学科；使高校成为基于学科的高校，而不只是拥有学科的高校。华中科技大学在跨学科方面进行了创新改革，不仅成立学科交叉研究中心，而且探索矩阵式学科组织，最终把探索成果固化于《华中科技大学章程》之中，其章程第三十三条规定，为开展重大科学研究、交叉学科研究以及人才培养工作，学校可独立设置直属机构。

四 高校章程融德性于制度设计

在高校转型实践中，让德性融入高校制度设计或者决策领域，已经成为迫切的需求。欲突破高校德性困境，高校必须提供一种环境以支持对伦理道德的追求，高校对知识的追求必须包括对人的道德关怀。但凡历史上伟大的大学，均是道德模范、哲学重镇。西方的巴黎大学、牛津大学、剑桥大学，我国历史上的西南联大、清华、北大之所以成为大学历史上的明珠，绝非仅仅是科学上所做的巨大贡献，而在于其闪耀着德性的光芒。今天高校德性的缺失，其根源在于高校制度设计中的去道德化，在高校章程建设中，为规避"道德风险"，以制度化的科学管理为名义，道德被边缘化、中立化、空壳化，章程建设中很少见到有关"德性"的条款。高校完全可以做到科研与教学并重、知性与德性并行，现在之所以出现"德性空壳化"问题完全是制度的缺失、实践的失误，而不是逻辑的必然。20 世纪末所召开的首届世界高等教育大会所发布的《21 世纪的高等教育：展望和行动世界宣言》指出："高等教育面临着巨大挑战，必须进行深刻变革，高校应超越一味的经济考虑，注重精神层面的道德问题。"古希腊哲学家西塞罗认为教育的目的是让学生摆脱现实的奴役，而非适应现实。我国总理李克强认为我国教育的核心问题在于教育的技术层面已经走得太快，"灵魂"跟不上了。因此，在章程建设中道德问题的深层次的关注、超越知性走向知性和德性并重无疑是现代高校制度创新的正确选择。高校要想在科学与理性之间获得平衡，就必须从制度框架上将知性高校重建为融合知性和德性的高校。要想实现这一目标，就要在章程中合理区分科学与信仰、知识与道德、事实与价值、常识与情感，为高校开展道德探究和德性践行开辟更大的制度空间。在章程办学理念探索和制度设计中不仅确保大学在追求真理、发展学术的同时，不应放弃大学的社会道德责任，对于知识的探究不能离开道德关怀，换言之，高校应该通过章程建设改善学校德育现状，以赢得道德领袖的权力。在高校转型过程中，价值层面上高校决不能是中立的，必须明确其价值立场，对德性的关注是现代高校章程建设过程中的一种潜在新使命，只有这样才能阻止大学变成一种研究、教学的产业。历史的经验充分说明，高校要成为道德领袖的社会机构，关键在于能否维持机构制度活动中德育教育和德性践行的连续性，章程建设是德育教育连续性的制度保障。山东大学章程序言就明确指出："山东大学以'为天下储人才，为国家图富强'的办学宗旨，以'学无止境，气有浩然'为校训，以'立德树人'为根本任务。"山东大学章程把德育提到了首要地位，说明高校已经意识到大学育人不仅是注重学问，更加重要的是立德为先，从而在制度层面以章程进行规范以保障德育教育的连续性。

总之，高校转型是一项系统的高等教育及高校自身结构的变革，需要制度规范，只有进行行之有效的章程建设方能促使转型成功。从本质而言，高校转型作为一项随时代发展而进行结构调整的变革，需要依托高校内部制度逻辑重构的章程建设。从某种意义上来说，高校转型实践中的章程建设是对传统制度逻辑的批判与重构。当务之急，在高校转型实践中，需要通过大学章程凝铸电子文化理念、强调"应用性"价值、重构跨学科制度逻辑、融德性于制度设计，有效构建高校转型的"合法性"，进而促进我国高校转型真正走向制度化。

第五章　高校转型实践中章程文本的制度逻辑

我国高校在上文所阐述的治理政策变革中获得了一定的自主发展空间，在教育部的推动下以章程为载体进行内部治理改革。部分高校以转型为契机，通过章程建设，为其转型奠定了法理基础，形成制度逻辑。本节基于高等院校转型实践中的文本案例研究一个核心问题：高校转型实践中章程形成怎样转型的治理逻辑，又如何影响高校转型的组织管理行为。

第一节　案例选取依据

研究共选取国内公立高校 3 所，民办高校 1 所。这些高校涵盖东部、中部、西部地区，既包括高校转型总体发展水平名列前茅的"浙江样本"，又包括奋力追赶、各具特色的中西部高校，涉及农林类高校探索向创业型大学转型、师范类高校探索向应用技术类转型等各个类型和层次。

一　东部高校转型样本选取依据

浙江经济发达、产业发展繁荣，在"中国制造 2025"和大众创业、万众创新背景下，新技术、新业态、新产业的发展对创新型应用需求旺盛，客观上为高校转型发展提供了很多机遇。课题组经过深入考察，选取在高校转型实践中章程建设不断创新，定位明确、另辟蹊径，探索自身特色的浙江农林大学、温州大学。

二　中西部高校样本选取依据

中西部地区高校因受基础设施、历史传承、生源质量、地区经济发展、办学条件等诸多因素的影响，与东部地区存在着一定的差距，政府政策多年来一直对西部高校予以倾斜和支持，例如，2001 年教育部启动东部高校"对口支援西部地区高校学校计划",2013 年 5 月 23 日,由教育部、国家发改委、财政部联合印发《中西部高等教育振兴计划(2012—2020)》指出到 2020 年,中西部高等教育结构更加合理,特色更加鲜明,办学质量显著提升,建成一批有特色、高水平的高等学校。[①] 中西部高校群体数量较为庞大、又涉及地域及办学理念之差异。课题组选取有代表性的重庆文理学院为西部案例,其在 2007 年通过本科教学评估后,经过迷茫挣扎选择当时国内尚无人涉足、布满荆棘的应用型大学之路。在八年之后的今天,重庆文理学院走出了自己的特色之路,这时候的章程基于自身八年转型探索来制定,有可借鉴之经验,可研究之价值。

三 按照转型"身份"定位选取

在调研中发现,多数学校面对"转不转"的问题无异议,因为学校"资源紧张、招生难、就业难"三重困境倒逼学校转型。但是面对"转向哪里"、"如何转型",不少高校还存在着疑惑和茫然,地方高校大多的困惑是:到底是向应用技术型、应用科学型还是创业型大学转?抑或是教学型?教学研究型?还是转向职业教育?

就高校分类而言,比较权威的是联合国教科文组织和卡内基分类方法。联合国教科文组织在 1997 发布的《国际教育标准》修订稿中将高校划分 5 个层次,进而又划分 5A 和 5B。A 类为理论型、B 类为职业型。卡内基分类囊括了所有高校,分为研究型大学、小型授予博士学位大学、综合教育机构、学士学位教育机构、两年制学位教育机构、特殊教育机构、职业技术教育机构。

国内关于高校分类的观点很多,较为流行的武书连分类方法,在前文中已经叙述。

国内将学术型与应用型作为两大类型进行区分并构我国分类的新模型的如图 2-5-1 所示。

这种分类的依据是以系统理论、劳动力供求理论、高校使命能级理论为基础,按照"先类后层"原则,将我国高校分为学术型和应用型两大类;5 个二级层类,这 5 个二级层类分别是学术型、行业型、新建本科院

---

① 《中西部高等教育振兴计划》(2012—2020),2013 年 5 月 22 日,教育部网(http://www.gov.cn/gzdt/2013-05/22/content_ 2408927.htm)。

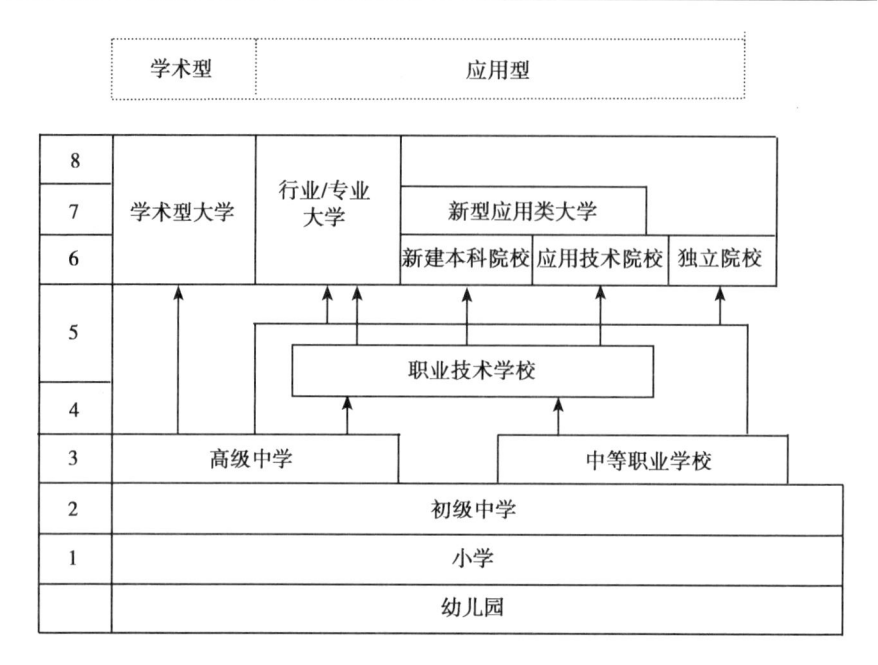

```
         ┌──────┬──────────────────────────┐
         │学术型│          应用型          │
         └──────┴──────────────────────────┘
┌──┬─────────┬────────┬──────────────────────────┐
│ 8│         │        │                          │
├──┤         │行业/专业│      新型应用类大学       │
│ 7│学术型大学│  大学  │                          │
├──┤         │        ├────────┬────────┬────────┤
│ 6│         │        │新建本科院校│应用技术院校│独立院校│
├──┼─────────┴────────┴────────────────────────┤
│ 5│                                            │
├──┤              职业技术学校                   │
│ 4│                                            │
├──┼─────────────────┬──────────────────────────┤
│ 3│     高级中学     │       中等职业学校        │
├──┼─────────────────┴──────────────────────────┤
│ 2│                  初级中学                   │
├──┼────────────────────────────────────────────┤
│ 1│                   小学                      │
├──┼────────────────────────────────────────────┤
│  │                   幼儿园                    │
└──┴────────────────────────────────────────────┘
```

图 2-5-1　我国高校分类的一种新模型

资料来源:《重庆高教研究》2015 年第 5 期。

校、应用技术学院、独立学院；4 个层次，这 4 个层次分别是专科、本科、硕士和博士。①

审视国内外的高校分类方法，一般都遵循人才培养目标或者学位授予层次来划分。本研究所选取的对象并没有依照上述的分类标准来选取，因为本研究的对象是转型大学章程的创新，因此，研究的分类依据是转型大学在大学章程中对本校自身类型的界定，笔者认为，这些高校进行转型变革，不管是朝哪个方向哪种类型转型，只要是对自身发展困境深思熟虑之后做出的抉择，并坚持开拓创新的高校，都值得鼓励和研究。

第二节　高等院校转型实践中的文本案例研究

一　创业型大学——以温州大学和浙江农林大学为例

创业型大学概念及理论的鼻祖是美国学者伯顿·克拉克和亨利·埃兹

---

① 何万国等:《我国高校分类的一种新模型》,《重庆高校研究》2015 年第 3 期。

科维茨，他们在研究创业型大学时所选取的对象并不一样，对创业型大学内涵及范围的诠释、理解也不尽相同。克拉克的研究从观测教学型大学出发，基于教学服务的视角来研究学术创业；埃兹科维茨则将自己的研究对象定位于研究型大学，从学术成果在实践应用中的转化来研究学术创业。相对来说，伯顿·克拉克的创业型大学的理论对我国创业型大学理论研究和实践探索产生的影响更大。就理论而言，我国目前理论界很难确立一个较为广泛认同的理论体系，大多是引用伯顿·克拉克创业型大学理论；就我国高等领域实践而言，部分大学变革者按照自己的理解，以转型为契机，旗帜鲜明地在章程中提出建立创业型大学。在这些大学中，有高等职业院校，希望自己能够超越发展，建成高水平的创业型大学，还有不少教学研究型的普通本科地方院校，为了分类发展、特色发展，结合自身或者地域优势，明确在章程中提出转型为创业型大学战略定位。国内的研究型大学，很少在章程中将自己定位为创业型大学，然而在实践中又非常重视创业型大学的理念和学术创业的开拓。在国内斑驳陆离的高等教育实践领域去研究创业型大学实在不易。为此，课题组只将观测点、研究点置于那些在章程中明确定位为创业型大学的普通本科院校，同时这些普通本科又属于转型大学的范畴，深入分析探索研究这些大学向创业型大学转型的实践过程，以章程为载体，客观研究与评述他们制度的成绩与不足，寻找创业型大学美好蓝图与现实的差距，以此来研究国内创业型大学章程制度建设的成效及有待完善之处，为地方高校的转型及创业型大学理论的中国特色化、实践化提供坚实的实践基础。梳理地方转型章程发现，明确提出建设创业型大学的高校有：浙江农林大学、福州大学、南京工业大学等，本研究以温州大学、浙江农林大学为主要案例，其余学校仅仅是一般意义上的观测和评述。

（一）温州大学：以创业为主基调的教育研究型大学

温州人就是东方的犹太人，走遍天下有自己的模式，温州文化研究应该成为一个重大的课题，也希望为中国高校未来的发展贡献一份智慧。①

1. 学校战略定位：服务地方、面向世界

温州大学服务于地方的理念在实践中的体现是温州大学关注温州人的

---

① 《李校堃校长专访——温州大学的大"野心"》，2018年1月5日，中国教育网（http://www.eol.cn/zhejiang/zhejiang_ news/201801/t20180105_ 1578686_ 1.shtml）。

需求。李校堃校长在接受中国教育在线采访时认为，温州大学有温州的基因，温州的基因总是符合地域特色，温州的基本情况，环境不好，七山二水一分田，生活艰难，田地有限，要养活自己，必须得有一门手艺，这也让温州人养成了吃苦耐劳勤奋的精神，温州人的文化基因里流动着永嘉学派义利并重的思想，因此温州人不爱折腾，喜欢干实事，喜欢把事情做到极致。① 擅长经营开拓的温州人创业和经商不仅走向全国，而且走向世界。这些在外经商的温州人对中国教育有较为迫切需求，温州大学根据温州人在意大利经商人多，需求旺盛的特点正启动温州大学在意大利的分校筹备工作，下一步准备在温州人众多的马来西亚和老挝经贸区域设立分校。

温州大学的战略视野不仅仅局限于地方的区域发展，其战略视野拓展在国家一带一路、2025制造业升级、创业创新大环境以及整个经济转型的大格局，例如在来华留学的学生生源问题上，有部分学校总是追求欧美学生来中国求学，温州大学生源的着重点放在一带一路亚非拉国家的学生，这也基于温州本地产业国际化需求，温州低压电器占据国内60%的份额，温州这个领域的企业家想通过国家一带一路的战略，把自己产品输送出去，但是去亚非拉国家本地人不愿意去，因此，温州大学就把生源聚焦到亚非拉国家的留学生范围内。李校堃校长在谈到对温州大学未来的希望时说，"我们通过'十三五'、'十四五'建设，能进入全国同类院校的前列，无论是质量上、规模上还是在教育理念上"②。就目前温州大学实力而言，经过近些年来的改革创新，可以这样说，在同类学校中，温州大学已经走在了前列，2013年3月23日，广州日报数据和数字化研究院（GDI）发布"2017年广州日报应用大学排行榜"，温州大学居排行榜第一名。温州大学的未来蓝图和发展战略的描绘，用思维导图更为清晰（如图2-5-2所示）。

根据温州大学清晰的发展战略，以章程为载体来规范，使战略更具有稳定性和规范性，《温州大学章程》明确规定："在新的历史时期，学校秉承'求学问是，敢为人先'的校训精神，遵循'以人为本，服务地方，

---

① 《李校堃校长专访——温州大学的大"野心"》，2018年1月5日，中国教育网（http://www.eol.cn/zhejiang/zhejiang_news/201801/t20180105_1578686_1.shtml）。

② 同上。

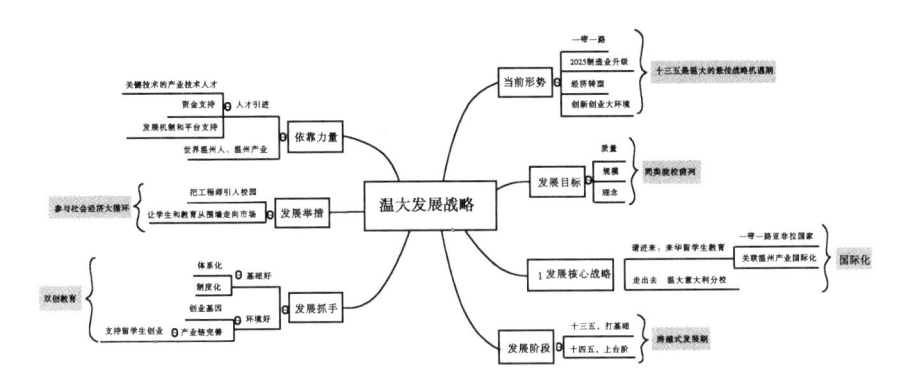

图 2-5-2　温州大学发展战略的思维导图

资料来源：简书：《思维导图解读温州大学的大野心》。

质量立校，特色取胜，追求卓越'的办学理念，立足温州，服务全国，面向世界，努力建设具有鲜明地域特色、国内知名的教学研究型大学。"①

2. 多样化的办学模式：高校改革的创新基地

在知识经济时代全球化背景下，面对知识技术变革加剧以及市场浪潮的冲击，灵活的多元化办学模式已经成为部分触角灵敏大学的战略选择。发展多元化办学模式其背后的依据在于：大学选择的模式要符合整个时代、大学所处区域的需求。温州一个副市长在介绍温州大学时曾感叹温州大学是温州人一点点捐起来的，也注定温州大学的基因和其他公办大学基因的不同，追溯温州大学历史，30年前的原温州大学是集社会力量办的一所大学，出资人有政府、百姓、华侨等，有点混合所有制的性质，近些年来，温州大学与美国麦肯大学合作办校，又增加了新的合作办学模式，中外合作办学模式，另外，温州大学还有其他的办学模式，譬如，瓯江学院是温州大学创立的独立学院以及由独立学院转为民办高校的温州商学院，当然，温州大学本部是属于公办模式。温州大学校长李校堃在评价温州模式说："温州大学在中国的教育版图上，就是一个教育改革的模型，一个非常好的地方高校教育改革创新的实验基地（如图2-5-3所示）。"

依据地域特色、时代需求以及温州大学多元化发展模式的战略决策，从而制定出大学章程，这体现在《温州大学章程》第二十四条学校功能

---

① 《温州大学章程》序言，2016年1月5日，中共浙江省委教育工作委员会浙江教育厅网（http：//www.zjedu.gov.cn/news/145197634947527530.html）。

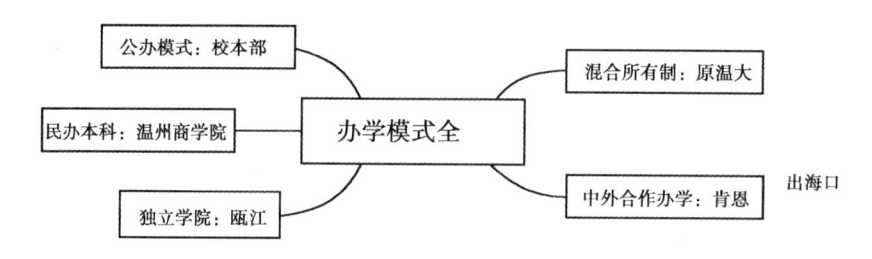

```
公办模式: 校本部 ──┐                ┌── 混合所有制: 原温大
民办本科: 温州商学院 ──── 办学模式全 ────
独立学院: 瓯江 ──┘                ┌── 中外合作办学: 肯恩   出海口
```

图 2-5-3　温州大学的办学模式

资料来源: 简书:《思维导图解读温州大学的大野心》。

和教育形式中明确规定:

> 学校采取多元化开放式办学模式。坚持政府办学的主体地位, 积极引进社会力量办学, 积极开展国际交流与合作, 促进高等教育国际化。[①]

章程阐明了温州大学多元化开放式的办学模式, 拓展学校与境外合作、与社会合作, 深化学校与国际化、社会民办资金、企业的合作融合对于温州大学定位于"培养应用型"人才非常非常有帮助, 只有所学知识在实践中加以检验并运用, 对提高学生的创业创新能力不可或缺, 这符合温州大学地域特点和学校发展的大"野心"。

3. 学区制改革: 师生的空间共同体

《温州大学章程》的创新体现在将探索多年的学区制改革纳入章程, 通过明确学院和学区的各自职责来提高人才质量及改变人才培养模式。《温州大学章程》第五章基层组织第四十五条规定:

> 学校设立学院和学区。学院是组织实施人才培养、科学研究、社会服务、文化传承创新和国际交流合作等的基本单位。学区是融"思想教育、行为指导、生活服务、文化活动、道德实践"为一体的学生工作组织实施单位。学院、学区在学校授权范围内实行自主管理。[②]

[①]《温州大学章程》第三章教育功能和教育形式第二十四条, 2016年1月5日, 中共浙江省委教育工作委员会浙江教育厅网 (http://www.zjedu.gov.cn/news/145197634947527530.html)。

[②]《温州大学章程》第五章基层组织第四十五条, 2016年1月5日, 中共浙江省委教育工作委员会浙江教育厅网 (http://www.zjedu.gov.cn/news/145197634947527530.html)。

温州大学的学区制改革始于 2012 年 6 月，所谓学区制就是学校依据传统专业学院、学生居住现状和专业特点，将学生生活区按照便于生活、便于管理服务的原则，设置 A、C、E 三个学区，学区是行政概念，它是独立于学院平行的实体机构。① 从章程可以看出，学区主要负责"思想教育、行为指导、生活服务、文化活动、道德实践"等内容，在职责上与学院形成互补，学区实施宿舍导生制，教师与学生宿舍形成结对关系，对学生的思想道德、心理健康、学业情况、职业发展进行 360 度指导。宿舍楼设立学习室、辅导室等，使教师方便和学生朝夕相处，这种改革使学区成为师生感情融洽的空间共同体。

正如著名社会学家齐格蒙特·鲍曼在《共同体》一书，对共同体进行了详细与形象的描述："共同体是一个温心而又舒适的地方，一个温馨的场所，在改善我们共同生活心愿的引导下，我们可能友善地争吵，以便使生活变得更为美好"，"在共同体中，我们互相依靠对方，如果我们跌倒了，其他人会帮助我们重新站立起来……我们的责任只不过是互相帮助，而且我们的权利，也只不过是希望我们的帮助……"② 温州大学将近五年所探索的学区制改革，以章程的形式固化下来，有利于温州大学在转型改革实践中师生之间、学术与行政之间、老师和领导之间的平等对话，在某种意义上来说，是共同体成员为追求共同愿景而产生，更有利于转型变革中师生的互动与参与。

(二) 浙江农林大学：创业型大学

我国高等教育法规定大学是独立的法人，依据专门的规章而运行。整体上来看，各个高校的章程规定了较为一致的权力运行框架，同时又有自身特色。从"浙江样本"来看，浙江农林大学向创业型大学变革取得迅猛发展。因此，《浙江农林大学章程》的内容某种程度上体现了高校向创业型大学转型的制度探索，以该校为例来考察其在转型实践中章程的创新具有非常重要的现实意义。

浙江农林大学是浙江省属全日制本科院校，创建于 1958 年，时称天

---

① 叶琦琪：《高校师生情感共同体及其建构》，《高教探索》2016 年第 4 期。
② [英] 齐格蒙特·鲍曼：《共同体》，欧阳景根译，江苏人民出版社 2003 年版，第 33 页。

目林学院，1966年更名为浙江林学院，2010年更名为浙江农林大学。①随着教育部31号令《高等学校章程制定暂行办法》推进高校章程建设，浙江农林大学既是教育部试点高校又是浙江省教育厅试点高校之一。该校章程从条文来看，其结构如下：

《浙江农林大学章程》除序言和附则外，共十章，分四大板块。序言和第一章总则构成第一板块，总体阐述浙江农林大学的历史沿革、校名、校址、办学定位、使命、理念和目标等，回答"我是谁"、"我从哪里来"、"我的理想是什么"这些基本问题。第二、三章构成第二板块，说明举办者与学校权利和义务的关系，并对学校职能进行了界定。第四至九章构成第三板块，具体分述学校内部运行中的组织机构架构与权力分配、师生员工权利和义务，学校与外部的关系、办学保障、学校标识等情况。第十章构成第四板块，针对学校合并、分立、终止情况做了说明。②

从结构内容来看，《浙江农林大学》不仅对学校转型定位做了明确而又深入的思考，而且对转为创业型大学所涉及的多元利益相关者的权力关系做了全面系统而又逻辑严密的规定。章程在转型的定位、外部权力关系与内部治理结构的框架等方面取得了一定的突破，体现出较为明显的特色。关于学校定位、权力的分配以及不同功能的机构如何行使职权，实现大学使命，依据其大学章程条例的详细内容可以归纳为以下几个方面。

1. 向创业型大学转型的明确定位

《浙江农林大学》章程在第一章总则部分第五条明确规定：学校的目标是建设成为国内知名的生态性创业型大学，致力于生态文明、生态科技、生态产品领域的人才培养与科学研究，并以此服务与引领社会。章程明确了其转型方向是生态性创业型大学。对"创业型"和"创业型大学"给予经典解释的是伯顿·克拉克，他在《创业型大学》一书中指出，创业型有两层含义，其一是指诸多系统的一个特征，也就是全部大学以及内部系科、科研中心、学部和学院的一个特征；其二是需要特殊活动和精力

---

① 《浙江农林大学章程》序言部分，2015年5月26日，中共浙江省委教育工作委员会浙江教育厅网（http://www.zjedu.gov.cn/news/1432612922698529 61.html）。
② 《关于〈浙江农林大学章程〉的说明》，2014年10月13日，浙江农林大学发展战略管理处（http://zlc.zafu.edu.cn/articles/20/46/）。

在建校工作中的执着努力和敢于冒险。① 关于创业型大学，是"凭借自己的力量，在积极探索中创新，以便为将来取得更有前途的态势，创业型大学寻求成为'站得住脚的大学'，能按他们自己的主张行事的重要行动者"②。

从国际视角出发，在近一个世纪时间内，大学使命发生了三次变革：第一次以传授知识为使命的教学机构转型为以德国洪堡大学为标志的研究型大学；第二次大学演变为以美国威斯康星大学为代表的社会服务型大学；第三次是知识经济时代来临，大学的社会功能得到强化，伴随着这种转变是大学由原来提供社会公共产品的"社会制度"变成为消费者（学生、企业、政府和社会等）提供知识教育，并因此获得受益与发展机会的"知识产业"。③ 大学由"社会型大学"向"知识产业"的演变，使全球范围内的大学进入了转型调整期。大学要面对知识经济所带来的挑战，组织制度的转型与变革成为重心，一部分大学通过变革其组织制度积极回应时代变革转型为创业型大学。

始于1999年的大学扩招带来了我国高等教育毛入学率的不断攀升，从1998年的9.8%上升至2016年的40%，依照马丁·特罗的高等教育阶段理论，我国高等教育处于后大众化时期，这个时期，高校特别是地方高校面临着如何转型以适应时代环境急剧变化的艰难选择，在这一时期，高校必须进行准确定位，发挥自身特色，以增加竞争力。推动大学转型诚然有教育部推动的原因，对于浙江农林大学更是现实的压力：扩招带来的大学规模的扩张，国家有限的资金难以兼顾每所大学，大学对于资源的竞争日益加剧，很多学校必须拓展办学资源。我国政策偏向于世界一流大学建设，资源受益的大学往往是"985"、"211"工程实施大学，浙江农林大学并不属于"985"和"211"工程实施大学，政府拨款相对不充足。宏伟蓝图与政府财政拨款的不足使其思考改变发展路径，通过变革在农林领域带来的大学声誉与创新能力以拓展资源渠道和增强资金吸聚能力。浙江

---

① ［美］伯顿·克拉克：《建立创业型大学：组织上转型的途径》，人民教育出版社2003年版，第4页。
② 同上书，第2页。
③ Slaughter & Rhoades, *Academic capitalism and the new economy*, the Johns Hopkins University press, 2004, pp.1-30.

农林大学基于对社会需求、高等教育普及化及知识经济时代的回应，变革组织制度，探索向生态创业型大学转型，其在创业型前面加上"生态"正是结合其自身的农林特色，以及我国经济快速发展所带来的严重的忧患意识。

通过案例来研究普通大学是如何通过组织变革转型为创业型大学的著作是美国著名学者伯顿·克拉克的《建立创业型大学：组织上转型的途径》。伯顿·克拉克研究发现，向创业型大学转型需在组织结构进行五个因素的变革，它们分别是强有力的驾驭核心、拓宽的发展外围、激活的学术心脏、整合的创业文化。① 虽然伯顿·克拉克以欧洲五所高校为研究对象，其资金来源、治理体制与权力格局以及适应外界环境的方式有很大不同，但是，伯顿·克拉克关于普通大学向创业型大学的五要素模型为理解我国高校转型组织转型与章程制度变革提供了新的视角。下文尝试应用伯顿·克拉克组织转型的五要素理论来解读浙江农林大学正经历的以章程为载体来进行的制度变革。

2. 治理改革

普通大学向创业型大学变革在我国并没有成功的经验可以借鉴，只有强有力的领导核心进行驾驭才能确保大学在时代潮流中存在诸多不确定因素的环境中进行果敢行动。强有力的驾驭核心是通过以章程为载体的治理改革来实现的，所谓治理是在多元化社会变化中重建力量平衡的一种重要的社会机制，其实质是在相关各方之间建立起价值平衡、利益平衡和权力平衡。② 大学治理所面对和需要回应的力量平衡至少包括三组：大学与政府、市场、社会的利益关系、学术与政治、经济、法律的价值关系以及大学内部各种力量（特别是行政系统与学术系统）之间的权力关系。③ 具体到浙江农林大学的转型治理变革而言，就是其面临日益复杂而又纷繁的社会背景时，如何通过以章程为载体的制度创新变革传统的办学定位、办学思维以及传统制度所留下来的行为规范，不断提升其创业大学的组织特性，逐渐变革其组织定位、职能及制度建立以创业型大学为组织特性的对

---

① ［美］伯顿·克拉克：《建立创业型大学》，王承绪译，人民教育出版社2003版，第3—7页。
② 龚怡祖：《大学治理结构：建立大学变化中的力量平衡》，《高等教育研究》2010年。
③ 同上。

外界高度回应的治理制度与机制的过程。由于高校治理分为内外两个层面，因此，分析其章程亦按照外部治理和内部治理两个方面。

第一，外部治理。

在总则部分，《浙江农林大学章程》明确规定：

> 学校为非营利性事业单位，具有独立法人资格，依法享有教学、科研、行政及财务等自主权，独立承担法律责任。①

从法律视角出发，浙江农林大学虽然是公办大学，是由浙江省人民政府举办，浙江省教育厅主管的国家非营利性事业单位，但是具有独立的法人资格，政府与大学之间完全可以以契约性质的条款来界定权力关系，也就是政府和大学的权力运行得依照大学章程的相关规定，既然大学依法享有自主权力，也就是说，依照法理逻辑，政府与大学之间的法律关系基于平等的契约管理，权力关系亦意味着平等。但就现实的治理环境而言，大学面向政府办学而非是面向社会的办学体制，这样会削弱社会参与大学事物的空间、渠道以及效果。市场对高校的渗透往往是通过政府来进行渗透，在对一所转型高校调研时，某学院院长直接表达了这种担忧，市场的不规范渗透，致使高校在外部力量多重交织交互影响下容易以正当理由为借口滋生一些失范举措。

诚然，外部治理结构中政府职能转变一直是高等教育治理体制变革的"重点"，但其顺利实现不仅依靠章程的契约性质的约束，还需要政府从"多元认知"层面思考创业型大学的职能定位，也就是国家和社会究竟期望和需要创业型大学发挥什么样的作用？政府还得克服急功急利的"求用"心态，从高校自身成长的规律以及国家和社会长远发展的战略高度来推动大学转型，避免政府"良性"干预。在外部治理结构的变革中，政府应改变历史形成的依赖路径，充分引导社会力量对大学转型实施影响，使市场向大学实施正向渗透，促使高校在转型实践中对社会需求进行理性选择，这样，政府、大学、社会、市场四方协同发挥正向影响，为大学转型特别是向创业型大学转型提供环境的渐变和持续的改良。

---

① 《浙江农林大学章程》总则部分第4条，2015年5月26日，中共浙江省委教育工作委员会浙江教育厅网（http://www.zjedu.gov.cn/news/14326129226985）。

第二，内部治理

在总则部分，《浙江农林大学》章程明确了其内部治理结构：

> 学校实行中国共产党浙江农林大学委员会（以下简称"校党委"）领导下的校长负责制。坚持和完善党委领导、校长负责、教授治学、民主管理的内部治理结构，坚持依法治校，实行党务公开、校务公开和信息公开制度，依法接受监督。

我国大学的治理具有鲜明的中国特色的治理体制，"党委领导下的校长负责制"既是我国大学的惯常治理体制，也是自新中国成立以来我国的传统。我国大学的党委的机构性质类似于国外大学的董事会，决定着大学的战略方向和发展定位。因此，党委处于大学内部治理结构的关键位置。就行政学意义而言，党委领导下的校长负责制实质是问责制度，既有权力的行使又存在着结果的问责，在章程规定时应明晰其权责，权责相互呼应和统一，梳理我国大学章程，普遍存在着有职责无问责。

从治理结构来看，章程的规定重视校内利益相关者民主参与管理，这包含"治理核心是谁（治理主体）"、"治理哪些事物（权力划分）"以及"治理比重（权力大小）"等关键性问题。从权力分配视角来看，党委拥有政治领导权、校长拥有行政执行权、教授拥有学术治学的权力、教职工拥有民主参与管理和监督的权力。当然，这几种权力不可分割，在治理结构中相互制衡，是相互渗透和有效交互的网状治理体系。

大学治理结构在本质上是指体现大学"非单一化组织属性"和委托代理关系特点的决策权结构，旨在满足具备独立法人地位的大学在面向社会和市场自主办学的过程中应对"冲突和多元利益"的治理需要。① 作为向生态创业型大学转型的浙江农林大学，创业离不开社会的支持，问题在于，在章程内部治理结构的描述中，唯独缺少了社会参与，社会和市场如何在大学内部治理结构中合理介入和限度，这些问题依然需要思考。诚然，就客观角度而言，我国的大学实践依然处于"摸索探索"的阶段，距离西方国家较为成熟的大学治理结构尚有差距。

首先，党委的政治领导核心在组织机构部分，《浙江农林大学》章程

---

① 龚怡祖：《大学治理结构：现代大学制度的基石》，《教育研究》2009年第6期。

明确了党委的职责、领导方式、形成产生及任期：

> 校党委依照《中华人民共和国高等教育法》统一领导学校工作，支持校长独立行使职权。校党委实行集体领导和个人分工负责相结合，领导班子成员按照分工履行职责。校党委由学校党员代表大会选举产生，每届任期5年。①

从章程条款可以看出，党委的领导方式是集体领导和个人分工负责相结合，集体领导明确说明了学校发展并非党委书记一个人说了算，虽然党委书记在党委中排名第一，主持召集常委议事，但是党委书记并非就是党委。分工负责明确说明党委中的每个委员都应该积极主动、勇于担当，坚决防止议而不决、有决议不执行的相互推诿现象。

关于党委书记的职责分析将在下文中和校长的职责进行比较分析。

其次，校长的行政领导核心

我国高校的校长负责制始于1985年的《关于教育体制改革的决定》明确规定"学校逐步实行校长负责制，有条件的学校可设立由校长主持的校务委员会作为审议机构"。

《浙江农林大学》章程规定了校长负责的内容、方式及校务委员会的议事规则，其24条规定：

> 校长是学校的法定代表人，在校党委领导下，贯彻党的教育方针，组织实施校党委有关决议，行使高等教育法等规定的各项职权，全面负责教学、科研、行政管理工作。
>
> 校长由学校举办者依法任免。

在高校治理结构和体系中，校长的重要性不言而喻，党委规划的蓝图、重要决策需要校长加以落实。虽然学术事务的管理由教授主导，"教授治学"亦成为学术治理的趋势，但是在实际的学术事务管理中教师群体很难有精力和能力投入到具体的学术管理之中，治学同样需要以校长领

---

① 《浙江农林大学章程》第3章组织机构第23条，2015年5月26日，中共浙江省委教育工作委员会浙江教育厅网（http://www.zjedu.gov.cn/news/143261292269852961.html）。

衔行政团队参与和辅助管理。总的来说，校长的行政核心地位表征着治理的成效，如果其行政核心能力不够强大，"党委"所规划的蓝图、"教授治学"及"民主管理"的落实都将会成为海市蜃楼。

研读数所大学章程，发现不管哪种类型的大学章程，都明确表述"校长是学校的法定代表人"，在我国法律语境下，对一个机构而言，法定代表人代表机构全权处理所有民事事务。也就是说，大学校长与政府、市场的博弈中能力的强弱以及选聘等，都体现着大学与政府之间边界的划分。虽然《高等教育法》赋予大学依法自治的权力，但是大学校长是否具备依法自治的环境和条件还有待商榷。关于"校长由学校举办者依法任免"惯例和规则，浙江农林大学党委书记宣勇有深刻的认识：

大学校长的产生程序，当前主要参照行政机关法定代表人产生的方式，由上级政府直接任命，这一选任方式在一定程度上把大学校长纳入行政官员系列，"校长负责"更倾向于对上负责，而在对学校发展以及师生利益负责方面缺乏压力和动力，因此，改革大学校长的选用方式、调整政府对大学校长的管理手段是完善外部治理的关键。①

虽然教育部在2014年就发布了《高等学校章程制定暂定办法》，并且不遗余力地进行推进，然而从现实调研现状来看，收效甚微，其根本原因是高等教育是社会不可分割的一部分，高校与外部的治理关系并非仅仅教育职能部门的影响，更为关键的是伯顿·克拉克所称谓的国家权力的影响，教育部作为一个教育职能部门来推进治理体系的变革，即使出发点是良好的，也不太可能作为国家权力变革所能够达到的成效。就当下我国治理体系变革而言，正从人治向法治的过渡变革，只有那些大学举办者才有能力变革大学的根本制度，虽然大学章程被赋予大学的"宪章"，也明确规定大学的自治权和法人地位，但是，其实质效用，仅仅相当于大学内部的行政规章，根本达不到大学和举办者之间的契约。

校长办公会议是学校行政议事决策机构，研究提出学校的事业发展规划、年度工作计划和具体规章制度，做出教育教学、学术研究的计划和安排；提出内部机构设置方案，对机构负责人进行任免；负责对教职工的聘任和解聘，学生的学籍管理和思想品德教育，师生员工的奖励和处分，年

---

① 宣勇：《我国高等教育治理：体系构建：逻辑审视与未来展望》，《国家教育行政学院学报》2015年第9期。

度财务预算方案的拟订和执行，校产保护和管理，社会服务、国际交流合作等行政工作重要事务。

校长办公会议由校长召集并主持。会议成员一般为学校行政领导班子成员。党委书记、副书记、纪委书记等可视议题情况参加会议。

关于党委和校长办公会议的职责《浙江农林大学章程》分别在第25条和第26条予以规定：

> 第二十五条　校党委会是校党委履行职责、行使职权的主要形式。坚持民主集中制，集体讨论决定学校的办学指导方针，制定和修订章程等基本规章制度，制定发展战略和重大改革发展举措，决定内部组织机构设置和重要干部任免，审批年度财务预算和决算、预算外大额资金使用，负责党的建设与思想政治工作以及其他重要事项。校党委会由党委书记召集并主持。
>
> 第二十六条　校长办公会议是学校行政议事决策机构，研究提出学校的事业发展规划、年度工作计划和具体规章制度，做出教育教学、学术研究的计划和安排；提出内部机构设置方案，对机构负责人进行任免；负责对教职工的聘任和解聘，学生的学籍管理和思想品德教育，师生员工的奖励和处分，年度财务预算方案的拟订和执行，校产保护和管理，社会服务、国际交流合作等行政工作重要事务。

从以上条例可以看出，校党委会和校长办公会议都具有议事、决策职能，《浙江农林大学》章程分别用两项条款分述校党委会和校长办公会的职能，试图明晰两者之间职能之不同，分工之区别。然而章程并没有对党委书记和校长的职能在制度上制约，党委和校长办公会议的职能也存在着交叉重叠，例如：党委的职能之一"制定发展战略和重大改革发展举措"与校长职能之一"研究提出学校的事业发展规划"职能角色定位有些不够清楚，交叉重叠。需要深思的是，在高校转型实践中，党委书记、校长的主要角色是什么？党委书记仅仅扮演党委的召集人角色？谁才是大学转型变革的主要改革者和转型理念在实践中践行的教育家？在转型实践中，两者之间的角色冲突必然会存在。究其原因，在实际调研中，一大部分书记和校长认为两者角色的边界职责不够清晰，制度缺乏对角色的制约，还有一部分校长和书记认为作为学校的章程难以界定两者之间的边界，两者之所以模糊交叉，是源于先天性的制度缺陷。

实际上，造成现实中的角色冲突以及在章程中角色定位又难以明晰的原因在于上级对大学书记、校长产生、职责考核同质化的结果，大学举办者应该在制度上对两者之间的角色、职能定位进行差异化的安排。大学党委书记应由上级组织提名、大学教职工民主选举而产生，大学校长应该公开向全国、甚至全世界遴选产生。在职责定位上，党委书记作为党委的召集人，应对其主要决策负责。校长参与党委决策并且是重要决策人，除了参与决策大学重大事情，更重要领衔行政团队，对党委的决策贯彻执行，并对决策负责，决策的成效亦应该向党委进行汇报。

依照马克斯·韦伯理论信念，行政是政治实施的工具，党委行使决策职能，以校长为首的行政团队实施行政职能，从公共治理的视角出发，关键是加强党委的民主化决策进程。党委的民主决策是推进现代大学治理体系的关键，因此，党委应由基层党组织代表参与决策，而不应该全是行政领导班子组成，校长可以作为代表参与决策，这样更有利于对党委的决策负责。当然，校长办公会议构成也并不一定是清一色的行政领导班子，适当时机，可以邀请教师代表、学生代表、家长代表、企业代表等多元利益相关者，倾听他们对学校发展的建议。

再次，学术委员会的学术治理

上个时代中后叶，人类社会迎来知识经济浪潮，这为大学将自身知识转化为其发展资源提供了可能。目前世界上典型的创业大学，如美国的麻省理工、斯坦福大学以及英国的沃里克大学，其共同特征是将自身的知识资源自觉向资本资源转化，也就是学术创业。大学的知识在知识经济时代蕴藏着不可限量的财富，大学逐步从社会边缘进入社会的轴心，充分发挥着知识创造、知识应用价值，不但为自身的快速发展获取所需的资金，而且还能服务社会。知识、学术是创业的潜能，只有通过创业，学术才能为大学带来发展所需的资源。象牙塔的学术只有走向社会，才能带来市场价值，才能给大学带来发展所需的资源。浙江农林大学选择向创业大学转型，是探索在实践中为实现知识、学术等资源通过创业方式向知识、学术资本的转化，从而在大学组织结构和文化方面进行变革，其在学术管理方面的变革在《浙江农林大学》章程第28条有所体现：

> 学术委员会下设教学与学位指导、学科建设、科学研究与学术创

业、教师评价与发展和学术道德建设5个专门委员会。学术委员会可依据学校发展需要,增撤或调整专门委员会。①

浙江农林大学的学术委员会下设"科学研究与学术创业"委员会,开拓性地将科学研究和学术创业结合,拓展了学术研究的范围和边界。浙江农林大学党委书记宣勇对此有深刻的认识:

> 就组织特性而言,创业型大学与一般大学有着基本的共同点,它仍然是学术性组织,但由于它追求的是知识的资本化,从而使其价值取向和组织特性发生了变化,开始从偏重规范性维度向功利性维度转变。②

美国学者希拉·斯劳特明确将大学为获取外部资金而进行的学术市场活动或者具有市场特点的学术活动称为学术资本,并且进一步以学术资本来明确界定创业大学的含义。学术资本的关键在于学术的市场化、资本化,而创业型大学则以学术的市场化、资本化,通过创业来获取大学发展资源成为大学选择的发展模式和定位。为了获取大学发展的所需资源,教师的学术活动不仅仅停留在象牙塔内,而是去市场上竞争与社会经济发展紧密相关的具有应用性的研究,这些研究往往目标明确。浙江农林大学在学术委员会下设"科学研究与学术创业"委员会,正是积极探索创业型大学组织的特殊特性,从而在实践中激活大学的学术中心,用学术创业来激发整个学校的创业动力,以创业型的制度和学术观念塑造创业型大学。创业型大学不仅履行科学研究的使命,并且这种科学研究基于创业型的需求,更有针对性,比其他类型的大学更主动地融入社会需求。

最后,通过内部体制改革推动创业型大学建设。

浙江农村大学章程在总则中规定学校是两级机构,三级管理:

> 学校设立校、学院(教学部)两级机构,实行校、学院(教学部)、学科组织三级管理。校级设定战略目标、制定公共政策、提供

---

① 《浙江农林大学章程》第三章组织机构第28条,2015年5月26日,中共浙江省委教育工作委员会浙江教育厅网(http://www.zjedu.gov.cn/news/143261292269852961.html)。

② 宣勇:《论创业型大学的价值取向》,《教育研究》2012年第4期。

公共服务、协调公共关系、实施目标管理。学院（教学部）级在学校的授权范围内，履行教育基本职能，自主行使相应职权。学科组织是学校教学与学术的基层组织，在校与学院（教学部）两级授权范围内，由学科带头人引领团队履行职责。①

浙江农林大学试图通过体制改革来推动学术创业，章程中明确规定建立学校—学院—学科的三级管理模式，这种模式的最大特点是基于学科进行管理，其主要主旨是激发基层学术组织活力，赋予更多的自主权。为了加强与社会联系，推动学术成果转化，浙江农林大学新成立发展战略规划处、创业管理处与社会合作处三个部门。在调研中发现，新设立的创业管理处与原来的机构——公共事务管理处、科技处等职责边界存在着模糊等问题，需要在实践中进一步厘清，进而在章程中加以规定。探究深层次的原因，可能缘于高校创业的大环境并不成熟，也就难以达到通过体制改革促进创业型大学的预期。

3. 存在问题与对策

温州大学章程、浙江农林大学章程在很大程度上代表我国部分地方高校转型为创业型大学在实践层面的制度构建。从实践层面来看，我国创业型大学仅仅处于初级阶段，并不成熟，用理想模式来评判，未免不切实际，因此"转型成为创业型大学并不是一朝一夕、一蹴而就的，而是需要长时间的积累，产生质的飞跃"②。从章程制度层面来说，地方高校向创业型大学转型可谓是任重道远。最近发现南京工业大学在章程中将其办学目标由创业型大学重新定位为"综合性、研究型、全球化"，可见创业型大学的转型在实践中并非一帆风顺。

（1）远未形成创业文化的制度氛围

我们深入创业型大学调研，与行政人员、教师及学生交流，深深感受到阻力重重。外在大张旗鼓的创业型大学的勇于改革形象与校内老师们无动于衷形成鲜明的对比。笔者曾到某创业型大学调研，想听取老师对创业

---

① 《浙江农林大学章程》总则部分第10条，2015年5月26日，中共浙江省委教育工作委员会浙江教育厅网（http://www.zjedu.gov.cn/news/1432612922 69852961.html）。

② 林锈戎:《我国地方高校实践创业型大学之路的若干探索》,《福建教育学院学报》2012年第5期。

型大学制度建设的困惑、建议。原以为学院的专任教师一定会热情高涨地进行谈论与建议，然而，老师们更为关心如何申报课题、发表论文以便达到评定职称的标准，关于学术转化或者创业，有一部分教师，甚至都没有进行思考。笔者与一位行政管理人员 A 先生交流，他说创业型大学的目标定位在教师们中认同度并不高，甚至有一半多的教师并不认同，尽管在宣传上做了大量工作，但是学校目标的定位并未在师生中产生较为强烈的反响，教师们依然处于无动于衷的状态。地方普通本科院校向创业型大学转型，其最终依靠的是对教师群体的激励，大多数学校章程没有对教师的激励机制，选聘教师、教师职称评定的制度还是按照传统的制度或者模式，如果这些制度不进行深刻变革，不管学校如何在章程上规定其为创业型大学，其实质依然是传统的大学。由此可以推断，当前我国普通本科向创业型大学转型的章程变革，主要停留在政策的酝酿、组织机构的设计、体制与制度的规划等方面，尚未形成教师转型意识、学术资本创业的行为及学校整体上创业文化形成的氛围。

（2）尚未从根本上扭转实践中的观念及制度的滞后

《福州大学章程》序言中规定：

> 面向未来，福州大学坚定不移走以提升质量为核心的内涵式发展道路，深入实施质量立校、特色兴校、人才强校、开放办校、依法治校"五大战略"，努力为国家和区域发展做贡献的过程中办出特色争创一流，全面建成创业型东南强校，努力成为国内知名高水平大学。

从章程条款来看，福州大学所描绘的蓝图不仅美好，而且紧跟时代潮流发展方向。然而，从实践调研及研读学校相关文献资料时发现，教师和管理人员的活力依然有待激发、观念依然较为落后，对于市场的感知适应能力依然较差，正如付智贤校长在《福州大学中长期发展规划纲要（2010—2020）》等文件制定说明报告中所指出的"体现创业型大学特征的创新创业体系尚未形成……校院两级体制改革需要进一步深化和完善，部分行政管理部门存在着责任意识差等"[①]。应该说，国内高校普遍存在这些现象，创业型大学领导者力图借向创业型大学之契机，变革学校理念

---

① 付八军：《国内创业型大学建设的路径比较与成效分析》，《教育研究》2015 年第 4 期。

落后及制度积弊,从目前调研情况来看,举步维艰,成效不大。

(3) 缺乏契合创业型大学发展的组织结构

我国大学制度的核心是中国特色的"党委领导下的校长负责制",这一制度虽然在确保高校社会主义方向和引领社会主义先进文化方面发挥着积极的作用,但这一制度也把大学的行政管理者纳入政府的官僚体系,使创业型大学的管理者兼具官员、改革者、教授、学校管理者多重身份,在一定程度上影响创业型大学的创业氛围的激发。如何依据学术创业的理念,不断创新创业型大学的"党委领导下的校长负责制",依然是非常深远的任务……伯顿·克拉克指出,"大学转型的五个要素(管理、创业、资金、学术、文化)相互作用,每个孤立的要素几乎毫不重要"[1]。我国大学在向创业型大学转型实践中,虽然在创业政策酝酿、颁布以及机构的创设有一定程度的探索,但是在大学内部组织结构的转型变革中仍然缺乏这五个要素之间的有机结合,甚至这几个要素之间的所呈现的表征强弱不够协调与一致,难以形成有效的创业凝聚力。

(三) 余论:学术创业何以成为可能

(1) 坚持应用创业与学术的有机统一。大学的学术创业并不是要各个学科走向"吹糠见米"的经济效益,很多学科依然肩负着知识传承的历史重担和探索基础研究的时代使命,农林涉及社会环保和人类自然环境的保护,更是关乎人类的良心所在,浙江农林大学将转型定位于生态性创业大学,坚持生态化教育理念,正是基于这种考虑。部分基础研究学科需要坚守"象牙塔",远离市场利益的追逐。否则,就难以坚守生态化的教育理念,不可能研究出维护生态自然的成果问世。因此,浙江农林大学转型生态创业型大学必须注意因学科而异,既要推进应用性的学术成果创业,又要为"形而上"造福于人类生态长远发展的学科创造适宜的环境,使两方面协调发展。也正源于此,创业型大学更需建立积极性评价机制、奖惩机制及学术科研相关合约制度,这是目前大学绩效管理的关键所在,而作为生态性创业大学,必然要在学术创业方面形成上文所论述的合理机制,在建立机制之前很有必要分析学术性质,予以分别考核。

(2) 要有选择的智慧、甘愿冒风险、追求卓越的组织特性和精神气

---

[1] [美]伯顿·克拉克:《建立创业型大学:组织上的转型途径》,王承绪译,人民教育出版社2003年版,第177页。

质。那些具有远大理想的大学，总担心在时代潮流中被沦为边缘地位，它们变革大学治理体制，激活大学学术中心，探索创业型大学所应秉承的创业冒险文化。浙江农林大学党委书记宣勇在黑龙江科技大学大学生科技协会谈到大学定位时说："一所高校选择什么需要智慧，选择不做什么，更需要勇气，浙江农林大学在2010年6月6日升格为大学后一直在思考：浙江需要什么样的农林大学？办一所什么样的农林大学？怎样办好农林大学？升格以后怎么办，怎么对接经济发展？"①

（3）借鉴发达国家创业型大学的成功经验。当然，温州大学、浙江农林大学等选择向创业型大学转型的高校应当借鉴美欧成熟的创业型大学经验，创立科技园的形式深入服务社会，使农林研究、生态改善、人才培养、服务地方经济及拓展本校经费资源融合在一起。借鉴美国的斯坦福大学如何从昔日的"土地富裕、金钱贫困"，身患"顽疾的营养不良"，到20世纪后半期，创造"硅谷"奇迹，"有资格担当全世界首要的创业型大学"。②借鉴荷兰的特文特大学是如何将勇于冒险的创业文化贯穿于政策决策、制度变革、教学、科研以及治理的方方面面，最终从高等教育系统的边缘走向了强大。

（4）激发基层活力，使其坚持创业信念。伯顿·克拉克指出："在一所大学，要办成一些事情，很多人必须使这件事情发生。"③ 大学转型，总是从最基层的个体和组织单位起始，自下而上，通过变革组织，改变大学的组织结构和方向，经过大家共同努力很多年才能够发生。我国大学的改革与转型，通常采用自上而下的行政推动，往往是顶层设计看似完美、无懈可击，体现在基层行动力上雷声大、雨点小，大学教师对改革与转型的不理解、不认同，使变革成为走过场的现象司空见惯。我们在研究中遇到过教师对转型不理解的情况，例如：2016年11月17日，在北京交通大学国际会议中心举行了高等教育结构性改革与应用文科高校（专业集群）转型发展研讨会，课题组不仅参加了会议，而且利用会议休息时间

---

① 宣勇：《创业型大学建设——浙江农林大学的探索与实践》，"高校结构调整与布局优化研讨会论文"，上海，2016年4月，第5页。

② [美]伯顿·克拉克：《大学的持续变革——创业型大学的新案例与新概念》，人民教育出版社2008年版，第120页。

③ [美]伯顿·克拉克：《建立创业型大学：组织上的转型途径》，人民教育出版社2007年版，第86页。

和午餐时间，进行随机半开放性访谈。河北民族大学教授 A 认为高等院校转型关键是在于对于基层教师的激励，对于教师而言，最关于自己切身利益的莫过于职称的评定，在高等院校转型实践中，如何让老师们认同转型理念？如何制定章程及制度使老师评定职称与转型挂钩，是校院级领导应该深入思考的问题。保定学院教授 B 认为教育部规划中心举行会议过于频繁，并且理论较多，教师们真正可以汲取的东西很少，接地气落到实践中的措施不到位。某位不愿意透露学校的教授 C 则质疑现在的转型是否要搞教育"大跃进"以及教育的商业化，对教育规划中心所搭建的企业与学校的校企融合平台存疑。因此，高校转型而言，在高处呐喊，并不是前进的有力武器，激发基层的积极性、活力才是转型改革的锋利工具。较为可行的改革是：政府的政策仅宏观规划与指导，给予高等院校更多的空间自主创新，充分激活每一位基层教师的学术活力，让每所学校边摸索、边交流、边提高、每所大学找准自己的定位，最终实现整个高等教育结构的调整。

（5）贯穿创业信念和文化于组织结构之中。温州大学、浙江农林大学虽然将转型为创业大学写入章程，开始了转型的历程，但在调研中发现，转型为创业大学的意识依然不够自觉，创业信念和文化尚待培育。在浙江农林大学从事战略规划的陈教授，作为访谈对象，他认为，创业型大学是国外移植过来的概念，看似很美好，如何落到实处，目前教师群体仅是部分认同理念，如何使创业信念和文化植根于大部分教师内心并调动其积极性，恐怕要看理念与措施的落实是否能够使学校获得较大的发展。就创业信念而言，伯顿·克拉克在《大学持续变革——创业型大学新案例和新概念》中这样描述："大学长久转型与变革并不依赖于短暂的领导魅力和能力，在大学历史沉淀中，他们也许是果敢的弄潮者；持久的转型也并非是环境所致的一时奋起，更确切地说，转型有赖于构筑成套的结构的集体反应伴随着稳定地表达坚决的院校意志的有关信念，一种起着稳定作用的创业素质被编织进大学结构之中。"[①] 这是伯顿·克拉克在调研欧洲、北美创业型大学模式之后做出的深刻总结，它充分说明了创业信念和文化在创业型大学建设中何其重要，对于我国定位于创业型的大学而言，创业

---

① ［美］伯顿·克拉克：《大学的持续变革——创业型大学新案例和新概念》，人民教育出版社 2008 年版，第 7 页。

信念和创业文化依然是至关重要。

二 向应用型大学变革——以重庆文理学院为例

近些年来,随着高等教育的大众化,"应用型院校"逐步频繁地出现在理论研究与办学实践中,成为众说纷纭的重要议题。李克强总理在2015年《政府工作报告》中就高校转型问题指出"要引导部分地方本科院校向应用型转变"。既然转型的大方向已经明确,那么如何转?以何种路径来实现?国家政策层面也在做积极的探索,国家和教育部就不同侧重点,集中出台了《关于加快发展现代职业教育的决定》、《关于地方本科高校转型发展的指导意见(征求意见)》来推动高校转型发展。为了呼应国家政策,2014年4月,中国应用技术大学联盟和中国教育国际交流协会在驻马店举办产教融合发展战略国际论坛,参与论坛的178所地方高校共同发布《驻马店共识》,共同落实国家有关"普通高校向应用型大学转型"部署及探索"中国特色的应用型大学建设之路"。既然国家层面已有指导性政策,那么,如何协调好高校、地方政府、企业及社会团体参与高校治理,以何种契约或者制度来激励保障多方参与愿景、责任等问题尤其关键。不少地方高校以章程变革为突破点,那么,他们在转型实践中如何应对理论逻辑上的困惑,又如何通过以章程为载体的制度变革来实现转型呢?

课题组选取西部的重庆文理学院章程作为案例,来研究转型为应用型高校的制度创新。

(一)定位:高水平应用型大学

《重庆文理学院章程》序言明确表述:

> 重庆文理学院(以下简称学校)的前身是重庆师范高等专科学校和渝州教育学院,2001年5月两校合并组建渝西学院,2005年4月更名为重庆文理学院。2007年学校通过教育部本科教学工作水平评估[①],2008年开启应用型大学转型发展之路。
>
> 坚持"应用为本,管理创新,开放办学,特色发展"的办学思

[①] 《重庆文理学院章程》序言,2015年11月4日,360百科网(https://baike.so.com/doc/25052595-26022931.html)。

路，大力实施以特色优势学科建设和应用型人才培养为内容的"顶天立地"发展战略，全面提升办学综合实力和核心竞争力，努力将学校建成高水平应用型大学。

从章程可以看出，重庆文理学院办学特色鲜明，定位于向社会输送应用型人才，在办学思路上尤其强调"应用为本、管理创新，开放办学，特色发展"的办学思路。重庆文理学院党委书记孙泽平对此有深刻的认识：

"我们培养的是连长，可能有一部分人成为将军，那是以后的事情，如果定位为培养将军，目标就错了。"①

如何实现区域之间的差异化特色？党委书记孙泽平用"从出口往回捋"的形象说法给出了答案：

"同样是教育专业学生，西南大学培养的可能是重点中学老师，重庆师范大学培养的可能是完中老师，重庆文理学院培养的可能就是乡镇中学老师或者小学教师。"②

重庆文理学院向应用型变革并非自上而下推动的被动转型，是早在八年前就开始了对应用型转型这个命题的思考和探索，2007年重庆文理学院通过教育部的本科评估后，学院对未来的发展方向产生了迷茫，是步他人后尘走"研究型大学"发展方向还是结合学校实际情况、另辟蹊径，走布满荆棘，当时还没有学校涉足的应用型大学之路呢？重庆文理学院选择了后者。

国内关于应用型大学的研究，多数将视为区别于研究型大学的比较宽泛意义的新类型或者介入研究型大学与职业院校之间的新类型，但也有部分研究对应用型大学的意蕴进行了探讨。如：

> 应用型大学是高等教育大众化的产物，是区别于研究型大学的一种新的大学类型，其概念比较宽泛，它不仅包括应用技术大学，还包括服务型大学、技术型大学、创业型大学、教学型大学及教学服务型

---

① 刘博智、储召生、胡航宇：《重庆文理：向应用型转变如何"花无为有"》，《中国教育报》2017年1月4日。

② 同上。

大学等。①

我国高等教育存在着三种类型：第一类大学所开设的学科性质主要以基础研究或者应用学科基本理论知识为主，培养人才目标是拔尖的创新人才，这类大学为综合性研究型大学；第二类大学学科以专门知识为主要内容，人才培养目标是应用型的高级技术人才，这类专业型大学或者学院为应用型大学；第三类是学校学科性质以实用为主，人才培养目标是生产一线的专门人才，这类学校为职业技术学院。②

应用型大学与高职院校属于同一类型，是高职教育理念的延伸，同时为高职院校设置出口并提升其培养层次。③

如上对应用型大学的探讨各有一定的依据，学术界的研究不乏启发，同时也在一定程度上说明在理论界和实践中对应用型大学的认识尚未达成一致见解，而且也存在一定分歧。

一方面，这几种论述都基于人才培养类型来衡量大学的类型，至于应用型人才，世界上尚无一定的评价标准。上述有学者将创业型大学相对于研究型大学而言，从而把创业型大学归于应用型，这本身就值得商榷，美国的斯坦福大学集研究型大学与创业型于一体，说明研究型大学与创业型大学并不矛盾，那么，其培养的人才既有可能是做研究的人才、也有可能是创业型人才。人兼具自然属性和社会属性，一般人才具有一定的复合能力，很难清晰严格地界定类型，以此层面为逻辑起点，对于应用型人才的培养，并非某单独高校的主要任务，而是整个高等教育的调整。因此，"应用型大学"可能指的是大学教育及课程的侧重点，而非一种高校的类型。

另一方面，上述论述大都以人才培养为衡量学校定位的标准，那么大学如何通过组织创新，制度变革来实现转型，却只字不提，这无论如何都不符合大学转型的内在要求。实现人才培养的侧重点的改变，需要制度、组织结构的变革，并不只是定位的改变。

---

① 侯长林等：《应用型大学视域下新建本科院校办学定位选择》，《教育研究》2015年第4期。
② 潘懋元：《略论应用型本科教育的定位》，《中国大学教学》2008年第3期。
③ 冯弘等：《对应用型大学的探讨》，《北京联合大学学报》（自然科学版）2005年第2期。

综合应用字词含义和汲取国内外学者对应用型大学意蕴的理解，笔者认为，应用型大学有别于传统综合性大学的发展路径，它是应对高等教育大众化时期，高校趋同化竞争加剧，生源多样需求的严峻现实下，毅然选择组织向应用型变革，塑造应用文化，激发学以致用精神，人才培养与现实社会中的应用密切结合，学术文化与应用文化深度结合，着力提升自身的应用特色实力，不断为区域乃至全国经济社会做出贡献。应用型大学的逻辑起点是回应时代社会发展日益增多的应用技术需求，重庆文理学院的办学理念"教育即服务、学生即顾客、质量即生命"是应用型大学理念在实践中的具体体现，虽然教育即服务的理念过于绝对，也充分说明应用型大学逐步重视提高其应用职能，更好地以自身优质的质量来服务学生和社会。随着我国高等教育的大众化向普及化的过渡，很多高校尤其是地方性高校面临着发展的困境，向应用型转型也是政府和高校反复思考的举措，重庆文理学院在转型方面可以称之为"向应用型变革的先行者"。重庆文理学院目前的转型是基于自身由专科向本科、由单科向多科成功转型之后的第三次开辟新局面的深度转型，这次转型是重庆文理学院由以前扩张式的外延发展转为内涵发展，由共性转为个性发展，由新建本科院校走向新型特色应用大学。[①]

(二) 科学决策与民主制衡

对于如何变革大学，使之朝应用型转变，使大学组织成员的诉求得到回应，开创应用型大学新局面，正是《重庆文理学院》制定章程制度时所思考的问题，在重庆市高校章程建设新闻发布会上，重庆文理学院对大学章程条例做如下解释：

涉及学校发展的重大问题、重要事项和重要干部任免，由党委民主决策（包括党代会、全委会和常委会）（第19、22、23条）；执行层面的决策校长办公会集体讨论，由校长做出决策（第25条）；学术事务决策由学术委员会集体做出决定（第28条）；涉及学校发展规划、教职工切身利益由教职工代表大学通过（第29条）；学代会是行使民主权利、维护合法权益，参与民主管理和监督的基本组织形式（第32条），规定了学

---

① 孙泽平等：《应用型人才培养体系构建的实践与探索——以重庆文理学院为例》，《重庆高校研究》2013年第1期。

代会的职权和议事规则（第33、34条）。①

"民主"与"制衡"这是重庆文理学院内部治理的基本逻辑，"民主"是由上而下的惯例和秩序，基于民主之上的决策才是科学的决策。"权力制衡理论"的经典创始人孟德斯鸠在其代表作《论法的精神》指出，拥有权力的人都容易滥用权力，这是一条亘古不变的真理，权力不能过分集中，这样才能有效地预防独断专行的决策行为。②重庆文理学院学术事务由教授组成的教授委员会负责，行政事务由以校长为核心的校长办公会来决策，并向党委报告重大决议执行情况，向教职工代表大会报告工作，组织处理教职工代表大会、学生代表大会、工会会员代表大会和团员代表大会有关行政工作的提案。③就此而言，重庆文理学院转型在学院章程框架下民主管理、科学决策与富有领导力的领导团队的有机结合下进行，从而使转型有所前瞻和创新。基于重庆文理学院的治理经验，就转型大学内部而言，可以形成一个基本认识，治理所面向的对象是转型组织中的每个个体，其作用是调节在向应用型大学转型的实践中多元利益相关者的利益、权责，使之上下齐心协力朝着转型方向努力。

（三）构建应用型人才培养体系

重庆文理学院章程在第五章人才培养第五十条明确规定：

> 学校根据人才培养目标与要求，组织实施教育教学活动，开展教育教学研究与改革，建立健全创新创业教育体系，分类探索并创新人才培养模式，构建特色鲜明的应用型人才培养体系。④

应用型人才既有别于传统本科院校培养的学术型人才，又有别于高职

---

① 见《重庆文理学院章程》介绍及特色——重庆市高校章程建设新闻发布发言稿，2015年9月15日。
② 周光礼等：《多伦多大学法的修订对我国教育立法的启示》，《江苏高教》2009年第1期。
③ 《重庆文理学院章程》第二十五条第九项内容，2015年11月4日，360百科网（https://baike.so.com/doc/25052595-26022931.html）。
④ 《重庆文理学院章程》第五章第五十条内容，2015年11月4日，360百科网（https://baike.so.com/doc/25052595-26022931.html）。

高专院校培养的技能型人才。① 应用型人才是既对学生进行必要理论基础教育，又进行充分的实践技能训练，使学生能够运用科学理论知识解决实践中的技术问题，使学生走上工作岗位之后能够独立从事高技术含量的应用性工作。应用型人才区别学术型人才的基本特征是实践能力强，能够解决生产实际工作中的技术问题。应用型人才的培养依靠传统的孤立、封闭的教学系统育人模式显然难以实现，需要构建多元、开放的应用型人才培养体系。重庆文理学院从培养人才思想观念的转变、专业调整、多元化人才模式的培养、教学改革、工程与文科实训中心建设、教师教学科研能力的提升、产学研合作、以学生为中心的育人机制的完善等八个方面构建应用型人才培养体系。就思想观念转变而言，为了深化教职工对转型的深刻认识，把学校深度转型变为教职工的自觉行动。重庆文理学院组织从校到院再到教师的谈论，在学校层面深入研讨"如何构建应用型人才培养体系的协同统筹机制"，在学院层面深入研讨"如何构建具有本院特色的应用型人才培养体系"，在教师层面深入研讨"在转型实践中应该教什么、如何教"，通过自上而下的研讨，进一步转变传统的办学、教育教学观念，形成科学的转型观、办学观、教育教学观。就专业结构调整而言，依然是转型实践中面临的最大挑战。如何对接企业的产业结构升级是每个转型高校应该深入思考的问题。重庆文理学院专业调整方面采取三项措施，第一是重点打造材料机械等六个专业集群，对接重庆市的新兴战略支柱产业；第二是除了继续坚持"教师教育类"等传统专业，还进行特色专业建设与培育；第三是建立专业评估与机制，定期评估，将适合市场需要发展前景好的方向确定为专业，关闭不适合市场发展就业率低的专业，形成专业的动态调整机制。人才培养模式的分类、多元是应用型人才体系构建的关键，应用型人才的培养很难用统一的标准和模式去衡量，也没有可供借鉴的经验，重庆文理学院各个学院依据自身的特色，探索出"校企合作育人模式"、"创新创业教育模式"、"高技术人才培养模式"、"卓越教师培养模式"、"应用文科人才培养模式"、"国际合作办学模式"六种育人模式。就教学改革而言，重庆文理学院从教学内容、教学方式、考核方式、公共课及毕业论文设计五个方面进行改革，在教学内容方面，改革教

---

① 潘懋元、车如山：《略论应用型本科定位》，《高等教育研究》2009 年第 5 期。

学内容陈旧空洞，积极将企业文化、技术及标准纳入教学内容；在教学方式方面，改变学生被动听的状态，采用任务驱动、项目导向、问题教学、案例教学等多样化的教学方式；在公共课方面，进行大学体育俱乐部改革，确立公共课"真心喜欢、终身受益"的宗旨，推进思想政治、数学等学科的改革；在毕业论文方面，倡导从自己实践训练中选题并进一步拓展，确保毕业论文质量稳步提升。就工程与文科实训中心建设而言，重庆文理学院注重构建能够培养学生操作能力、实践能力、创新能力的工程与文科实训中心。就教师教学科研能力提升而言，重庆文理学院按照章程规定，实施"拔尖人才建设计划"、"双百计划"、"青年教师培养计划"、"教师转科培训计划"、"教师海外培训计划"、"教师校本培训计划"六项计划，学校出台《关于培育高端人才的若干意见》、《关于深入推进青年教师培养工程的实施意见》、《教职工转岗教师转型和转课程管理暂行办法》等相关文件。就产学研合作而言，重庆文理学院通过建立与政府、企业合作的沟通机制、搭建与社会协作的创新平台、探索与企业多样化的合作方式以及建立协同创新机制来进行产学研合作。就建立以学生为中心的人才培养机制而言，重庆文理学院通过改革教学管理运行机制、服务平台更贴近学生需求以及质量保障体系更注重贴近应用型人才培养的特征等方面推进。

（四）建立政产学研用相结合的机制

重庆文理学院章程在第六章科学研究第六十二条规定：

> 学校坚持应用研究导向，加强校地合作、校企合作、校际合作、校所合作，建立政产学研用相结合的机制，探索建立协同创新的新模式和新机制，支持科研团队和科技人员投身经济建设主战场，参与企业的技术进步和技术改造，开展应用技术研究，促进科技成果的转化。

政、产、学、研在社会上扮演着不同的角色，虽然其职能不同，但是其相互依存，相互合作。政府的顶层设计、宏观治理以及对产学研的激励、推进、协调，具有非常重要的作用。产建立在高校对知识的探索、研发、运用以及高校对应用型人才的培养。应用型高校的研不仅是知识的创新，而且是探索来源于生产实践并能在促使知识转化为生产力的应用型成果。学术型大学的研与应用型大学的研有着本质的不同,学术型大学的研以创新知识(学)为主旨,而应用型大学的研则是以应用为目标,前者的研力求原创、关注知识前沿,后者则使知识(学)的探索创新结合实践中的应用。其中,政府的宏观调控治理是主导,高校和企业的产学研是主体,产学研的联合实现互动互补,其基石是"合作共赢"。

重庆文理学院根据重庆地区以摩托车、电击出口等为主要特色的制造业基地对新材料需求旺盛的特点,采取柔性措施引进涂铭旌院士,创建材料交叉创新团队,建立材料交叉学科实验室,研究中心采用灵活多样形式走政产学研合作共赢的模式,逐步由弱小走向强大,目前与研究中心合作的大学、企业、研究院所分别为6所大学、15个企业、4个研究院,已经形成"优秀材料工程师培训基地"的雏形。

(五) 存在问题及对策

第一,章程中较少涉及应用型大学教师专业发展。

教师在培养应用型人才中肩负的重任是不言而喻的,可以这样说,应用型大学人才培养的质量关键在于其师资质量。应用型大学以培养应用型人才为主,对象是本科生及少量专业研究生,教授方式以教学为主、辅以应用性、开发性研究,这些特点决定了应用型大学教师的知识结构、能力结构及师德结构与学术型高校不同,应用型大学教师不仅是一般意义上高校的"教师",而且还肩负着"工程师"双重角色,应用型大学教师的来源、培养、奖惩及发展等方面的制度与机制应与其他高校的制度有所不同。在调研中发现,不少地方高校转型实践中教师专业发展在很大程度上偏离应用大学的"适切性",一些高校在引进教师和培养教师模式上依然以理论为主导,在入职培训上虽然遵循《教师法》和《教师资格条例》的规定,更多的是演化为形式主义,而缺乏针对向应用型大学转型所具有的特殊性所展开的知识应用性、实践性的培训。就重庆文理学院的章程而言,虽然文本内容及制度方面有诸多的探索,但是第八章针对教师这部分,却和普通学术型高校雷同,章程第六十九条对应用型大学教师作了界定"教师是学校办学的主体。教师由具有优良师德,具备较好知识结构,善于教书育人,能够进行学术创新且获得高校教师资格的人担任"。章程将应用型大学教师知识结构界定为"较好",显然是难以体现出应用型大学教师既要有专业理论知识、又要有结合企业发展的实践性知识及对学生进行指导的创造性知识的应用型大学教师所应具备的知识结构。另外,转型之后,引进师资上有何标准?教师职称的评聘、奖惩有何变革?不仅是重庆文理学院章程,还有很多转型高校,很难从章程建设中看到有何实质性的变化。

第二,对"应用"过分追逐易使高校沦为技能培训中心。

很多转为"应用型"的高校在章程中将人才培养目标定位为"应用型人才",在调研中发现,部分院校过分执着于"应用",将学生操作技能的训练与强化视为"圭臬",将有利于学生提高就业率的实践训练奉为学校生存发展的"救命稻草",以至于走进学校就像走进了学生就业培训中心或者职业技能培训中心。在高校转型实践中,一些地方新建院校,将学业就业作为学校衡量其教学成效的终极准则,高校以实用哲学作为章程与制度的灵魂显然是一些院校所面临的实践难题。首先,面临转型的高校构成较为复杂,既有行业院校、新建本科院校,又有综合性高校和师范类高校,在一所师范院校调研中,一位教师告诉笔者,诸如哲学、新闻、历史以及文学类的专业在培养应用型人才转型方面实在难以入手,这些专业恐怕是遵循专业逻辑优于向应用型方向转型,虽然教育部规划中心组织师范类等高校参加文科转型会议,圆通公司也与一部分文科转型高校签订岗位工作标准训练,这位教师提出质疑,学生的工作本身很难找到,训练工作标准又有什么用呢?其次,笔者调研发现,一部分高校向应用型大学转型实践中,依然存在着学术型研究生,是将这部分学术型研究生转型为应用型的研究生?还是实施分流?无论实施哪种方案,都是摆在高校转型实践中的难题。这些现实中的难题,如何通过章程或者制度进行探索解决?

三 民办高校转型与章程创新——以黄河科技学院为例

相对于国外私立大学而言,我国民办高校起步比较晚,仅仅有 30 年左右的发展历程。但其发展势头之迅猛,令人惊叹不已。截至 2011 年,我国民办高校数量超过 1400 多所,在校人数达到 500 万人。伴随着我国高校扩招所带来的高等教育大众化,民办高校面临的竞争越来越激烈,当国家部署高校转型发展战略,一部分民办高校以此为契机,找准定位,以创新发展为战略举措实施转型。

(一)民办高校转型驱动力

1. 国家层面发展职业教育的战略驱动力

以民办本科教育为重要生力军的高校转型发展,既是经济发展方式转变、产业结构转型升级的迫切要求，又是加快教育综合改革、创新高等教育分类发展和管理模式、完善现代职业教育体系的紧迫需要，也是促进地方产业结构转型升级，以及解决"用工荒"及"就业难"结构性失业矛盾的必由之路。国家、民办高校、社会及企业对民办高校转型已经形成共识：经济社会改革、用人市场需要倒逼着民办高校加快转型发展。

2. 自身建设高水平私立大学驱动力

民办高校伴随着我国改革开放而产生，它和公办高校不同，经费需要自己筹措、自主选择发展路径、自主治理。因此，在治理模式上，不拘泥于公办高校党委领导下的校长负责制，一般会采用董事长领导下的校长负责制；在办学模式上，不局限于由政府举办，而是采用股份制、一个学校两种体制、基金会等办学模式；在专业设置上，不限定于常规的法律、哲学、商业等，而是用灵敏的嗅觉去捕捉市场的需要而去设置专业。另外，民办高校因办学历史较短，和公立高校并不在一个水平线上，它在转型中寻找着在社会中恰当的落脚点和目标定位，只有找准位置和方向才能提高办学质量和层次，才能早日实现建设高水平民办大学的愿景。

以章程为载体推动民办高校转型，在制度上和治理框架上进行契合转型的重构，对于民办高校而言是机遇和挑战并存。黄河科技学院抓住机遇，坚持办学宗旨和办学愿景，大胆创新章程，在办学体制、管理服务、人才培养模式等方面深入探索，进行转型变革。

（二）黄河科技学院以章程为载体的制度转型战略选择

黄河科技学院创办于20世纪改革开放的初期1984年，是我国第一所民办普通高等院校。经过30余年的发展，学校已经发展4个校区，校园面积达到2138亩。学校拥有13个二级学院、7个基础教学部、8个研究所，设置9个学科门类和56个本科专业，已为国家培养10余万名本专科毕业生，其中1名学生因超强的综合素质被哈佛商学院录取。黄河科技学院先后获得"黄炎培优秀学校"、"全国优秀高等教育研究机构"、"全国民办高校先进单位"等多项殊荣。

黄河科技学院作为全国第一所民办本科院校，不仅率先提出向应用学院转型，而且修订章程进行制度变革。黄河科技学院在2000年升为本科时，制定了第一部章程，2007年在理顺内部关系、优化内部治理基础上修订第一部章程。在近几年学校结合国家形势进行深化改革、创新转型发展的实践中，感觉到章程的一些内容已经不适应新的发展形势，需要修订。2014年,黄河科技学院成立了由胡大白董事长牵头的现代大学课题组开始对章程进行修订。《黄河科技学院章程(修订草案)》分序言、正文和附则等三个部分,其特色体现在:一是吸纳了黄河科技学院30年发展的成功经验,明确了转型方向;二是完善了学校内部治理结构,规范了学校的各项制度;三是高度重视黄科院的办学理念;四是以人为本,突出了学生和教师在办学活动中的主体地位。

1. 办学宗旨和办学愿景

(1)"三为"的办学宗旨

黄河科技学院章程开篇序言就确定了其办学宗旨:

> 黄河科技学院由胡大白、杨钟瑶创办。自1984年创办郑州市高等教育自学考试辅导班开始,学校秉持"为国分忧,为民解愁,为社会主义现代化建设服务"的办学宗旨,坚守"办一所对学生最负责任的大学"的办学愿景,以"敢为天下先"的创新精神,艰苦奋斗,开拓拼搏,审时度势,抢抓机遇,稳步提升办学层次和办学水平。[①]

为国分忧是指民办大学并非仅仅是盈利的教育机构,而是以振兴国家的教育为己任,为我国的人力资源强国发展及国家的繁荣,在民办教育领域做引领者和改革者;为民解愁是指培养优秀全面发展的人才关乎千家万户,民办大学不断提高自身的办学质量,使培养的每个学生都享受优质的教育资源,成长为国家的有用人才;为社会主义现代化服务是指民办大学不仅着眼于人才培养、教学和研究,而是把服务于地方经济作为自身的使命,学校的发展与社会主义现代化建设密切结合。黄河科技学院把"三为"办学宗旨与"办一所对学生最负责任的大学"的办学愿景相结合,探索"本科学历教育与职业技能培养相结合"的人才培养模式,实现"分忧"、"解愁"的办学宗旨。

(2)"办一所对学生最负责大学"的办学愿景

黄河科技学院章程开篇序言明确办学愿景:坚守"办一所对学生最负责任的大学"。

---

① 《黄河科技学院章程》序言。

传统意义上的录取招生往往是学校选择学生，但是随着社会的发展，生源的竞争，学生的选择余地较为广泛，我国的民办高校和公办高校并不在一个起跑线上。很多学生之所以选择民办高校，往往是因为考试分数低的无奈选择。这些学生往往是学习自主性差、学习能力又较为弱。针对这些问题，笔者在黄河科技学院对教务处的 A 女士进行访谈，她告诉笔者，"如何针对生源开展教育"、"用哪些学生比较愿意接受的方式来进行教育"一直是学校领导和教师所思考和认真分析的问题。在管理学生方面主要以激励为主，调动学生探索知识和进行实践的欲望，充分发挥学生的优点，树立未来的信心，让他们从高考的阴影中走出来。在学生思想、管理及服务方面，搭建一个"对学生负责"的管理体系，首先在思想上建立社会主义核心价值观教育体系，通过让学生去农村进行志愿者服务以及在社会上进行实践活动，通过亲身的体验来感受社会主义核心价值观教育；其次是注重辅导员的引领和服务，通过辅导员的咨询与指导，让学生从容面对就业，并历练就业能力；再次是建设"黄河众创空间"和"大学科技园"，"众创空间"和"科技园"不仅被国家纳入科技企业孵化管理体系，得到国家资金的支持，而且拓展了学生的综合素质；最后，将学生就业融入整个大学生活，学校不仅将生涯规划纳入教学计划，而且建立以专业教师、辅导员和专业咨询组成的学生就业指导队伍，学校于 20 世纪末就建立人才市场，专门为学生服务。黄河科技学院能够充分认识到自身在创新型国家中发挥的作用，多年来一直坚守"办一所对学生最负责任的大学"的办学愿景，把自身置身于国家创新体系之中，培养具有创业精神和创业能力的人才。学校就业率一直保持在 96%，2014 年还进入就业典型高校 50 强。一部分毕业生以自己的优异的成绩考取哈佛大学、北京大学、香港中文大学等世界名校研究生。

2. 思想政治模式与育人模式的创新

　　黄河科技学院董事长胡大白认为，黄河科技学院在诸多创新中，最重要的、体现黄河科技学院办学特色的是"本科学历教育与职业技能培养相结合"的育人模式和"以党建工作为核心的思想政治工作模式"。① 黄河科技学院将育人模式的创新凝练入章程的总则：

---

① 胡大白：《开拓拼搏的动力　科学发展的保障——论黄河科技学院的精神品格》，《黄河科技大学学报》2016 年第 5 期。

学校坚持社会主义办学方向，以立德树人为根本任务，勇于探索，改革创新，构建了"本科学历教育与职业技能培养相结合"的人才培养模式，创立了"以党建为核心，全面加强思想政治工作"的思想政治工作模式，形成了既符合国家的教育方针，又继承了中华文明优秀传统，同时又适应社会主义现代化建设需要的与时俱进的办学理念。

黄河科技学院章程总则第四条规定"学校由胡大白个人出资举办，属非国有性质的教育公益性事业"，这与公办高校的投资主体和渠道不同，那么党建工作的重要性而言就看投资主体对其重视程度。可以这样说，黄河科技学院在办学历程中一直在寻找党组织，在20世纪80年代，民办高校是否可以建立党组织这个问题，既找不到国家层面政策依据也没有别的高校先例可以遵循。在这种情况下，黄河科技学院想尽办法争取上级能够在学校内建立党团组织。黄河科技学院在1985年就建立了团组织，并分别于1989年、1994年、1997年建立临时党支部、党总支、党委。黄河科技学院早期的办学实践同时也伴随着"十年找党"的党建历程，在目前的转型实践中，黄河科技学院更是把学生的思想政治工作贯穿于人才培养的全过程，形成了"一个核心、两个抓手"和全员、全方位、全过程的学生思想政治教育体系，使以党建为核心的思想政治教育一直伴随学生毕业，保障学生的健康成长。①

在转型实践中，黄河科技学院对育人模式进行深入讨论和思考，可以说是集思广益，组织教职工和管理人员多次就学校转型需要"培养什么人"、"如何培养人"的问题展开热烈讨论，确定了"面向产业、服务地方、创新模式、校企合作"的办学方向，将校企合作作为人才培养的路径选择，明确了培养"应用型高级专门人才"的人才培养目标，在此基础上提出了"本科学历教育与职业技能培养相结合"的育人模式。② 这种育人模式既注重学生的理论功底，在不减少通识课程、加强学生学科基础的同时进行"平台+模块"的课程体系变革，设置面对未来就业需要的专

---

① 胡大白：《开拓拼搏的动力　科学发展的保障——论黄河科技学院的精神品格》，《黄河科技大学学报》2016年第5期。

② 同上。

业课程，为学生就业奠定坚实的技能。黄河科技学院不仅设置实验室、实训基地及各种平台以培养学生技能和各种素质，而且在校企合作和"双师型"教师队伍建设方面深入探索。

以章程为载体的制度创新使黄河科技学院所培养的人才不仅宽口径、精技能，而且在思想政治上过硬，乐于奉献，愿意适应基层艰苦的环境，容易成长为德才兼备的应用创新型人才。

3. 教育理念在转型实践中熔铸为组织文化

黄河科技学院办学理念体现在章程总则第十条：

> 学校坚持如下办学理念：
> 办学宗旨：为国分忧、为民解愁、为社会主义现代建设服务；
> 办学愿景：办一所对学生最负责的大学；
> 办学方针：以提高教育教学质量为中心，以提高管理水平为手段，以加强思想政治工作为保证；
> 学校精神：开拓、拼搏、实干、奉献；
> 校训：厚德博学、励志图强。

黄河科技学院办学理念比较有特色，由办学宗旨、办学愿景、办学方针、学校精神及校训组成。这一套办学理念，实际上也是通俗意义上的价值体系，其核心价值是办学宗旨和办学愿景，也是黄河科技学院精神和校训；与之配套的组织运行模式就是办学方针、德育模式和育人模式。① 黄河科技学院办学理念形成于艰苦的办学历程，浸透于教职工的日程生活和行动中，落实到教学与管理每个步骤，逐步形成了黄河科技学院独特的校风清正、学风端正、团结友善、健康向上的校园组织文化。在与黄河科技学院王博士访谈中，他认为绝大部分组织成员认同学校理念，并能够忠实执行学校章程等规章制度，形成了"开拓、拼搏、实干、奉献"的精神品格。而这一切都与章程为校内"宪法"的权威性相关，通过章程带来的规则性来约束教职工的行为；办学过程、教育活动中所蕴含的办学理念通过长期的沉淀在师生群体中形成健康向上的人文气息；在规章的约束和

---

① 胡大白：《开拓拼搏的动力 科学发展的保障——论黄河科技学院的精神品格》，《黄河科技大学学报》2016年第5期。

理念的积淀的同构下，形成黄河科技学院师生认同并遵循的良好习惯、惯例及其氛围，最终形成这所第一所民办高校独特的大学组织文化。可见，黄河科技学院组织文化同构和形成过程中，章程的规范属性发挥了重要的作用。换言之，没有契合学校实际发展的先进理念指引、没有一套卓有成效的章程规则体系来规范，很难形成激励大学组织成员在艰苦的环境下共同为大学努力奋斗的大学组织文化。

4. 存在问题与对策

（1）存在问题

民办高校转型是大势所趋，尽管国家在政策上扶持、学校也在积极创新章程制度，但是在转型实践中的制度构建依然存在着问题与挑战。这些问题和挑战既来自内部的困境，也来自外部政策环境的障碍。

第一，外部政策法规的不够完善使民办高校办学自主权尚未真正落实。

首先，应对新时代的现代教育体系尚未成熟，中高职技能、应用专业及专业技能型学位研究生之间的过渡、衔接、协调、区分以及优势互补的教育体系尚未完整建构，这势必对民办高校章程中关于学校的定位有所影响；其次，伴随着《民办教育促进法》、《民办教育促进法实施条例》等颁布和实施，一部分民办高校探索教育产业化和股份制，办学理念、内部管理制度在公益性、民办资本追逐利益本质及高校转型之间不断进行调整和变革。时至今日，由于历史缘由及法规的不尽完善之处，不少民办高校依然存在着家族式集权、权力主体权责模糊等问题，其内部管理体制与现代大学制度形神都不似；最后，部分民办高校独立的法人治理结构和权力制衡机制尚不完善，举办者控制着整个学校使民主决策、有效监督难以落实，影响高校作为独立法人行使自主权。

第二，学校内部思想观念的狭隘致使章程特色没有得到彰显。

首先，由于大部分思想观念的狭隘陈旧，普遍把民办高校等同于培训机构，民办高校毕业的学生在社会上的认可度不够高；其次，在调研中发现，民办高校的举办者乃至管理层中，有部分人认为转为应用型是在向职业高校靠拢，等于自动降格，内心极不情愿。上述原因使一部分民办高校对高校办学定位思考不够，所制定的章程雷同其他类型高校，相关条款是有关法律法规与学校目前实际状况的简单相加，不能体现学校发展定位和发展特色。梳理章程，发现不少民办高校章程内容空泛、不够具体、难以落实，而且还存在相互抄袭、模仿的现象，仅仅是为了应付备案而临时撰写。实际上，由于民办高校起步较晚、举办者办学理念及治理方式相异，而且每所学校有着不同的发展历程及文化积淀，其办学理念、宗旨、治理结构、人才培养模式、发展蓝图都应绚丽多彩，这些都应该在章程条款中予以呈现，每一项有所创新，成为特色的话，就会成为学校的核心竞争力。

第三，章程要件不够齐全或与法律相抵触。

章程的要件是章程所绝对必要记载的事项，梳理民办高校章程发现，一部分民办高校对绝对必要记载事项有所遗漏。如有的民办高校缺少对办学规模的记载，不少民办高校绝对记载事项过于笼统，只是明确规定"董事长是学校法定代表人"，那么，董事长产生的程序是什么，如果董事长不能够胜任时，如何罢免，大部分章程并未规定。高校章程应规定学校"学科门类的设置"是《高等教育法》第二十八条规定的内容，然而，一部分学校却没有规定。虽然大多数民办高校在章程中会表述"依据教育法、高等教育法、民办教育促进法"等法律制定，但是在规定具体事项时，有个别学校章程条款与法律相违背，譬如，东部有一民办高校章程规定董事会成员时，缺少教职工代表，这与民办教育促进法第二十一条规定"学校理事会或者董事会由举办者或者其代表、校长、教职工代表等人员组成"[①]的条款相违背。

（2）关于章程创新的建议

第一，章程应明晰民办高校产权　构建合理产权制度。

所谓产权是对财产的归属、占有、使用和支配等权利的规范，其关键是明晰所有权、经营权和收益权。就我国民办高校而言，其产权不仅形态多样，而且资金来源多元，那么，所有权、经营权、收益权和使用权该如何界定，章程应该予以明晰。建立公益产权制度，所谓公益产权制度是相对于"私有"产权制度，"公益"意味着民办高校资产不属于个人而是属于高校本身。哈佛大学是公益产权制度的典型代表，哈佛大学虽然是一所私立高校，但是其产权属于高校本身。就我国现阶段而言，让民办高校产权属于高校，让举办者不计回报办学并不现实，我国民办高校应借鉴美国

---

① 《中华人民共和国民办教育促进法》，2013年6月29日，中华人民共和国教育部网（http://www.moe.edu.cn/s78/A02/zfs__left/s5911/moe_619/201507/t20150709_193171.html）。

私立高校公益性产权优点，使学校发展更具有竞争力。在实际调研中发现，上海杉达学院、浙江树人学院和黑龙江东方学院等学校在逐步探索公益产权制度。黑龙江东方学院创始人孟新认为产权明晰并不仅指产权归个人，产权归属学校的话同样不失为一种明晰的产权制度。

第二，章程应明确法人治理结构　合理分配权力。

美国学者萨拉森认为：组织行为的核心是权力，权力来自个体在所处位置的共同合作，如果想以变革来推动学校发展，就必须重视在学校形成组织文化的文化权力、激励权力、领导权力、参与决策权及引起组织变革等权力。[①] 首先，完善法人治理结构，不仅切实落实董（理）事会的法人治理结构，而且做好董（理）长、校（院）长职责分工治理架构的顶层设计。章程应对董事会的组织架构、职责、人数、产生、任期、任职资质、权力界限等进行详细规定；其次，发挥基层组织作用，民办高校校（院）级权力应该向院系下移，充分调动教职工的积极性，实现校、院、系权力的协调均衡，发挥专家委员会的集体决策效能，规范权力，建立既有权威教授负责、又基于组织平等协商的模式；最后，建立利益相关者共同治理制度，利益相关者与学校之间的利益息息相关，共同治理不仅维护民办学校利益，而且还捍卫利益相关者的利益，建立教职工代表大学、学生、家长、校友及社会参与学校治理的制度。

第三，章程内容事项依据充分且齐全。

民办高校章程同样是本校的"宪法"，在国家相关法律、行政制度与学校内部规定之间起承上启下的桥梁作用，经过核准之后具有约束效力，因此，章程必须依据法律制定而且依据要充分。凡是相关法律法规所规定的，章程应依照法律的要求来遵循；凡是相关法律所不允许的，章程也不应与之相抵触。民办高校章程内容要件必须完备，尤其是法律所规定章程必须记载的事项不可疏漏，这是章程有效性的前提。这就要求民办高校在制定章程前一定研读相关法律对章程制定所做出的规定，充分记载法律所规定章程条款所应包括的内容和边界，避免必要记载事项遗漏。

---

① 施文妹等：《落实民办高校办学自主权的地方实践与创新发展——基于六省区民办高等教育政策的分析》，《民办教育研究》2014年第13—14期。

第六章　高校转型的困惑及现实内涵

上文以案例的方式对我国具有代表性的转型高校与章程创新进行研究，那么，当前高校转型实践中的章程创新最为迫切的问题究竟体现在哪些方面存在哪些困境？课题组以政府推动转型的成效为议题切入，尝试从经验层面而不是从理论层面对有关高校转型实践中的章程创新做些回应。

一　关于政府推动转型与章程建设的内涵及其有限性

我国高校转型与章程建设政策呈现出政府推动的制度逻辑，在政府推动转型与章程建设的"自上而下"的制度逻辑中，政府处于政策的权力中心，政府通过宣传动员、建立试点、转型资金支持等资源性的配置来激励高校转型。政府对转型的推动体现在两个层面，首先是中央政府通过人事权、财证权等资源配置的方式实现，各个地方政府通过行政管理部门制定各种转型方案来进行回应。在教育部出台《关于引导地方本科高校转型发展指导意见》之后，上海等地的教育行政部门开始准备院校转型发展的前期准备工作。大多数地方政府也像中央政府一样采取激励措施来促进高校转型。其次，政府对高校实施的项目方式推动。改革开放以前，大学被视为政府的附属机构，改革开放之后，以资源配置的方式进行项目治理制度逐步嵌入政府与高校的治理格局。"项目制的实施使得我国高校与政府的关系从'单位制'时代的完全依附关系与行政隶属关系转变为项目制时代的资源依赖关系与策略互动关系"①。自国家及地方项目制推动以来，众多高校提出申请转型，资金的吸引成为高校转型的驱动力。截至2016年12月，全国约200所高校申请试点转型。

---

① 姚荣：《大学治理的"项目制"：成效、限度与反思》，《江苏高教》2014年第3期。

二 行政推动限度与潜在风险

行政推动往往因其鲜明的目标、明确的路线图以及政策执行的操作性强备受政府青睐，正是由于重视数字化的管理、可操作性的执行而往往忽视涉及不同利益诉求的高等教育结构调整。行政推动的限度植根于政府所推崇的工具理性所带来的内在缺陷。试图依赖一系列政策出台及资源配置项目制来实现高校转型，可能会隐藏着一定风险抑或引发难以预知的后果。

从 2014 年我们针对国内 60 所有明确转型目标的高校师生调查的 6200 个样本数据中，可以发现一些颇有意味的迹象。调查发现，在现实中高校转型是"政策推动下的被动转型"与"高校依据自身发展的主动变革"事项选择中，72.3%师生认为现实中的高校转型是政府政策推动下的被动转型，27.7%师生认为目前高校的转型是其依据自身发展的主动变革。

在关于您校转型实践中的章程制定是"转型理念、制度的进一步明确和创新"、"应付上级的文字稿"的事项选择中，66.9%师生认为学校章程是应付上级的文字稿，33.1%的师生认为学校章程是转型理念、制度的进一步明确和创新。显然，从学校转型及制度章程的主观意愿而言，转型是被动的推动，而非学校为转型而探索制度变革的主动。在当前高校转型的实践中，学校所进行的章程制度创新如何？调查发现，不少学校仅仅把章程的制定看成应付上级的差事，交由校办或者规划办某个人或者某些人来具体操作。在政府项目制激励诱导转型会"转型无序，盲目跟风"、"功利主义短视"、"同质化转型"、"长期有效推动高校成功转型"选项中，35%的师生认为政府项目制激励诱导转型会产生转型无序、盲目跟风，28%的师生认为政府项目激励制度会造成高校功利化短视，25%的师生认为政府项目制激励诱导转型会造成高校的同质化转型，12%的师生认为政府项目制激励诱导转型会长期有效推动高校转型。实际调查无疑表明：政府推动制度逻辑下的转型与章程制定可能导致盲目跟风式的无序转型，诱发转型为争取资源功利主义至上的短视行为，可能使得不少高校的转型不是对自身办学方向与理念的深入思考，而是高校转型走向另一个"标准化"、"仪式化"的千篇一律的应用型高校建设，体现在章程制定上鲜有创新，几乎是千篇一律的应付。关于教师对转型态度选项"转型符合学校发展，积极参与"、"看看别的高校转型效果再说，观望态度"、

"转型会让高校失去原有的传统、抵触态度"中，20.6%的师生选择"转型符合学校发展、积极参与"，72.4%的师生选择"看看别的高校转型效果再说、观望的态度"，7%的师生选择"转型会让高校失去原有的传统、抵触态度"调查表明，教师对转型普遍带有观望的态度，师生对转型的态度无疑表明：即使政府强有力的推动，真实的情形是教师没有积极参与，大多数处于观望的态度。

那么，在推进高校转型治理现代化的实践中，如何从"管理"向以章程为载体的"治理"转型，哪种路径最为合适？课题组设置"国家、政府的行政权威性的管控"、"自下而上的自主变革"、"政府的推动与自下而上的变革相结合"三个选项，12.5%的师生选择"国家、政府的行政权威性的管控"，23.6%的师生选择"自上而下的自主变革"，63.9%的师生选择"政府的推动与自下而上的变革相结合"，调查表明，理想的高校转型，显然并非是政府单以上级政策行政推动抑或项目激励，而是政府"自上而下"的推动与高校"自下而上"的自主变革相结合，"压力与动力并举"的高校转型才能成功。

为了摸清师生对转型理念的认知，课题组设计"您认为转型理念是指'针对大学生就业难的政策性工具'和'既不是强加在高校身上的政治任务，也不是高校面对大学生就业难的被动选择，而是高校依据社会转型所进行的人才培养观念与模式的转变'"两个选项，12.6%的师生选择"针对大学生就业难的政策性工具"，87.4%的师生选择"既不是强加在高校身上的政治任务，也不是高校面对大学生就业难的被动选择，而是高校依据社会转型所进行的人才培养观念与模式的转变"。调查表明，在师生中有很少部分狭隘地理解高校转型理念，甚至在转型实践中异化高校转型理念，大部分师生就高校转型理念的理解而言，应该契合高校转型趋势。

关于高校转型实践中，师生对章程制度与高校转型关系的理解如何？课题组设计"要落实好转型理念，章程制度与高校转型的逻辑关系是'制定科学的章程能够有效地促进高校转型'、'制定科学的章程不能够有效地促进高校转型'、'制定科学的章程与高校转型之间没有逻辑关系，还有其他更为关键的因素'"。40.5%的师生认为制定科学的章程能够有效地促进高校转型，46.9%的师生认为制定科学的章程不能有效地促进高校转型，12.6%的师生认为制定科学的章程与高校转型之间没有逻辑关系，还有其他更为关键的因素。调查表明，因转型实践中章程制定的千篇一律及实施不力，造成师生对科学制定章程与高校转型之间的逻辑关系认识模糊。章程制度与高校转型之间的逻辑关系应该存在这样的解释框架，在肯定制度环境的促进作用下，把高校理念纳入进来，激励行动者的能动作用，强调制度性的驱动。高校转型作为一种制度创新与变迁，涉及多重利益相关者的权力分配与利益博弈，这种分配与博弈在外部环境与组织网状结构中以章程为载体得以平衡。

三　自主变革与行政推动的结合：我国高校转型与章程创新的路径选择

我国高校转型的制度逻辑植根于我国高等教育的治理体系之中，具有中国特色的行政管理特色，正如访谈中内蒙古理工大学一位叶博士所说的，大学自主变革制度与章程创新的空间非常有限。当前我国高校转型成功的案例，并非是完全由于政府的行政推动与项目激励，而是高校组织与外部市场环境双向互动、自主变革与政府行政推动的结果。以重庆文理学院为例，学校在 2007 年本科评估之时就开始对转型进行思考和探索，2008 年开启应用型大学转型发展之路，在办学实践中逐步坚持"应用为本，管理创新，开放办学，特色发展"的办学思路，大力实施以特色优势学科建设和应用型人才培养为内容的"顶天立地"发展战略，全面提升办学综合实力和核心竞争力，努力将学校建成高水平应用型大学。[①] 升本十年来，重庆文理学院深入探索从"传统大学"向"应用型大学"的转型，围绕区域经济社会需求和产业结构调整升级来进行统筹规划专业学科布局，将学校与当地区域之间的双向互动作为转型发展的战略选择，将校企合作、创业创新、应用文科、卓越教师、高技术人才、国际合作等多种模式作为人才培养的路径选择，形成"学科专业对接产业"的应用型人才培养模式。重庆文理学院、温州大学等大学的成功案例表明，以章程为载体的治理能力的提升以及高校对自身准确地判断和定位至关重要，然而，温州大学章程变革、重庆文理学院章程变革、浙江农林大学章程变革及黄河科技学院章程变革是否能够作为典型范例的制度扩散，还需要探索

---

① 《重庆文理学院章程》序言部分，2015 年 11 月 4 日，360 百科网（https://baike.so.com/doc/25052595-26022931.html）。

很多问题。如高校所在的区域环境对高校章程制度的深层影响以及当地所处的客观条件的限制，区域的经济发展和产业结构对高校转型的可行性及效果的影响等。与此同时，重庆文理学院从一所师范类的院校转变为应用型大学的成功经验以及温州大学、浙江农林大学从地方大学、行业院校转变为创业型大学的经验，也对决策者有所启示，使其充分尊重高校的办学自主权，为高校的自主变革拓展创新的空间。

因此，高校转型需要上下统筹考量，对高校转型与章程创新的复杂性、持久性、全局性应有深入的认识和把握。高校的掌舵人需要有高瞻远瞩的眼光，深入考量转型的可行性与未来的发展前景，以顶层设计和制度变革相结合的模式来进行转型。政府则通过在宏观上对应用型高校进行监管，鼓励社会组织对高校转型的效果进行评价。就改革的深入程度而言，高校转型与章程创新的优劣，考验着国家政策能力与高校的制度变革能力。国家政策的推进实效性与院校制度变革的自主能力是未来我国高等教育改革的重点，前者为院校制度变革指引方向、营造环境，后者则需要增强高校的自主性和适应性。国家政策能力与高校自主变革能力的有机结合，将促进高校转型"自上而下"的政策推动与"自下而上"的自主变革有机结合，使之两者之间产生"上有压力、下有动力"的"嵌入式互动"。

第三编　国际比较

第一章　美国高校转型实践中的章程变革与启示

美国高校始于1636年哈佛学院的创办，在其发展381年悠久的历史进程中，高校也发生剧烈的转型与变革，当然也包括治理结构与章程制度的创新。美国高校在殖民地时期的殖民环境下创新欧洲传统学院治理模式，构建董事会领导下的校长负责制度，高校的章程制度变革与市场自由竞争接轨，二战之后，高校以章程制度为载体的治理凸显公司化的绩效责任制度。

第一节　美国高校转型与治理模式概况

一　学校的创办与变革欧洲传统学院治理模式

美国高等教育的治理模式基本上属于一种自下而上的发展模式。① 其高校转型与改革，很大程度上是高校自身以及热心高校事业人士的推动，政府在其中发挥作用并不关键，这种自下而上的发展模式在殖民地时期以及高校后来的发展体现得淋漓尽致。教会管理与世俗相结合，是殖民学院的基本管理模式。② 英国殖民者1636年在美国东北部的马萨诸塞州的剑桥市创办哈佛学院开启了美国高等教育的历程，英国殖民者在近150年的殖民地时期创办了哈佛学院（哈佛大学）、威廉玛丽学院（威廉玛丽学院）、耶鲁学院（耶鲁大学）、费城学院（宾夕法尼亚大学）、新泽西学院（普林斯顿大学）、国王学院（哥伦比亚大学）、罗德岛学院（布朗大

---

① 王保星：《美国现代高等教育制度的确立》，河北教育出版社2005年版，第139页。
② ［美］科恩等：《美国高等教育的历程》，梁燕玲译，教育科学出版社2012年版，第7页。

学)、女王学院(新泽西州立大学)、达特茅斯学院(达特茅斯大学)9所学院。这些学院由教徒或宗教团体创建,其性质和职能比较单一,成立之初的目标是培养教区牧师,哈佛学院在17世纪近一半以上的学生服务于教会。① 之后,培养目标发展一定变化,从服务于教会到培养从事政府公务人员增多,再到培养学生公共服务意识。在内部管理体制模式上,殖民地学院不同于欧洲大陆的"学者行会"的自我管理模式。欧洲大学一直遵循传统的学院制治理模式,教授掌握着大学的资源,其自治主体是大学,学术自由,大学的形象是远离社会的象牙塔。美国殖民时期学院,由于殖民时期教授数量较少、很难形成学者行会以及殖民学院缺少保障学者研究的经费这两大问题限制其按照欧洲传统学院制治理模式进行治理。在这种情况下,唯有引入校外人士参与管理从而为殖民学院争取更多的物质资源。美国在这种情况下对欧洲传统的学院制进行变革,1636年哈佛学院创立董事会领导下的校长负责制,这一治理模式不仅对美国本土乃至全世界都产生深远的影响。1650年马萨诸塞州殖民议会颁发哈佛学院特许状承认其独立法人地位,董事会是学院的治理主体。哈佛学院初创时期章程由1642年的监事会法案、1650年的特许状以及1657年的特许状附录三部分构成。② 1642年的监事会法案规定:马萨诸塞殖民地总督及副总督,以及哈佛学院院长等共同组成监事会,其成员主要是当时殖民地官员和牧师,依据法案,监事会为保障学院的设立、管理、发展有权制定命令、法令、章程。③ 可见,哈佛学院的管理权在学校监事会,这一治理模式显然并不是传统的欧洲的学院制,虽然哈佛学院监事会拥有制定规章的权力,但是需要校内团体的执行,1960年马萨诸塞州殖民地议会向哈佛学院颁发"特许状",该特许状不仅以法律形式承认哈佛学院的合法性,而且规定院务委员会的组成及权力,依据1650年特许状的规定,院务委员会是由哈佛学院院长、财务主管以及另外五位哈佛学院的职工,承担着学院财务、人事方面的权力,虽然在行使这些权力时享有较大自由,但是

---

① [美]阿尔巴特等:《21世纪美国高等教育:社会、政治、经济挑战》,施晓光等译,北京师范大学出版社2004年版,第42页。

② 李子江等:《哈佛大学章程溯源》,《大学教育科学》2013年第6期。

③ Harvard University, Board of Overseers, *The rules and orders of the overseers of Harvardcollege: To which is appended the Charter, withsundry acts and instruments, composing theconstruction of the college*, Boston: Printedby John Wilson&Son, 21, School Street, 1851, p.202.

必须对监事会负责并接受其监督，院长、院务委员会成员以及财务主管的选举必须征得监事会的同意。① 哈佛学院的双院制治理突破欧洲学院制大学内部教授治理大学的传统，引入外部力量，使在实际治理中实现相互牵制，引领哈佛大学改革者校长查尔斯对双院制给予极高的评价，认为校内外两个机构的有机结合，使两者之间行使权力能够相互监督与牵制，共同维护哈佛学院的利益。哈佛学院的双院制治理模式是对大学内部治理结构的创新，但并不是所有大学都会采用这种双院制治理模式，例如耶鲁学院就采用单院制，虽然校监董事会掌握着学院的权力，但是董事会成员中并没有政府代表，这样做的目的是力图实现学院自治。美国高校在初创时外部权力即涉入其中，其内部治理结构与英国传统的学院制有很大不同。无论是哈佛的双院制还是耶鲁的单院制，其最根本的特点是学院的管理权由校外人士掌握。这一制度使殖民地学院能够关注社会需要，当时的殖民地学院在服务宗教的同时也力图在课程设置上倾听民众声音，发展资金上依靠社会支持。总而言之，由于美国殖民学院在初创时的外部参与和主导，使美国大学创立时眼睛就盯着外部，关注社会发展。

二 多元学校兴起与内外治理结构的变化

美国独立战争之后，国家急需重点发展高等教育事业繁荣百废待兴的局面，然而，此时，不管是联邦政府还是州政府与大学并无必然的关系，州政府与大学的关系始于1791年颁布联邦宪法，宪法规定教育的权力归州政府，州政府基于社会的需要创办新型的高校——州立大学，以服务当地社会经济的发展。1819年的达特茅斯学院案的最终胜诉，结束了政府试图将私立高校改为公立院校的尝试，一方面维护了院校自治，激发了社会团体创办大学的热情；另一方面也使州政府开始创办公立高校，弗吉尼亚州立大学的创办为州立大学的兴起树立了典范和表率，州立大学的兴起肯定离不开州政府的支持，1862年《莫里尔法案》的颁布不仅是联邦政府对州办州立大学大力支持，也开启了联邦政府涉入大学治理，美国高校与州政府与联邦政府的关系进入一个新的时期。各州开始变革州治理高等教育机构，州内高校类型更为多样化，既有两年制的初级学院，又有州立

---

① Harvard Charter of 1650, Held in theHarvard University Archives（UAI15.100）（http://hul.harvard.edu/huarc/charter.html），2011-11-10.

研究大学与师范学院，州政府对高校的监管与指导凸显更为重要的作用，高校的发展不能再依靠政府的竞争性拨款，才能实现治理上效率的提升，因此，许多州开始考虑对高校采取统一控制的方式。① 1905年佛罗里达州率先成立高等教育治理委员会，至二战结束美国各州相继建立高等教育治理与协调委员会加强对高校的控制，当然一部分州将同一类别的学校归在一个董事会之下治理，如北卡州在经济大萧条时以"闪婚"形式将三个校园结合一起统一以建立北卡大学管理之外。② 虽然这时联邦政府以积极的姿态介入高校治理，但是并未进行实质性治理，更多的是发挥导向作用。一战之后，联盟教育总署着手搜集与研讨初级学院发现情况资料，于1920年在联邦政府协助下成立"全美初级学院协会"，为初级学院发展提供治理机构保障，二战期间，联邦政府在初级学院设置为战争服务的职业技术课程。

在内战之前，美国高校的内部治理结构几乎没有什么太大变化，依然是外行董事会在大学内部治理中是最有权力的一方，校长在治理中的影响力和权力逐步增强。美国内战之后，科技的日新月异使工业化、城市化、世俗化加速，高校自身专业化等变革加剧，这些无疑给传统以教会为主导的董事会治理结构提出挑战，虽然董事会依然是大学最高权力机构，但是其内部成员在悄然发生着变化，根据各校内战后章程对董事会成员的规定，教会人士逐步被世俗人士所代替，尤其是工商界人士和校友逐步在董事会中崛起。据估计，1860年，美国大学董事会中大约1/5是工商界者，到1930年，这一比例上升到1/3，其中包括银行家、律师、商人、制造商和资本家等，农民和劳工团体代表非常少。③ 1886年哈佛大学章程规定哈佛大学监事会的成员由校友出任，这与1642年哈佛监事会法案所规定的成员由总督、副总督及哈佛学院院长组成，其内部治理组织机构成员组成上显然有很大区别。大学校长逐步在治理中占据着主导地位，校长不再是牧师，而是在学术卓越人士中选拔产生，随着大学规模扩张，职能增

---

① Glenny, T. F., *Autonomy of Public Colleges: The Challenge of Coordination*, New York: Mcgraw-Hill Press, 1959, p.116.

② Lee, E. and Rowen, F., *The Multi campus University*, SanFrancisco: Josscy-Rass, 1971, p.3.

③ Brubacher, S. & Rudy, Wills: *Higher Education in Transition: A History of American Colleges and Universities*, New Brunswick: transaction Publishers, 1997, p.363.

加，内部治理机构开始逐步设立校长办公室和副校长职位以及公共事务主任、招生主任等行政管理团队。随着大学研究职能的凸显以及专业化学系的设立，以知识逻辑为主导的学术研究日益重要，以外行人掌握资源与权力的董事会难以应对高深学问，大学内的学术治理权逐步被教授所取代，教授参与内部治理的意识增强，其治理权力逐步在章程中得到明确。一些大学章程通过增设评议会来确保教授的学术治理权，一些大学在章程中规定董事会中增加学术人员的席位。1940年美国大学教授协会与美国学院协会一起联合发表《关于学术自由和终身教职的原则声明》被大学校长与行政管理人员所承认，并被美国司法体系所接受，广泛用于教师的判决之中。[①] 纵观内战之后的各个大学的章程，其内部治理机构以大学教授主导的评议会和教授会所代表的学术权力逐步在大学内部治理中崭露头角。

第二节　美国大学转型与章程创新案例分析

一　约翰·霍普金斯个案分析——传统学校向现代研究型大学变革

北美殖民地时期，虽然美国高等教育对沿袭的英国学院制有所创新，然而其重视教学而对研究轻视以及办学理念里浸染着浓厚的宗教气息显然不再与南北战争之后的社会发展相适应。高校落后的学术水平不能解决社会发展所急需要解决的工业化与城市化等发展问题。美国高校的转型与制度变革已是大势所趋。在这种情况下，美国大学尝试学习德国洪堡大学的治理变革经验，约翰·霍普金斯大学引领美国殖民时代的传统大学向现代化研究型大学转型。

（一）困境中的转型变革

约翰·霍普金斯大学诞生于美国大学发展困境之时，其诞生既是美国高等教育善于学习世界高等教育发展经验的结果，也是与美国私立高校捐赠文化有关。美国富人倾向于将亲自或委托自己信得过的社会精英来管理和分配自己的财富，他们普遍认为这种方式能使财富发挥更大效用，也更

---

① Dueyea. D: *The Academic Corporation*: *A History of College and University Governing Boards*, New York & London: Falmer Press, 2000, p.184.

能促进社会公平。① 约翰·霍普金斯（美国一个富人）捐献其 700 万美金遗产（当时美国高校最大一笔捐赠），希望美国大学能够向德国大学学习，在创建新大学时，董事会慎重地选择曾在德国柏林大学学习过的吉尔曼为校长。吉尔曼担任校长后和管理团队在办学理念、教师选聘与教学方法等方面进行积极创新，使其成为真正的美国特色的研究型大学。

（二）章程制度的创新

1. 确立研教融合的办学理念。

文化的引进与接受亦是创造的过程，作为美国高校转型的变革者，吉尔曼意识到美国研究型大学应该是德国大学理念与美国本土文化相融合的过程。因此，他把德国的教育理念与教育模式进行重大的调整与变革，这样才能适应美国的文化，吉尔曼把德国的科学研究与美国重视人格塑造的人文主义相融合。德国大学重视教授的个人兴趣、原创性的科学研究、创造能力、批判方法等，这些都是美国大学的制度元素。② 霍普金斯并不仅仅发展研究本身，而是将研究拓展为高水准的教学相结合。霍普金斯大学创造性地将科学研究与研究生教育结合在一起，鼓励师生共同探索原创性的研究。19 世纪末，霍普金斯大学制度被全美主要大学所复制，到 1900 年，美国有 1150 所大学开设了研究生课程，其中 1/3 的大学开设了博士学位课程。③ 由于霍普金斯大学在章程制度设计上过于关注基于研究与研究生教育，制度惯性使然使其对社会回应不足，对本土实用哲学的重视不够，前期所设计的章程制度没有紧随社会发展而进行修订，章程制度的变革既成就了其成为新型研究型大学的辉煌，又因为没有及时修订也成为其后期改革的障碍，复制其发展模式的其他大学卓越的表现结束其一枝独秀的局面，霍普金斯大学引领大学朝新型大学变革所创设的制度又成为后期改革难以逾越的坎。

2. 大学变革者——校长的选聘与权力的赋予是研究型大学制度体系创立的重要因素。霍普金斯大学的创立标志着大学新的类型——研究型大

---

① 刘喻：《美国私人基金会捐赠高等教育的研究》，博士学位论文，华中师范大学，2008 年。

② TURENR. R. S.：*The Prussian Universities and the Research Ideal*, 1806 to 1848, Princeton University, 1973, pp. 387-390.

③ 李帆：《美国研究生教育的历史进程以及特点》，《高等教育研究》1995 年第 4 期。

学制度的确立。新的大学制度离不开大学改革者对当时社会环境与大学理念的深刻认识和选择。霍普金斯大学的创立与董事会对校长的选聘以及赋予其改革的权力有着直接关系。霍普金斯大学创立者约翰·霍普金斯有着对社会的宏大、博爱之心，其留下的学校董事会有良好基础，成员不仅有着良好的声望和眼界，而且有着积极的行动力，使创立者的遗愿得以推动。董事会亲自去哈佛、耶鲁等名校考察，虚心接受哈佛大学校长埃利奥特、康奈尔大学怀特等著名大学校长建议，认为校长的选聘比建设楼房更为关键，哈佛大学等著名学校校长对选聘校长的推荐以及董事会对吉尔曼所做的努力使研究型大学制度体系的建立成为可能。新式大学的创建者从旧式学院那里继承来的遗产之一就是让校长拥有绝对的权力。① 由于董事会给予吉尔曼可以自由改革的权力，因此他可以相对自由地创新大学章程与制度，很快霍普金斯大学成为美国一流研究型大学典范，并为其他大学的发展提供了可以效仿的制度与准则。他发现当时的美国既没有有利于科学研究的条件，亦在思想观念上不重视科学研究。吉尔曼认为一所大学并不是校董会、图书馆、地点、建筑对学者产生吸引力，而是杰出学校对学者的吸引力。② 他在霍普金斯大学成立大会上倡导科学研究对一所大学发展的重要性、认为知识的创新是大学的最主要目标，上任伊始，他果断地创新教师激励制度以及改革大学组织结构，成立研究生院。

3. 改进选聘教师以及激励教师制度。当时霍普金斯大学选聘教师的依据是学术标准，吉尔曼认为，调查研究是每位学术带头教授的职责，学术带头教授是同事或者学生的指导者或激励者。③ 他制定的相关制度不拘一格选聘人才与以优厚的待遇吸引人才与激励人才的制度成为霍普金斯大学成功的关键，其成为美国首个围绕着教授的学术为中心的大学。吉尔曼制定的相关制度与举措吸引了各个领域的卓越学者，当时任教于霍普金斯大学的知名学者既有 27 位诺贝尔获奖者，也有 23 位美国科学院士与工程院士，涉及医疗、航天等众多领域，这些优秀科学家的卓越科学研究使约

---

① [美]乔治·M. 马斯登：《美国大学之魂》，徐弢等译，北京大学出版社 2009 年版，第 113—164 页。

② 舸昕：《从哈佛到斯坦福》，东方出版社 1999 年版，第 321—341 页。

③ John S. Brubacher, Willis, Rudy: *Higher Education in Transition: A History of American Colleges and Universities*, New York &Row Publishers: 1976, pp. 179-182.

翰·霍普金斯大学具有空前的学术感召力,从而吸引了大量优秀的师生来这里探究学术研究。

4. 变革教学方法以适应时代发展和提高教学质量。约翰·霍普金斯大学在积极借鉴德国教育方法的基础上又注重兼收并蓄,在制度方面的创新体现在研讨制度的(Seminar)引进、改良以及构建"师生互动模式"。在自然科学领域引入研讨制度,创设研究小组或者实验小组,师生与生生之间就特定的问题进行研讨,促使问题的解决;在人文领域变革传统的讲授法,改变人文学科原有的诵读、教师讲授学生记录的死板教学方法,鼓励学生积极参与,构建"师生互动模式",师生大胆提出自己的观点,鼓励学生积极思维,提出异议。

二 麻省理工学院个案分析——研究型大学向创业型大学变革

(一) 全球经济竞争中的转型变革

20世纪中后期,伴随着知识经济的兴起,全球经济竞争及政治角逐越演越烈,政府迫切希望大学能够在竞争与角逐中承担起更为关键的角色,此时的大学,作为社会复杂的学术机构,正步出象牙塔,主动融入社会,在政府、大学、市场之间勾勒出螺旋三角模式。麻省理工(MIT)一直尝试把欧洲的发展模式结合美国本土实际情况,寻求自己的发展模式,致力于构建大学与市场的紧密关系,结合研究型大学与赠地学院这两种办学模式,沿着非线性的交互创新道路变革成为世界第一所创业型大学。[①]麻省理工学院的创业型理念与章程制度变革不仅促进大学内部转型变革,也为其赢得政府与市场的支持创造了机会,使得美国大学纷纷向市场伸出橄榄枝,不断把科技成果运用于市场,拓展其服务社会职能。创业型大学在政府对大学投入日益减少的情况下作为一种新兴的大学模式,为世界大学转型提供了良好的借鉴,并促使研究型大学认真思考与政府、市场的关系,并在章程制度中进行创新和规范。从教学型大学到服务社会的赠地大学及研究型大学,大学经受转型的变革与章程创新,同样,从研究型大学到创业型大学,大学再次经历转型与章程制度变革。通过市场化、社会化、学术化以及创业化理念的相互补充与相得益彰,创业型大学在研究型

---

① [美] 亨利·埃兹科维茨:《麻省理工学院与创业科学的兴起》,王孙禹等译,清华大学出版社2007年版,第27页。

大学的基础上变革理念与制度,将产学研有机结合,提高自身竞争力,作为一种新型大学模式,将对世界范围内的大学转型产生深远影响。

(二) 章程制度的创新

1. 以先进的办学理念为支撑

(1) 在实践中着眼于开创未来

麻省理工成功因素是复杂的,但是其先进的办学理念却是不容小觑。20世纪80年代,时任校长保罗·格雷认为,由于美国受美国实用主义文化影响,麻省理工的办学理念在创办者威廉·巴顿·罗杰斯头脑中是这样产生的……这个办校思想伴随着一种冲动、一种精神,其革命性不亚于思想本身,这就是开创未来的精神。[①] 这种开创未来的精神离不开对现实地方发展的关注,罗杰斯一直希望办一所基于科学研究,服务于地方产业的理工大学。在开创未来中关注服务于地方发展成为麻省理工的理念基因,被一代代麻省理工人所传承,从麻省理工办校至今,它从不固守传统,勇于创新,在关注地方发展时着眼于未来。麻省理工的办学思想蕴含着创新,罗杰斯认为,高校不应固守于象牙塔仅仅对道德规范和语言的传授,置学校于时代社会变革的洪流之外。尽管当时哈佛·耶鲁等名校迫于社会压力,也开设了工程技术课程,甚至还筹建了工学院,但是对于传统观念的遵循,致使课程流于形式。当时麻省理工课程的定位不仅仅是技能的培养,而且为学生夯实科学理论知识,引领美国的工业化进程。罗杰斯认为时代发展需要创业型大学的实践教育比传统大学的古典教育更为实用,比职业高校的技术教育更为深厚广博。麻省理工学院的校训是"Mind and Hand",即手脑并重,既学会动脑,又学会动手,反映了创建者罗杰斯认为的"最真诚的合作,文化与智能工业的追求"[②]。这是基于实践而对知识学习探索的教育理念,强调手脑的协调发展创新,在学会书本理论知识的同时在实践中要进行运用和创新,麻省理工头脑并用的办学理念与其办学目标是相互呼应的,要培养工程技术人才仅仅学习书本上的理论知识显然行不通,必须要在实践中探索和创新,因此,实践教育逐步演化为麻省

[①] 蔡克勇等:《创造未来向前看——美国麻省理工学院的办学思想》,《教育发展研究》1999年第9期。

[②] Julius Aistratton, Loretta Himannix, Paul. E: *Gray Mind and hand the birth of MIT*, Cambridge: MIT Press, 2004, p. 11.

理工作为创业型大学的教育原则。麻省理工秉承着手脑并用的教育理念体现在培养学生创新创业能力的"本科生研究机会计划"(UROP)、"独立活动期计划"、"工程实习项目"、"媒体艺术与科学新生计划"以及"实验性研究小组计划"等项目，学生可以参加自己感兴趣的项目，从项目训练中探索创新知识。

(2) 肩负国家重任

国家昌盛、社会繁荣离不开科学技术的飞速发展，技术的进步有赖于大学对科学技术的创新探索。可以这样说，麻省理工学院的创建是基于国家的需要，因此，它对学生的要求是："在国家陷入危机时，要拿出你们所学去奉献去报答国家，勇于承担起维护国家的重任。"① 1862 年麻省理工所制定的章程中明确规定："麻省理工学院应促进科学进步，发展和实际应用在艺术、农业、制造业和商业方面，应提供军事指导。"② 第一次世界大战期间，麻省理工结合当时战争所需开设航空、飞行员培训、无线电等专业以及进行军事有关的专业，所培养的学生或是军中服役军官或是政府文职官员。第二次世界大战期间，麻省理工学院承担解决战争中的"检测"问题，成立服务于战争所需的雷达等实验室。冷战期间，麻省理工学院于 1951 年和 1965 年分别成立国际研究中心和政治系给国家的重大政策出台提供建议。麻省理工学院在战争年代的卓著贡献使其获得"战争学院"称号。在和平年代，麻省理工学院创建了能源中心等服务于国家新时代发展的重任。麻省理工学院这种肩负国家责任、培养社会领袖人才的办学理念，深刻影响了麻省理工学院由研究型大学向创业型大学转型的变革。

(3) 开放理念

麻省理工学院官网在最醒目的位置显示"世界的麻省理工"(Global MIT)，它是麻省理工向世界开放的重要窗口。麻省理工不仅有其他大学所不具备的独特设备，还拥有许多跨学科的杰出人才，所培养的是推动全球共同进步所需要的领袖人才。麻省理工将开放的理念归功于建校时的心怀世界的情怀，"现在但凡是全球化的东西就被认为是好的东西，然而我

---

① The STS Forum: *MIT's responsibility in a dangerous world* (http://mitworld1mit1edu/vid-eo/93), No.4, December 2010.

② Charter of the MASSACHUSETTSINSTITUTE OF TECHNOLOGY.

们这种投入始于一个 150 年前的承诺——服务世界"①。自 2001 年迄今，麻省理工已经与全球开放 2000 多门课程，其开放不仅仅限于课程，而且还涵盖与世界其他大学建立合作伙伴关系。

麻省理工学院前校长查尔斯·韦斯特认为："开放课程看起来是与我们市场所主导的世界相违背，但它却是我所认为的 MIT 理念最好的体现，它具有创新性、它表达了我们的理念，先进的教育方式，它可以通过不断扩大信息的获得和激励其他人参与从而得到发展。"② 毋庸讳言，在维护知识产权的知识信息时代，麻省理工学院所倡导的开放、共享理念不仅影响着麻省理工学院师生，而且对世界高校的变革产生深远的影响。

2. 内部治理体系变革

（1）创业型生态治理体系

MIT 之所以被称之为"美国第一所创业大学"，源于其卓著的"MIT 创业生态体系"，"MIT 的创业教育和培训不再集中在斯隆管理学院，而是形成数十个项目组织和中心共同在校园内培养创业精神的创业生态系统"③。麻省理工创业生态系统的治理理念、体制、结构等在章程中得以体现。打开麻省理工董事会网站，在醒目的位置可以看到"麻省理工学院的管理机构是类似于公司的董事会，该董事会自 1861 年成立以来一直运行"④。高校是社会上其他组织难以替代的学术机构，其承载着特殊的职能和使命，虽然其内部组织极其复杂、体现形式又极其多样，但是高校之间有共同的价值追求。伯顿·克拉克在《高等教育系统——学术组织的跨国研究》著作中引用社会学家涂尔干的话来描述大学的多样化性与统一性："很少能找到一种这样机构，既是那么统一，又是那么多样；无论它用什么伪装都可以认出；但是，没有一个地方，它和任何机构完全相

---

① *Global MIT Collaborations* (http：//global1mit1edu /research-projects1html1)，No. 5，December 2010.

② ANNE H1MARGULIES& JON PAUL POTTS1：*A new model foropen sharing* (http：//mit-world1mit1edu /video /208 /1)，No. 5，December 2010.

③ 张昊民等：《麻省理工学院创业教育生态系统成功要素及其启示》，《创新与创业教育》2012 年第 4 期。

④ 此文件下载地址是董事会网站（http：//web. mit. edu/corporation）。

同。"① 这种统一性与多样性交织构成了中世纪以来大学的发展历史，大学既保持自己的个性，又在社会发展中适应环境的变化，很少有社会组织如大学一样既能赢来尊重，又会激起非议。麻省理工学院作为创业大学具有重要的象征意义，正如麻省理工学院董事会官网上所阐明的那样，创业型大学与公司文化有着紧密的联系，有着明显的学术资金主义的特征，既对传统的组织文化产生挑战，又演绎着大学的多元图景。实际上，创业型大学作为富有特色的学术组织，其内在组织机构特性更加重视对利益的追逐。创业型大学与研究型大学所强调的学术自由有着显著的区别，区别在于学术资本是创业型大学的组织特性。学术资本是创业型大学与市场关系的精辟刻画，是对市场中的商业元素与大学学术文化的逐渐融合。就创业型大学层面而言，它已经不再是单纯的知识传播与探索学问的学术组织，而是一个类似复杂、混合的经济组织机构。大学的运行与治理更像一个经济实体，校长的角色更像是一个执行官，正如麻省理工学院章程所赋予校长的身份——首席执行官、董事会的当然成员、学院行政执行委员会主席、学院发展委员会委员、投资委员会当然成员等身份。校长必须对董事会负责，必须面对承受着人员、机构精简以及作为管理者的压力，创业型大学对民主和集体不再过于强调，而是更在乎团体与个体竞争的模式。②

（2）依据国家创业法案制定校级层面专利制度

美国最早的专利制度源于 1787 年制定的联邦宪法中的专利保护条款。③ 但相对于大学的专利而言，则出现的较晚，一般来说较为认可的说法是大学专利起源于 1912 年的研究公司。当时联邦政府没有对应于大学专利的法案，以至于当加州大学伯克利分校的科特雷尔（Frederick Cottrell）教授获得专利因无意于获利想捐赠给学校时被当时的大学章程所禁止馈赠。之后，联邦政府的专利政策一直处于较为混乱的状态，1963 年来自麻省理工的肯尼迪总统的科学顾问韦纳斯（Jerome Wiesner）对大学立场较为熟悉，在韦纳斯的推动下肯尼迪总统试图制定联邦统一的专利

---

① ［美］伯顿·克拉克：《高等教育系统——学术组织的跨过研究》，王承绪译，杭州大学出版社 1994 年版，第 72 页。

② Taylor. S Rizvi. F, Lingard. B& Henry. M: *Educational Policy and Politics of Change*, New York: Routledge Press, 1997, pp. 90-91.

③ 美国国会众议院法律修订咨议局：《美国法典：宪法与行政法卷》，中国社会科学出版社 1993 年版，第 16 页。

政策。20世纪80年代，美国为鼓励与规范大学创业，颁布贝尔法案，也称"大学、企业专利法案"，法案规定政府资助大学等非营利机构研究、创新与发明，专利权归属于大学等法人实体，法律对大学拥有知识产权的保护，促使大学主动促使科学研究的转化，激发了大学对知识服务于产业与政府的热情。

麻省理工的专利制度分为两个层面，第一是政策层面，其政策规定，当MIT在财政上对研究进行资助时，可以拥有专利的权力，如果MIT对研究者的专利没有实质性的帮助，那么，专利就归研究者所用。当研究项目由外部赞助者与学院联合赞助时，从专利中获利的权利就在赞助者、学院以及学院内的发现者与发明者之间分配。① 第二是专利机构和评估层面，专利委员会下设专利评估委员会和专利管理委员会，专利评估委员会的主要成员是教师，他们对研究者的创新性及研究的商业回报率进行评估；专利管理委员会的成员由资深学者和行政管理者组成，他们解决学术研究的商业开发过程中所遇到的问题、确保MIT学术研究专利的商业管理政策的一体化，并规范学术研究专利的执行。

（3）董事会领导下的师生参与的校长遴选机制。就遴选主体而言，麻省理工是董事会领导下的校长负责制，麻省理工章程明确规定，遴选校长是董事会最重要的职责与权力之一，校长遴选由董事会成立专门的遴选委员会来具体实施校长的招聘工作，校长遴选上后，董事会委任并对董事会负责来行使权力。就遴选程序而言，例如，麻省理工2004的遴选董事会将遴选的任务交给在管理方面素有"流程再造"的董事会副主席钱皮（James Champy）负责，钱皮说："麻省理工学院是工程师的摇篮，工程师都是喜欢自己设计流程，所以我相信我们能把遴选做好。"② 钱皮不仅大胆将"校长遴选董事会"与由教师组成的"校长咨询委员会"同步共同开展遴选工作，而且前所未有的鼓励学生参加遴选，成立由学生组成的"校长遴选学生咨询委员会"。

---

① ［美］亨利·埃兹科维茨：《麻省理工学院与创业科学的兴起》，王孙禺等译，清华大学出版社2007年版，第95页。

② 转引自熊万曦《世界一流大学校长遴选过程研究——以2004年麻省理工遴选为例》，《现代大学教育》2014年第1期。

(4) 多维度构建创业体系

2015年9月，麻省理工学院"创新计划"(MIT Innovation Initiative) 支持发布一份关于校友创业对经济的影响指出，由校友们创办的企业创造的2万亿年产值，如果换算成GDP的话，则相当于世界第十大经济体。① "创新计划"由校长拉斐尔·赖夫 (Rafael Reif) 发起的针对全球合作、鼓励创新创业的项目，拉斐尔关于这份报告认为，报告又一次说明了人们所熟知的事实，麻省理工创造、创业的激情依然在增长，我们在培养学生创造力的同时，很高兴地看到校友们在全球践行并传播创造力和创业能力。麻省理工学院独具特色的创业体系是校友创造、创业激情的源泉，它的特色体现在治理体制、治理机构、治理举措等多方面的变革。首先是治理体制变革，1993年，麻省理工计算机教授迈克尔·哈默 (Michael Hammer) 和数字交叉连接技术：全球IT服务和解决方案的领导管理顾问公司 (DXC Technology: Global IT Services and Solutions Leader；简称：CSC) 的詹姆斯·钱皮联合提出著名的业务流程重组治理 (Business Process Reengineering；下文简称：BPR) 理念，该理念以先进的信息技术为工具，通过流程重组，聚焦信息流动、聚焦大学改革与绩效以及人力资源效率等因素，关注决策组织的变革。在BPR理念倡导下，麻省理工将组织进行再造和重组，打破传统低效散落的组织体系变革为协同高效的组织体系，进行大学体制的变革。麻省理工是BRT治理理念的发源地，也是BRT理念的实践基地，麻省理工推出多部门协同合作的"BPR顾问组、核心组、设计组"的体制，校长、学校高级行政人员、CSC组成顾问组，校长任组长，顾问组任命核心组成员，核心组评估信息选择出需要重组的信息，提交给顾问组，顾问组审核后交给设计组进行设计，这样就突破了传统自上而下的管理体制，打破行政部门各自为政、部门繁多、人员冗杂的低效局面，取而代之是分工明确，协同合作系统化治理，避免了科层制度所带来的弊端，是大学治理改革的典范。其次是构建创业治理机构，麻省理工构建创业部门齐全的治理机构，这些部门各司其职、有效运作。创业中心 (Entrepreneurship Center) 属于斯隆管理学院的一个分支，负责整合创业资源、实施教育培训；企业论坛 (Enterprise Forum) 是与企业联

---

① 罗伯·马西森：《最新报告：麻省理工对全球创业的影响》，2015年12月11日，DeepTech深科技 (https://baijia.baidu.com/s?old_id=261150)。

系的纽带，提供平台，与企业共享创业资源；技术创新中心（Center for Technology Innovation）为学生创意提供小额资金并对其指导规划管理；创业服务中心是针对学生创业提供咨询建议服务；创业信托中心（Trust Center for MIT Entrepreneurship）负责创业课程、指导、计划、推介等各种需要的帮助；开发与创业中心（Center for Development and Entrepreneurship）推动利用社会资源来解决社会问题，其目的是解决社会问题，而不是追求经济效益。再次是跨学科的创业课程体系。麻省理工第十六任校长苏珊·霍克菲儿2011年6月21日在清华论坛上做"中国与麻省理工——推动创新、实践合作"演讲中说，面对错综复杂的科学问题，仅仅靠一两个学科解决不了问题，需要多学科协同研究。正是这样的观念影响下，麻省理工实现生命科学、物理、工程等多科学的交叉融合，倡导不同学科的研究人员协同合作。麻省理工的创业课程分多个维度和层次，既有学术类的无边界创业课程（Entrepreneurship without Borders）、管理技术创新课程（Managing Technological），又有实践类的新企业（New Enterprises）、技术销售与销售管理（Technology Sales and Sales Management）等课程，又有团队项目型的创业实验（Entrepreneurship Laboratory）、全球创业实验（Global Entrepreneurship Laboratory）等创业课程。[①] 麻省理工的课程涉及社会的各个领域，并且实现了跨学科、跨专业的融合，学术类的创业课程有丰富的创业理论为学生创业打下坚实的理论基础，实践类的课程为学生创业提供技术、操作、管理、销售等方面的实践平台与经验，项目类的课程为学生的创业提供一个个真实体验的机会和范例。最后是多元而开放的创业教师队伍。麻省理工创业教师队伍开放而又多元，既可以由本校的学术型教授来担任，又可以由创业企业家来讲授自己创业案例。教学方法多以实战的案例为主，理论与实践有机结合，让学生感受创业的环境、过程、困难及困境的突破等，极具实战性与实践性的多元创业教师队伍及教学方法是麻省理工创业教育核心部门。

三 社区大学转型与章程变革

美国社区学院作为美国高等教育体系中必不可少的重要部分，它在国际一流大学林立的美国高等教育中闪烁着独特的光芒，有着强盛的生命力

---

① 周婷子：《麻省理工学院创业教育研究》，博士学位论文，吉林大学，2014年。

和竞争力。美国高等教育学家克拉克·克尔（C. Kerr）认为，两年制的社区学院的创立是20世纪美国高等教育的伟大创举。[①] 美国社区学院组织转型与章程制度变革是美国高等教育成功转型的案例。本文从美国社区学院转型与章程变革入手，对其进行全面分析和论述。

（一）美国社区学院组织转型

1. 人文教育向职业教育转型

19世纪末20世纪初美国的初级学院（Junior college）是社区学院的雏形。最早初级学院是芝加哥大学校长哈珀在伊利诺伊州创办的乔利埃特初级学院，也是美国迄今最为成功的社区学院之一。当时初级学院肩负三项职能：为职业做准备、为社区服务、开展普通教育。[②] 美国相当长时间内的高等教育一直是以男性白人为主，是特权阶级的堡垒，初级学院虽然在初期是为中学毕业后无法继续升学的学生群体服务的，主要提供两年普通教育、职业教育或为升入四年制大学做准备，[③] 但在20世纪初的学生总人数依然不超过一万，当时的课程主要以人文教育课程为主。二战之后，美国联邦政府在1944年颁布《退伍军人权力法》（G. I. Bill）（G. I. 的原意是政府配发"government issue"），政府提供数百万向每个军人开放的高等教育机构提供补贴，社区学院此种情况下得到空前发展，走向大众化，占据着美国高等教育的重要部分。

20世纪60年代，美国社区学院开始由人文主义的定位向职业教育的办学定位转型。20世纪80年代美国社会崇尚效率至上，政府颁布以效率为主要内容的《职业训练和做法》和《美国竞争力强化训练法》，20世纪90年代美国更为重视社区学院质量，联邦政府颁布《卡尔·帕金斯职业与应用技术法案》促进社区学院发展，社区学院的理念围绕着"职业教育"为主。随着学生数量激增，师资成为社区学院面临的难题，于是，不少社区学院开始从企业聘请富有实践经验的工程师来社区学院任课，这一举措无疑促进了社区学院与社会行业之间的协同合作。此外，由于社区

[①] Brint. Sand, Karabel. J: *The Diverted Dream: Community Colleges and the Promise of Educational Opportunity in America*, 1900—1985, New York: Oxford: Oxford University Press, 1989, p. 25. 212.

[②] B. Lamar, Johnson: *In The Fifty-Fifth Year Book of National Society For The Study of Education. Part one*, Chicago: University of Chicago press, 1956, pp. 73–74.

[③] Ibid.

学院在学术声望方面无法与四年制的大学相比，大部分社区学院的学生难以转入四年制高校进一步深造，迫使社区学院将其定位由人文主义教育转型为职业教育。

2. 创业教育成为转型的新元素

在后金融危机时代，美国经济面临的最大挑战是如何培养更多技能娴熟和富有创造力的劳动力。① 由于次贷危机所造成的联邦政府和州政府对社区学院的财政投入削减，致使学院逐渐暴露出发展困境。从美国参议院通过的八千亿"经济复苏计划"到关注教育信息化的承诺为有志于在社区学院学习的学生提供免费教育的"职业教育技术计划"等一系列政策来扶持社区学院发展。2012年美国21世纪委员会发布的《重塑美国梦：21世纪委员会关于社区学院未来的报告》提出重构社区学院定位、重塑学生教育经验及培养体系重建的"3R"策略，这意味着社区学院新一轮变革得以确定。2015年，总统奥巴马向国会提交社区学院学费全部减免及进一步提高其质量的议案，以培养最优秀的劳动力来促进区域经济的发展。可以这样说，美国社区学院作为区域经济发展的重要力量，正悄然开始一场新的转型，创业教育成为这次转型的新主题。美国的创业教育起源于四年制大学，在综合性大学广泛蔓延之后开始侵入社区学院。在美国近两千所涵盖各种类型的社区学院中，66%的社区学院至少提供一门创业课程，14%的社区学院至少提供一门创业联合学位，19%的学院提供一个创业文凭，55%的创业学院把创业教育作为继续教育的一个组成部分，26%的社区学院提供一个创业计划，20%的创业学院创办了小型企业发展中心。② 美国社区学院的转型以注入创业教育与创业精神来推动所在区域的经济发展，创业精神在社区学院里到处呈现。这种以市场为导向的创业教育对美国的社区学院产生重大影响，其组织制度、管理模式及课程随之发生重大变革与转型。

（二）社区学院章程变革

在社会学院官网上很难检索章程文本，而且社会学院大多散落于诸多社区。社区学院文本一般来说相对简单，社区学院各个学区内部治理依靠

---

① B. Lamar, Johnson: *In The Fifty-Fifth Year Book of National Society For The Study of Education. Part one*, Chicago: University of Chicago press, 1956, pp. 73-74.

② Ibid.

治理手册来管理学校日常运转。其章程的主要变革体现在以下方面。

1. 外部治理由 K-12 中央集权制转向利益相关者的共同治理

就政治体制而言，美国属于典型的联邦制政治体制，其宪法修正案第十条明确规定："宪法没有赋予联邦行使的权力，皆有各州和人民保留。"① 宪法并没有赋予联邦政府治理教育的权力，联邦政府仅有对社区学院资助的义务，州拥有社会学院独立的管辖权，社区对社会学院拥有监督权。20 世纪 60 年代之前，美国的社区学院的治理大都基于公共教育体系 K-12 模式，这种模式在加州始于 1907 年，加州教育行政机构规定对所有的公共教育机构负责，初级学院逐步成为学区高中一部分，并由学区理事会操控运行。② 在 K-12 模式下，社区学院的管理是州的中央集权控制，其实施组织结构是科层组织管理，理事会是最高决策机构，虽然教师在有关教学、课程方面有很大的发言权，但是行政决策方面不需要教师参与。K-12 模式最大的缺陷是置师生于治理决策之外。1960 年之后，随着社区学院的蓬勃发展，社区学院从 K-12 模式中得以脱离，像加州这样教育比较发达的州，通过颁布《加州高等教育规划》以立法的形式实现社区治理结构的转型。随着上个世纪末共同治理在美国高等教育体系的流行，社区学院开始尝试共同治理模式，但是真正以立法形式使共同治理成为社区学院治理结构的是 1988 年加州《AB1725 法案》的颁布实施，该法案设立州社区学院理事会、咨询理事会（学术委员会），州社区学院理事会的职能是为全州社区学院出台州社区学院规划、资源分配、人事遴选、教育质量保障、划拨社区学院经费等宏观政策，依照州法律，社区学院理事由州长担任，理事长在理事中选出，州社区学院理事会有若干的委员会组成，为州公立社区学院提供协调和指导。州社区学院咨询理事会采用"协商"的运作机制，其成员为理事长、学术评议员、教务官员、学生服务官员、学生团体管理官员、人力资源官员、教职工代表等。③ 州社区学院咨询理事会主要根据调研来制定和调整学术性规划和政策，并对执行学术政策执行情况进行评估。另外，加州还于 1988 年设立服务于社区

---

① B. Lamar, Johnson: *In The Fifty-Fifth Year Book of National Society For The Study of Education. Part one*, Chicago: University of Chicago press, 1956, pp.73-74.

② Ibid.

③ Ibid.

学院的民间非营利组织"社区学院基金会"(Foundation of California Community college, FCCC),通过学院购买等多种形式为社区学院提供咨询、预算、评估等项目与社区学院进行有效协作。①

2. 内部治理——三个主体之间的相互制衡

美国社区学院的内部治理是章程变革中最具特色的内容,董事会、校长、学术评议会是最为核心的治理主体。董事会扮演着社会学院"监管人"角色,是最高的权力与决策机构,确立社区学院发展价值、校长的选聘及评议会权力实施的保障;校长相当于公司的CEO,负责社区学院内部的行政事务;学术评议会是由教师组成的组织,负责社区学院内部的学术事务,三个治理主体之间权责分明、相互制衡。第十届诺贝尔经济奖获得者著名的美国管理学家和社会学家赫伯特·西蒙认为科学合理的组织结构是社会资源有效开发的重要条件,美国社区学院之所以转型成功,在于其科学合理的内部结构。

美国高等教育机构的董事会是高等教育治理体系中独有特色的关键部分,美国大学董事会主要由外行人士组成,它与那些控制欧洲高等教育的教育部以及教师行会有很大差异。②就美国十大社区学院之一的圣莫尼卡社区学院而言,章程规定其董事会由8名成员组成,其中7名成员由社区选举产生,另一名是学生推举的代表。圣莫尼卡社区学院章程规定董事会具有确立学院计划、校长选聘、制定章程制度、要求选民选举的权力、保留和分配学校财产的权力、解决学院资金困难、支付员工薪酬、审查与评估学院政策等权力。③虽然董事会拥有决策权,但并非没有限制和制约,美国大部分社区设立由商界、纳税人组织等组成的公民监督委员会,其对董事会各方面工作进行监督并每年出具一份社区学院的监督报告。另外,董事会建立自我评估机制以对董事会制定政策的有效性进行评估,为未来董事会的工作奠定基础。

学术评议会相当于我国的教授会,在社区学院是学术和专业方面的代表者。随着社区学院规模的扩大及由K-12中央集权制转向利益相关者的

---

① B. Lamar, Johnson: *In The Fifty-Fifth Year Book of National Society For The Study of Education. Part one*, Chicago: University of Chicago press, 1956, pp. 73-74.

② Ibid.

③ Ibid.

共同治理的过渡，其内部治理也发生着转型与变革，例如，加州所颁布的《AB1725法案》规定，社区学院的学术评议会在学术事务方面所拥有的权力与董事会具有同等地位，也就是说学区学院的学术评议会在学术方面拥有最高的权力，如圣莫尼卡社区学院在章程中将评议会的角色和原则确立为通过优质教育以改变学生生活，通过努力使其发展为信誉和质量最好的社区学院。社区学院评议会成员通常从教师中选出，如圣莫尼卡社区学院评议会章程规定："评议会成员从全职教师和兼职教师中选出的代表中组成，全职教师任期三年、兼职教师任期一年。"评议会的职位设有评议会主席、秘书及财务等。作为社区学院治理主体之一，评议会的职责在于学院的所有学术问题，例如教育政策和规划的拟定、课程的设置、招生及毕业政策的设置等学术事务。虽然学术评议会作为拥有学术方面的最高权力机构，但是并非毫无制约，在实际学术事务运行中，要受到董事会、校长及校长办公会一定的制衡，评议会存在的本身对以校长为首的行政权力形成制约，校长办公会吸纳一定数量的教师参与到社区学院的发展决策之中，这样学院的决策不仅听取教师的心声和建议，而且教师还与行政人员建立公开、透明的信任关系。正如吉默尔所说一个强有力的评议会可以通过校长提供咨询和支持校长决定来增强校长的权力。[①]

在社区学院的治理结构中，校长类似于公司的CEO，主要执行董事会的决策。社区学院校长的能力隐含着利益相关者较高的期待。章程在校长职责及能力方面予以规定，如圣莫尼卡社区学院章程在校长的行政权力、筹措资金的权力以及处理利益相关者的政治权力方面进行规范。校长行政权力的行使主要体现在校长为了使董事会的发展目标得以推进，需要建立一个有效的治理团队，如行政、学术方面副校长的任命等，虽然最终副校长需要董事会来确认，但是校长在遴选中发挥了至关重要的作用。作为学术机构，建立一支结构合理、素质精良的高水平教师队伍是学区学院的必然要求，也是大学校长的重要职责。[②] 社区学院也不例外，在查阅圣莫尼卡社区学院治理手册时发现，其不仅对校长建立高水平教师队伍进行阐述，而且还规定校长应引导和鼓励教师对学院治理的参与。社区学院校

---

① B. Lamar, Johnson: *In The Fifty-Fifth Year Book of National Society For The Study of Education. Part one*, Chicago: University of Chicago press, 1956, pp. 73-74.

② Ibid.

长的筹款权力也是一项重要的职责,密西根大学校长詹姆斯·杜德斯达认为,大学校长的职责之一就是帮助院长和社区学院筹措资金,而财务主管和行政人员对此监督,以保证这一工作的明智与谨慎。① 就圣莫尼卡社区学院而言,虽然在章程中明确规定董事会的职责之一是为学院筹款,但在实际操作中,董事会往往委托校长利用其人脉资源为学院筹措资金。政治家的权力是指类似于政治家一样以协商与谈判为途径所获得的权力,正如罗伯特所认为的大学校长为了寻求特定的政策目标,要像政治家一样与一些利益相关者结成联盟,因为在政治模式中,权力和影响力既不是源于习惯,也不是源于制度,而是通过协商和谈判获得的。② 社区学院的院长在外部治理结构中要处理好联邦政府、州政府、相关基金会与企业等关系,尤其是州政府与相关捐助企业,州政府希望加强对社区学院控制,而捐助的企业也会带有附加条件,这将势必与社区学院自治与办学理念相冲突。为了寻求最优的外部治理结构,特别是日益以市场化为导向的转型实践中,校长既要妥协以获取外部最大支持,又要坚持办学理念和方向,使整个社区学院获得良好发展。校长在内部治理结构中要调动整个群体的积极作用,以达成社区学院发展愿景。校长在行使这些权力时,对董事会负责,受董事会监督。

3. 与时俱进的办学理念

社区学院的理念与目标总是紧跟时代潮流,例如20世纪90年代威斯康星印第安海德技术学院逐步确立由人文教育理念向职业教育理念转变,其董事会章程中这样阐述学校目标:学校注重建立一个良好的环境氛围,以鼓励学生实现个人的人生目标与职业目标;学校提供高质量的培训课程以及个性化的职业发展规划;学校提供多样化的课程安排、最新的理论知识与职业技能以满足学生的个性化需求;学校注重诚实、有责任感、多元化的道德理念;学校致力于提高学生的学习能力、以促进经济的发展、改进人们的生活质量。③ 从董事会所确立的学院发展目标来看,社区学院的办学目的旨在实现学生的人生目标与职业目标。在向创业型社区学院转型

---

① B. Lamar, Johnson: *In The Fifty-Fifth Year Book of National Society For The Study of Education. Part one*, Chicago: University of Chicago press, 1956, pp. 73-74.

② Ibid.

③ Ibid.

实践中，章程会明确转型的理念与目标，例如，美国"创业型社区学院"的典范——斯普林菲尔德技术社区学院，其章程将学校的创业理念表述为"以市场为导向，寻求合作伙伴谋求创业，创设创业课程，为社区和企业培养劳动力，促进社区发展"。斯普林菲尔德技术社区学院章程将创业目标定位于"创业生态系统的形成与完善"，创业生态系统的达成需要各个层面的配合，既需要政府、社区学院及企业三个主体之间形成互利合作模式，又需要学院内部创业协会、创业学院的设立及灵活多样的创业课程和项目的覆盖。

4. 创业组织的建立

（1）设立创业间质组织

间质组织是美国高校组织结构中一个重要单元，组织设立的主旨是在学院内部与市场之间搭建平台。社区学院章程内的组织构架中的创业教育协会、大学创业教育中心、企业孵化器就是这种桥梁的最好例证。创业间质组织提供多种类型的制度资本，例如声誉、资本以及智力等，这些制度资本为教师、学生等创业者提供资金及智力元素。创业教育协会、大学生创业中心是企业家与学校之间建立的以社区为基础的向教师和学生提供咨询和指导服务的机构，企业家在与学院合作中可以获得一些免费的智力资本及象征性收取一些费用的诸如办公室和设备等有形资本。这种合作是互惠双赢的，企业可以在合作中获取权威，以影响社区学院的声誉与资本，如马萨诸塞州斯普林菲尔德技术社区学院在21世纪初期创立"社区学院创业协会"，其资金由基金会提供，旨在传播创业知识，寻找师生创新知识孵化所需的伙伴，交流创新思想，促进社区经济，扩大社区学院和企业影响力。孵化器可以让师生在完成创业构想后不用担心资金问题，从而大大降低师生创业的门槛，使之在社区中得以实现自己的创业理想。社区学院的企业孵化器与四年制综合大学的企业孵化器显然不同，四年制综合大学的企业孵化器倾向于发生在实验室的高科技在企业应用，这些企业孵化器由教授所主导，而社区学院的企业孵化器则容纳多种类型的小企业，企业、教师和学生都是主体。

（2）创建创业学院

为了迎接时代挑战及学生对创业教育的需求，社区学院在初期创建创业项目的基础上，逐步做大做强，创立创业学院，创业学院将全纳教育理念和终身教育理念融合一起，结合学分制度和非学分制度，以副学位和证书来体现学习成果,课程的设置近似于 MBA 课程。学分式的创业教育项目主要有可以获取副学士学位的创业项目和没有学位证书只能取得某个具体创业证书的项目。前者主要设置创业专业课程(61 学分),后者更多地将实用技术纳入项目中,旨在提升学生的创业思维与能力。非学分式创业项目主要以创业学术讨论会为主,但是又不同于普通学院的讲座,这种创业项目注重创业氛围的营造和实体创业的实战训练,包括经费的申请以及可以在布雷克学生企业中心(S. Prestley Blake Student Venture Center)孵化下开始创业。[①] 创业学院服务于社区,注重培养社区青少年的创业精神和能力,例如在社区开展"一天创业实践项目"、"社区青少年创业实践项目"等,这样的项目有着广泛的参与群体,往往与创业社区所组织的创业讲座、创业网络研讨以及企业创业考察活动相互配合。

(三) 结语

美国社区学院能够兼顾升学、就业及创业三重职能,成为学生、家长及社区青睐的高等院校类型,其转型成功与章程变革所发挥的作用不容忽视,成为在国际上美国独有院校典范之一。社区学院内部董事会、校长及评议会三个治理主体之间的权责分明、相互制约的治理结构与外部州、社区及企业共同治理相结合,创业间质组织及创业学院的设立等,这些都是社区学院转型与章程变革的关键要素。

在高等教育分类体系中,研究型大学将学校发展定位为世界一流大学,其章程制度改革必须具有国际视野无可厚非。然而,在我国高等教育大众化、甚至普及化的现在,地方院校普通四年制本科及专科的转型与制度变革,成为世界各国高等教育普及化能否成功的重中之重,可以这样说,走特色化的转型之路,离不开以章程制度为载体的现代高校治理变革,应用型、创业型转型的高校,如果不安于以应用、创业为导向的发展方向和制度变革,而是忙着挤综合性大学独步桥、模仿研究型大学发展,章程照搬、照抄研究型大学的制度改革,那么我国高等教育体系就难以跟上我国现代化的经济发展节奏及产业升级发展的需要,更谈不上独特个性的特色化发展了。

美国社区学院职业化、创业化发展以及章程制度的变革,是美国践行

---

① B. Lamar, Johnson: *In The Fifty-Fifth Year Book of National Society For The Study of Education. Part one*, Chicago: University of Chicago press, 1956, pp. 73-74.

美国特色的高等教育普及化的独特办法。社区学院在向应用型、创业型转变实践中，其以章程为治理的载体体现出方向明确、层次清晰、权力制衡、共同治理以及创业间组织设立等基本特征。社区学院章程在处理政府、社区、企业、学校及师生权责方面，在协调董事会、校长、评议会之间相互配合和监督关系及发挥教师积极性方面，处理教学、创业、就业功能分类方面，在保持与其他高校章程制度共性的同时，发挥自身独特特性，在联结社区市场与学校知识体系方面，都有着不少成功经验与配套制度。他山之石可以攻玉，尽管美国社区学院转型与章程改革在治理结构等方面与我国地方高校转型存在着很大差异，但美国社区学院转型与治理经验值得处于转型实践中的我国地方高校借鉴，我国地方高校也亟待进入转型与章程改革的"深水区"。

第三节 美国大学转型与章程制度创新的重要启示

美国高校由传统的殖民地高校发展分别转型到以约翰·霍普金斯大学为代表的研究型大学、以麻省理工为代表的创业型大学以及特有的社区体系，走过了一条我国大学目前正转型、变革的道路。美国大学以教育理念、制度变革为其转型之根本，由教育理念、章程制度的创新促进实践中的变革，进而实现战略转型的成功经验，值得我国正转型的高校借鉴。

一 以社会发展为创新的基石

追溯大学发展历程，我们发现大学教育与社会需求之间的关系是影响大学发展变革的基石。在欧洲传统大学漠视社会发展需要的年代，美国大学关注社会需求，创新大学理念、章程制度，建立起多元化"与众不同"的新大学类型，满足了时代、社会发展对人才的需求。美国高校在其发展历程中，勇于创新，长期引领高校转型新方向，在世界高等教育发展史上闪耀着多元一流大学的光辉。

我国很多高校都正经历着转型，这些大学在改革开放时期进行过主动或者被动的变革或者转型，试图转变纯粹的校园内对工程教育或者技术教育模式的探索。但这种转型并不成功，拼盘式的综合化和以往差别并不明显。目前，我国地方大学转型成为高等教育的热点问题，成功的转型需要理念与制度的支撑,但是翻阅地方高校章程以及实地调研不少地方高校,有创新特色的大学理念与制度并不多。

借鉴美国大学转型历史,我国高校转型应该加强理念与章程、制度的研究,对自身高校发展与社会发展之间的差距应该有深刻思考,以章程为载体明确自身的方向和目标,对转型战略、进程与举措应该具体安排。尤其是面对知识经济时代新人才需求,应该建立什么类型的大学、什么样的教育体系、什么样的大学制度,应该有清晰的认识。应该创新教育理念与章程制度,加强专家咨询、深入基层调研,集思广益探讨发展理念与制度,关注基层对转型的信心与参与度,调动广大师生积极性。

二 本校特色与变革者的战略选择有机结合

美国高校通过变革与转型很好地回答了"高校是什么、其使命和职责是什么"等根本性问题,而高效转型与章程变革也受到了外在环境的约束。换言之,高校转型与章程创新背后深层次的逻辑是通过提升合法化从而获取其发展的各种资源,满足社会需要以获得社会的支持,以章程为载体,积极推进理念与制度的改革,优化内部组织结构,提升人才质量,在环境与组织转型与变革的良性互动中与环境实现双赢发展。但是,以章程为载体的理念、制度转型与变革并不是完全服务环境的需要而"随波逐流",还要受到本校特色、文化传统等多种因素影响。从美国高校的转型与变革来看,每次创新都打着高校变革者思想与选择的烙印,是高校变革者战略选择的结果,并且章程的推行也依赖于变革者坚定不移的推动能力。因此,环境与大学转型是相互形塑的过程,我国大学转型与章程变革,唯有把环境的约束激励、章程规制、本校特色、文化传统和变革者的战略选择有机结合,把这些因素纳入统一的分析框架,高校转型与章程创新才能真正得以实现,才能促使高校成功转型。

三 将大学校长的任命过渡到校长遴选

美国大学校长的遴选制度主要以本校的大学章程为依据,在章程中对校长遴选都有着较为详细的规定,其理念、程序方面借鉴企业选拔人才模式,通过特定合乎章程的程序寻找到最为适合学校发展的校长人选,其理念是把校长遴选作为新任校长确立其合法性的过程,遴选期间通过对大学现状与未来使命的深思及校长人选所应具备素质的讨论，使大学更为明晰自身所需的校长，也易于被大学内外利益相关者所接受，相比而言，我国大学校长大部分依然依据《高等教育法》第四十条规定：高等学校校长，由符合教育法规定的任职条件的公民担任，高等学校的校长、副校长按照国家有关规定任免。① 显然，我国高校校长的选拔依然套用行政事业单位党政领导干部的遴选理念与程序。我国教育行政机关已经关注了大学校长的遴选，教育部逐步推进"直属高校校长的选拔试点"，采用自荐、网上报名及面试环节的引入等方法以及对师生参与的强调，虽然这一里程碑式的改革突破了任命校长的惯例，但是校长的选拔改革往往会流于形式从而致使缺失师生参与的尴尬。因此，高校在转型实践中理应对章程进行创新，要对如何遴选校长，如何在制度上确保师生参与等方面深思。"南橘北移，其化为枳"，高校校长的遴选制度必须与我国政治经济体制及文化相符合，对美国的简单模仿可能会导致"水土不服"。

四 确立既有国际视野又结合本土特色的办学理念

转型高校的章程都阐述了本校的办学理念，大部分高校借鉴了国际上的先进办学理念，办学理念在实践中运行必须与本校的文化传承相结合，才能落地生根。办学理念的运行过程既是向制度转化的过程，又是章程创新的过程。霍普金斯和麻省理工虽然受到19世纪德国大学办学理念的影响，但是并不仅仅对德国的办学理念进行简单模仿，而是进行创新性的转化，创新后的理念深深融入美国本土的办学理念，例如霍普金斯虽然引入德国的教学与科研相结合的教学理念，但是创新性地把教学科研与研究生培养制度相结合，使得欧洲元素进入美国时能够结合美国情况进行相应地创新，当然这肯定是一个在转型实践中遭遇曲折和障碍又能够自我超越的过程。美国大学与德国大学的差别在于不管是研究型大学还是创业型大学，都强调必须服务于经济社会的发展。正是由于关注了社会的发展，霍普金斯强调了其研究职能，使其转型为研究型大学，也正是由于肩负了服务于国家的使命，麻省理工才成为创业型大学，美国的大学以自己最大能力促进社会的发展。

---

① 《中华人民共和国高等教育法》，2015年12月28日，全国人大网（http://www.npc.gov.cn/npc/cwhhy/12jcwh/2015-12/28/content_1957555.htm）。

五 创新具体制度

梳理美国大学转型与章程变革，课题组发现，霍普金斯和麻省理工学院在转型实践中善于进行一系列制度创新，如霍普金斯以教师科研水平作为评价的主要依据，推行高水平的讲座教授来校讲学的"访问讲座制"，鼓励本科生参与科研的"学习小组制"。范内瓦尔·布什任麻省理工学院校长期间所确立的教授应用1/5时间服务于企业咨询与创业的"五分之一"原则等制度。这些新颖的制度不仅为全球很多大学所模仿，而且至今依然是霍普斯金大学和麻省理工学院所坚持的基本制度。霍普斯金和麻省理工所引领的美国高校转型与章程制度创新对大学中心从欧洲向北美转移发挥了重要的作用。

六 拓展多元化的资金来源途径

高校的转型依赖于充足的资金，由于对政府资金的过度依赖，从而造成了政府对高校的控制，高校内部章程制度就很难进行变革，只能紧跟政府的每个决策和步调亦步亦趋。只有多元化的资金来源途径才能使大学具有较大的自主性，只有拥有了自主决策的能力才能在章程制定与制度建设方面进行创新。所以，制度创新必须拥有相应的财政支持能力，大学组织必须获得充足而灵活的资金以支持这种新的实践创新。[1] 霍普金斯和麻省理工的章程制度的创新与其充足、多元、灵活的资金来源息息相关。战争期间，霍普金斯和麻省理工一直从事前沿科技和维护国家安全问题的研究，从而争取到国家巨额科研经费的资助，如霍普金斯大学的无线电实验室为反法西斯战争做出了卓越的贡献[2]。在和平时期，除了私人的捐赠之外，为社会和公众服务所获得的科研收入和科学技术专利收入也是一笔不菲的经济回报。即使在20世纪30年代的经济大萧条时期，麻省理工并不像其他高校那样受到制约，而是积极寻求变革促进科学技术的发展，不仅为美国的经济走出困境做出巨大贡献，而且还为自身变革与发展获得丰厚

---

[1] 黄容霞：《全球化时代的大学变革（1980—2010）——组织转型的制度根源》，博士学位论文，华中科技大学，2012年。

[2] 马鸿：《美国研究型大学从事军事技术研究的历史考察（1945—1970）》，博士学位论文，复旦大学，2009年。

的经济回报。

霍普金斯大学和麻省理工学院的转型顺应了美国高校变革的潮流,使美国高等教育呈现多元化的趋势。霍普金斯大学和麻省理工学院的转型使他们名副其实地被称为美国研究型大学和创业型大学的源头。时任美国大学联合会(AAU)主席罗森兹威格(R. M. Rosenzweig)认为:"这种在世界其他地方很少见的社会组织形式,已经在美国很清楚地证明了自己的价值,以至于维持其存在的观点几乎无须进行仔细讨论。"[1] 时代变革、社会变迁、科技的日新月异与高校变革者的互动,促使来自德国的新理念在美国的政策、文化土壤上创生出研究型大学、创业型大学的组织结构。美国的研究型大学与创业型大学以其先进性吸引全球大学纷纷模仿,并在向世界辐射中不断增强其合法性。

---

[1] ROSENCH·J·C: *A History of the University Founded*, *John Hopkins*, Berkeley: University of California Press, 1982, p. 1.

第二章　英国高等院校转型实践中章程变革与启示

英国是现代大学的发源地，也是大学转型的理想范例。英国大学的转型曾出现过三次风起云涌的运动。

第一节　新大学运动实践中章程变革与启示

一　新型大学创立与章程创新

英国最早的牛津大学和剑桥大学一直以重视博雅教育为荣，不重视自然科学，应用于社会的技术更是难以登牛津和剑桥大学之堂。随着大学之外蒸汽机和纺织的发明，英国成为第一次工业革命的发源地，并一跃成为资本主义强国，迫切需要掌握现代科技的技能工人，但是恪守人文传统的牛津大学和剑桥大学不愿意迎接产业革命。因此，20世纪30年代，以伦敦大学的创建为标志的11所新的大学应对工业革命的崛起。伦敦大学《1900年章程》共用12条内容对"理事会"的构成、选举、权利等方面进行详细的规定，其中主要内容则是理事会的构成和权利，理事会共54名成员，包括校长、评议会主席、女皇陛下会同枢密院4名、评议会16名、伦敦皇家学院2名、林肯律师学院1名、内殿律师学院1名、律师学院1名、戈瑞律师学院1名、联合王国合并法学会2名、伦敦城市公司1名、伦敦郡管理委员会2名、伦敦促进技术城市行会1名和学部16名。[①]

从章程可以看出，伦敦大学理事会成员囊括各界人士、甚至不登大雅

---

① *Statutes Made for the University of London by the Commissioners Appointed Under the University of London Act*, 1898, *University of London the Historical Record* (1836—1912), London: UniversityofLondon Press, 1912, pp.70-99.

之堂的促进技术行会,从而打破了宗教贵族对大学的垄断,为新兴技术的发展提供了机会,伦敦大学等大学在制度方面为招生、实用技术进入教学内容以及职能拓展等方面开辟了途径,推动了大学办学模式的变革,标志着实用技术开始进入古典大学殿堂,应用型的办学思路被大学所采纳。以伦敦大学为代表的11所学校的蓬勃发展促进了古典大学模式的改革,牛津大学和剑桥大学分别建立的克莱伦顿实验室和卡文迪什实验室说明新的科技开始进入古典大学,应用性的办学模式逐步被古典大学所接受。

伦敦大学创建之后,城市学院悄然蓬勃。19世纪上半叶从德勒姆大学到曼彻斯特欧文斯学院,新大学纷至沓来。这些大学的办学经费大多来自财团和民众的捐赠,办学方向很明确,直接面向社会需求,新大学的兴起与蓬勃在昭示着大学不应固守于象牙塔却步不前,而必须回应社会的需求。新大学后续的发展借鉴传统大学一些经验。第一是加强人文教育,新大学刚建之始,充其量是个职业培训学院,之后经过二三十年的发展,逐步得到社会认可,获得授予学位资格。可以这样说,新大学运动是对牛津和剑桥等传统大学的反叛,但是为了得到广泛的认同和获得大学的地位,新大学在一定程度上进行了妥协,其重要标志之一便是新大学逐步开设人文课程。第二是科研的引入,以剑桥、牛津为代表的古典大学素来重视教学,伦敦大学在创建之初,就聘任科学家为教授,尝试将科研与教学相结合,其他局限于职业教育培训的新大学,也纷纷引入科研,不过应用大学科研与研究型大学的科研有些差异,新大学更重视应用研究,注重成果向实业界转化。虽然新大学运动的兴起无法撼动牛津和剑桥的英国大学的霸主地位,但其长期对应用科学的研究与教学使其在与古典大学博弈中获得一席之地。

二 新大学运动与章程创新重要启示

梳理英国新大学运动,我们会发现,新大学作为大学一种新的形式,表现形式虽然是多种多样,但是其本质并没有偏离大学内在逻辑。我国一部分高校正在探索转型发展新路径,作为先驱者的新大学运动或许能够给我国高校转型及制度建设一些重要启示。

(一)高校转型应遵循社会需求与大学内在逻辑相结合

大学是沉浸于认识、囿于知识教学还是服务于社会,大学究竟是精英阶层的象牙塔还是社会的风向标。要想弄明白这些问题,需要仔细体会阿什比的大学内在逻辑论。阿什比认为大学人所秉持的理念是：大学并不一定总对应于社会的需求，这是大学的内在逻辑。① 英国以伦敦大学为代表的新大学创办的缘由之一是对牛津、剑桥等古典大学办学模式的不满，其对实用教学的重视以及对社会需求的回应对当今大学依然产生较为重要的影响。但是，大学发展有其内在的逻辑规律，任何违背其内在逻辑的尝试也仅仅是一时的冲动。我国高校转型，其大多数高校在章程中将其定位于"立足地方"、"服务地方经济发展"。但是，是否就完全成为社会的"风向标"？英国新大学经历了创办的热情之后，面临生存让它们逐步妥协和深思，从仅仅注重实用课程过渡到对人文课程的增设，在应用课程之外又增加博雅教育，其实质是对大学内在逻辑的遵守，英国的新大学不可能停留在"知识的市场化"，必须延伸其生存内容。我们据此进行大胆推断，高校转型之始，为了争取资源和支持，可以依赖于"社会需求导向"，从长远来说，大学必须"社会需求"与大学内在逻辑相结合，必须遵循"价值标准"的限制。

（二）外延式发展或是高校转型的有效路径

英国新大学运动其实质是在原有的经典大学之外建立新的大学，以推进经典大学诸如牛津和剑桥大学的变革，从而推动英国高等教育体系整体变革。古典大学在新大学风起云涌之后，也开始反思自己的发展模式，变革课程设置，增加理工学科，破除阶层和宗教界限的腐朽观念，历史证明英国新大学运动对英国高等教育发展是有益的推动和变革。因此，在一定的历史阶段，采用外延式的扩张，通过创建新型大学可能比在原有基础上实施变革更有效果。

地方本科院校在实践中转型，不能固守于原来的模式，挂转型旗号以获取资金，还是走传统发展的老路，否则，只会与精英模式下的研究型大学趋同化发展，从而失去自身独有的特色与竞争的资本。转型高校可以在实践中创立科技中心园、对外合作办学等新的机构，与环境博弈、互动、合作，从而获得发展。克拉克在《高等教育系统》一书中认为："对各高等院校分工已经变得越来越有必要，因为这有利于不同单位全力投入不同工作……不同类型的、适合于不同学生的教育，不同的复杂程序研究，所

---

① 王承绪等：《战后英国教育研究》，江西教育出版社1992年版，第273—274页。

有这一切都可以因院校分工后产生了各类相应的组织机构而得到承担。"①

（三）章程建设既应坚守传承又要适时创新

20世纪30年代普林斯顿大学校长亚伯拉罕·弗莱克斯纳在评论伦敦大学时认为，"伦敦大学之所以不是一所合格大学，不是因为它缺少牛津、剑桥的条件，而是缺少精神和设计的统一"。② 大学章程凝聚着大学的气质、精神和制度的设计，英国新大学运动及制度设计并不是一味地对传统的否认，而是从象牙塔中走出来，尊重社会的需要，之后，英国新大学增设人文学科，则是在功利主义盛行的社会对传统价值的正视。正是缘于此，我国高校转型实践中的章程建设不仅在精神和制度设计上要传承过去的经典，又要有所创新，即应与其他类型大学差异化发展，坚持人才培养目标向实际应用型倾斜，课程设置与企业需求有机结合，又不能脱离学校的传统文化、精神气质，避免办学职业培训学校和应用型人才加工厂。

第二节 英国红砖大学运动实践中章程变革与启示

一 新型大学创立与章程制度创新

红砖大学创立于大英帝国的维多利亚时代，大多设立在英国重要的工业区。"red brick"（红砖）一词最早是由利物浦大学西班牙语教授 Edgar Allison Peers 在以笔名 Bruce Truscot 于1943年出版的著作中提出，用来描述六所在维多利亚时代创立于英格兰重要工业城市并于第一次世界大战前得到皇家特许的六所大学。这六所大学分别是：曼彻斯特大学、布里斯托大学、谢菲尔德大学、伯明翰大学、利兹大学和利物浦大学，这六所是除了剑桥大学、牛津大学、伦敦大学学院、帝国理工、伦敦政治经济学院五所超级精英大学（简称G5）之外的著名理工老牌名校。西班牙语教授 Edgar Allison Peers 之所以将这六所老牌名校命名为"红砖大学"，其参考的依据是来自利物浦大学的维多利亚大楼（由 Alfred Waterhouse 设计并

---

① ［美］伯顿·克拉克：《高等教育系统》，人民教育出版社1983年版，第291页。
② ［美］弗莱克斯纳：《现代大学论——英美德大学研究》，浙江教育出版社2006年版，第204页。

1892年建成作为利物浦大学的主楼）是由一种独特的红色压砖砌成，并用赤陶土装饰敷料。红砖大学是工业革命发展的结果，是在新大学运动基础的进一步深入，专业设置结合企业应用领域的工程、科技、医学等，其主旨是应对城镇化过程中新工业经济发展所需，研究企业生产所需的专业和技能。红砖大学所在的城市大都在英国工业中心，知名企业林立，它们与这些红砖大学之间展开各项合作，企业为大学学生提供实习场所，学校也持续为企业提供智力研发和人力资源的支持。20世纪下半叶，红砖大学的概念进一步被拓展，诺丁汉大学等27所大学加入红砖大学行列。如今的红砖大学意义更为广泛，指19世纪初到20世纪中叶所建立起来的大学，总数达几十所。红砖大学均由私人创办，它们虽然有皇家颁发的特许状，但是与政府及牛津、剑桥并无直接关联，创办之初，便不受来自宗教干扰且接收女性入校。校长主要负责大学管理，与"寡头政治与代表性民主"治理模式不同，也与传统大学"直接民主"存在着显著的差异，红砖大学主要由市民代表与教师代表参与大学治理。① 在内部治理方面，红砖大学并未沿袭经典大学的寄宿学院制模式，而是依照学科模式进行治理，教学方式亦未沿用传统大学的导生制（Tutorial System），而是注重效益的大班授课制度。② 在教学内容上，这类大学不像牛津、剑桥那样注重学生自由式的心智训练，而是更加关系与经济发展的实用专业知识和技能的训练。经过查阅大量红砖大学的章程及其他资料，发现红砖大学形成自己特有的办学理念，学科的设置也与培养精英人才的牛津有很大不同。纽尔卡斯大学的采矿，伯明翰大学的酿造，谢菲尔德大学的冶金和玻璃技术，利兹大学的纺织等，都已经形成了与各自城市发展密切相连的专业区域特色。③ 红砖大学不仅形成与区域紧密相连的专业，而且为了迎合区域需求，增加招收本区域学生。红砖大学的蓬勃发展，对牛津和剑桥产生重要影响，牛津和剑桥开始招收女性学生、关注区域经济发展，开设应用类课程和学位，不再局限于教会的约束。因此，红砖大学事实上引领了牛津

---

① George·F·Kneller: *Higher Learning in Britain*, London: Cambridge University Press, 1955, p. 25.

② Ibid.

③ Robert·Anderson: *British Universities: Past and Present*, London: Hambledon Continuum, 2006, pp. 44-45.

和剑桥更新教育理念和实践。① 在之后成立的红砖大学中，纽尔卡斯大学获得独立的大学身份并没有通过皇家的特许状，而是通过国会法案。这意味着政府日益在大学治理中扮演着重要的角色，而且也为以后多科技学院的创立提供了制度上的保障。红砖大学的发展使地方发展趋于平衡，红砖大学兴起之前，以"伦敦—牛津、剑桥"为核心的英国东南大学经济繁荣，随着利物浦大学、利兹大学等第二梯队的红砖大学所在中北部大学群的兴盛，所在区域经济逐步繁荣，构成与牛津、剑桥所在东南区域分庭抗礼的局面。

二 红砖大学出现与章程创新重要启示

如果把红砖大学置于英国高校发展与变革的历史长河中，可以清晰地看到时代不同大学办学特色亦不同，当"旧治理模式"不适应社会发展时，"新治理模式"的大学便应运而生，英国的红砖大学运动是自下而上的渐进式变革，在不影响传统古典大学地位的前提下，红砖大学获得大学的法人地位，这种明显的外延式扩张态势，进一步说明了传统与变革两者之间的张力在大学发展历史中的驱动作用。就章程治理而言，由于红砖大学发端于区域，受区域政府官僚文化色彩影响较深，其章程的治理框架受到《教育改革法》、《继续高等教育改革法》严格限制，章程没有多少能够变革的空间，英国牛津和剑桥等古典大学章程形成较早，不受后来法律的限制，政府不仅无权修改已有的章程，而且很难变革古典大学的治理结构。在治理实践中，古典大学往往由于其优越的地位，对政府的干涉持排斥态度。红砖大学由于受制于政府的治理，对其管理往往表现出支持和认可。章程内部治理框架上，古典大学倾向于民主，红砖大学则体现出集中样态。从章程对大学功能的定位来说，红砖大学更多强调教学与服务社会，古典大学强调的是研究与学术的卓越，红砖大学为了吸引非全日制学生，一方面积极拓展"以学生为中心"的教学职业性课程，另一方面也扩充次级学位的提供，如预科学位和国家专科文凭等。②

---

① George·F·Kneller: *Higher Learning in Britain*, London: Cambridge University Press, 1955, p.204.

② Heather·Rolf: "University Strategy in an Age of Uncertainty: The Effect of Higher Education Funding on Old and New Universities". *Higher Education Quarterly*, Vol.57, 2003.

第三节 多科技术学院运动实践中章程变革与启示

一 多科技术学院的创立与章程变革

第二次世界大战之后，为了经济的快速发展，英国需要一种既属于高等教育范畴又在学术水平上低于传统大学的高校，然而高度自治而又学术水平卓越的传统古典大学政府难以干预。英国政府只有通过调整高等教育结构与规模以实现经济的复苏，20世纪60年代末，英国成立多所多科技术学院，这些学院在章程制度方面与传统大学存在着明显的区别，形成新的高等教育体系，使高等教育步入二元体系时代，经过多年发展，多科技术学院制度逐步与传统大学制度趋同，多科技术学院完成历史使命，英国高等教育开始新的一元制时代。那么，多科技术学院历经哪些制度变迁？二元制的高等教育体系为何建立又消失呢？笔者试图通过制度变迁解开其神秘的面纱。

（一）高等教育二元制的起始

1.《罗宾斯报告》的铺垫作用

20世纪60年代初，以经济学家罗宾斯为主席的高等教育委员会，经过缜密的调研，发表《高等教育委员会报告》，又简称《罗宾斯报告》，其涉及高等教育的主旨、体制、制度、教学、经费来源、规模等诸多问题，建议扩大高等教育招生规模，高级技术学院加强与企业合作并提高其规格，使一元化的高等教育体系更加健全。虽然《罗宾斯报告》与随之进行的改革存在着出入，但其为高等教育扩招、多科技术学院改革在制度上起到铺垫作用，标志着英国高等教育在恢复和改革中迎来了一个全新的大发展时期。[①]

2. 二元制的建立

虽然《罗宾斯报告》得以发表，但是英国内部不同声音超越《罗宾斯报告》，实际上以韦弗（Toby Weaver）和克劳斯德兰（Anthony Grosland）

[①] 贺国庆等：《国外高等学校课程改革的动向和趋势》，河北大学出版社2000年版，第37—56页。

所主张的高等教育应培养学生能力战胜了以罗宾斯为代表的集团强烈主张的发展普通教育。在韦弗等努力下1966年英国政府颁布《关于多科技术学院和其他学院的建议》白皮书，建议合并院校成立多科技术院校，多科技术学院与普通院校并行发展，并对多科技术学院的设立及住宿标准、校企合作等方面进行建议，自此，高等教育二元制正式建立。

（二）二元制的创新

多科技术学院发展的初衷是在保证学术质量的前提下又能形成灵活多样的制度体系以便直接为社会服务，国家学位委员会（Council of National Academic Awards，CNAA）负责对多科技术学院的学术进行鉴定，多科技术学院的治理、经费投入、校长选拔及专业设置等由地方政府及教育专门委员会负责，建立起不同于传统精英大学治理及运营机制，在相关章程制度的作用下，多科技术学院形成灵活多样的直接为社会服务的创新制度，如创设学分累积与转换制，在加强校企合作的基础上开辟应用性的新课程、新领域，尤其以单元制多学科课程及多元化的评价为特色。多科学是学科的合并和整合以解决应用资源的紧张，提高学生学习的自由度和社会适应能力。单元制指一门学科可以分为几个内容独立的单元，学生不仅可以选择一个专业内的单元还可以跨学科选择。单元制起始于20世纪中叶的伦敦多科技术学院（London polytechnic），之后被国家学位授予委员会认证通过，此后不仅获得合法性而且被迅速推广，至上个世纪末，多科技术学院的学士和高级学位课程有40%是单元制课程。[①] 多科课程以单元制为基础，两者相互补充，单元制多科课程打破传统单一的荣誉课程，形成协商文化氛围，多科课程成为多科技术学院特色，在1992年的招生目录中，19所大学以多科课程为特色来吸引学生，而真正采用单元制的只有9所大学，虽然有多所学校表示会采用单元制。[②] 虽然多学科单元制在知识的连贯性方面备受争议，然而多科技术学院另辟蹊径的探索，形成了自身与传统大学不同的特色。

多科技术学院不仅依据市场进行课程改革，而且还热衷于教学方式、学习方式及考试方法的创新。多科技术学院所开创的教学方式有：模拟商

---

① Pratt · J: *The Polytechnic Experiment* 1965—1992, The Society for Research into Higher Education & Open University Press, 1997, p.8.

② Ibid.

业的课堂游戏、以问题为导向、学生主体地位的项目式学习教学。多科技术学院学习方式灵活多样，分为全日制、非全日制、三明治以及校企合作的学习方式，例如曼彻斯特多科技术学院（Manchester Polytechnic）在20世纪80年代就引入混合模式学习方式使学生在全日制和非全日制之间相互转换。多科技术学院最具特色的培养模式是将学习与工作融合在一起，在学习期间至少去企业实习6个月（薄三明治）或者一年（厚三明治）三明治培养方式是将理论与实践充分结合，学生具有更强的职业素养，在就业方面更具优势。20世纪80年代英国的多科技术学院数学和计算机专业在学习模式和应用水平方面声名远播，其三明治模式占到了38%。其灵活的学习模式取得了显著成效，在1988年，多科技术学院所毕业的计算机学士学位的毕业生将近90%在六个月之间获得永久性职位，比全国同专业的就业率高出28%。① 校企合作是指多科技术学院与企业共同定制课程项目、教学计划等，如伯赛德郡多科技术学院规定学生有一年的时间在企业展开作业训练，在真实的问题情景下设计自己的毕业论文。多科技术学院不断尝试评价方法的变革，分别探索持续性评价、开卷与项目测试相结合、田野调查与课程论文相结合等多种评价方法，还有一部分学校认为应用型的多科技术学院的考试并不能评价学生的应用性机能，从而引入课程作业的考核方法，如伯明翰多科技术学院的课程大部分采用作业考核的方式。

20世纪60—80年代中期，英国高等教育的治理体系逐步从"自下而上、不干涉"转变为正式国有化系统一般所特有的"自上而下、干涉"转变。② 在英国二元制成熟的时代，多科技术学院从法律意义上属于地方政府管辖，由于地方政府目光的局限性、无法从整体大局出发为多科技术学院进行政策性顶层设计，从而束缚多科技术学院的财政统筹机制与各项治理机制，于是，英国政府分别于1987—1988年分别发布《高等教育——迎接新的挑战》和《教育改革法》以法律形式确立多科技术学院不再受地方政府管辖，多科技术学院脱离地方政府管辖，拥有独立的法人

---

① Pratt·J: *The Polytechnic Experiment* 1965—1992, The Society for Research into Higher Education & Open University Press, 1997, p. 8.
② [美] 伯顿·克拉克：《探究的场所——现代大学的科研与研究生场所》，王承绪译，浙江教育出版社1999年版，第76页。

地位。英国政府通过五年的逐步变革,将多科技术学院纳入普通大学体系,1991 年英国政府颁布《高等教育:一个新的框架》白皮书,标志着英国重新开始实施一元体制管理,通过竞争机制的运行以提高学术水平与社会服务水平,多科技术学院与普通高校在章程制度上逐步趋同化。

二 多科技术学院出现与章程创新的重要启示

首先,从 20 世纪 60 年代首个多科技术学院的创建到 20 世纪末更名为大学,多科技术学院从应用体系的特色发展到与大学的趋同发展显示了治理模式的变迁历史。"治理是各种公共的或者私立机构管理组织机构的诸多方式的总和,是使相互冲突的或不同利益得以调和并且采取行动的持续过程。"[①] 可以这样说,多科技术学院的变迁历史是政府、学校、社会、市场之间的博弈和合作的过程,是从相对自治状态逐步走向中央集权的过程。政府、学校与市场之间在不断博弈中重构,变迁的是管理权的下放抑或集中,不变的是学校在政府的政策导向影响下对市场的回应。目前,我国地方高校在政府政策引导下正向应用型大学转型,在章程中应明确向什么方向转以及如何有效地实现转型是我国高校迫切需要探索的问题。英国多科技术学院的变迁历史有着重要的借鉴意义:第一,应用型高校区别于研究型高校的本质特征是市场需求是其发展的源泉与动力,专业设置、人才培养类型、课程等变革都应在章程中进行规约;第二,政府政策的指引在高校转型中扮演着关键的角色,政府的经费拨款方案、应用型高校的评价方法与模式将对高校转型发挥着重要的影响;第三,政府应赋予转型高校更多的自治权力,构建应用型高校的特有的制度建设,推进章程变革,建立现代应用型高校内外治理结构,充分发挥高校在转型实践中的积极性和主动性。

其次,转型高校章程建设应结合国家宏观调控和自身特色变革。英国多科技术学院制度变迁是"自上而下"引导变迁与"自下而上"自主变迁相结合的渐进过程,虽然是成功与失败参半的变革,但是依然值得我国高校转型的借鉴。英国多科技术学院的兴起与变迁离不开社会政治、经济、文化及政府政策、教育变革者的推动,是环境、政策、变革者互动的结果,但是高校发展依然要遵循自身内在的逻辑规律,高校作为法人组

[①] 俞可平:《治理与善治》,社会科学文献出版社 2000 年版,第 26 页。

织，本身应具备自主变革的能动性，同时又作为一个对经费、资源高度依赖的组织，受到社会及政府深刻的影响，因此，高校转型实践中的章程变革要将政府宏观调控的政策导向与自身自主变革相结合，避免在政府推动进程中不考虑自身的实际情况与特色盲目推进转型变革，以章程建设为契机，完善校企合作、产学研并使其制度化，以章程契约的方式明确行业、企业在产学研、人才培养的责任与义务。高校在转型中应进行组织变革，激活学术心脏，正如弗莱克斯纳所言，"大学不是风向标，不能流行什么就去迎合什么。大学应不断满足社会需求，而不是它的欲望。"[①] 因此，地方高校在转型实践中的章程变革不仅迎合国家的政策指引、宏观调控，而且还应结合自身的发展特色。

---

① ［美］《弗莱克斯纳：现代大学论——英美德大学研究》，浙江教育出版社2001年版，第3页。

第三章　德国高校在转型实践中章程变革与启示

德国高等教育体系中转型最为成功且在一定历史时期内成为世界典范的是研究型大学、应用技术大学和双元制高校，研究型高校笔者在西方大学转型与章程变革部分进行分析，本节笔者就应用技术大学、双元制学校与章程变革进行分析。

第一节　高级专业学校转型及与政府关系的变迁

一　从联邦的高度集权到州政府的分权

第二次世界大战前，德国就存在着高级专业学校或工程师学校，这些学校是应用技术大学的前身。如奥格斯堡应用技术大学的前身是18世纪成立的皇家奥格斯堡美术学院逐步演化而成，这些学校最初由教会控制，摆脱教会控制之后，联邦政府通过法令明确国家的最高治理权力，这种高度集中的行政管理权力一直持续到第二次世界大战前夕。战后，德意志联邦共和国基本法规定及1957年联邦宪法法院判决，各州实行文化自治，联邦政府对教育的权限仅限于一般的监督和协调。[1] 除了宗教等全国基本教育问题之外，各州自行制定相关宪法及相关法令对教育进行规范，这种状态持续到20世纪60年代。

二　联盟与州共治促使专业学校向应用技术大学转型

20世纪60年代，德国成为世纪第三大经济体，经济的发展需要培养高级应用技术型人才。1964年和1968年德国分别颁布《关于协调、统一

---

[1] 陈永明等：《比较教育行政》，上海华东大学出版社2005年版，第23页。

工程师教育的规定》和《联邦共和国各州高等学校协定》，1964年的文件促使工程师学校蓬勃发展，1968年的文件将当时基础较好的工程师学校、高级专业学校合并，在保持其办学特色的情况下使其向应用技术型大学方向发展。[①] 自此，应用技术大学数量增加，迎来了繁荣发展阶段。1969年德国修订基本法案赋予联邦政府有制定纲领性政策权力，自此，联邦政府开始介入应用技术大学管理，与州政府共同治理。1976年德国颁布的《高等教育总纲法》进一步对应用技术大学治理、组织机构、教学等方面改革做出详细规定，联邦政府的管理权进一步扩大，从传统财务、人事等延伸到学术领域，虽然联邦政府的管理加强，但是由于应用技术大学的财政拨款来自州政府，因此，州政府实际上掌握着诸如校长聘任、发展规划、财政管理、专业设置及招生等实质性的治理权。

三 州政府、大学、市场三方战略合作促使应用技术大学繁荣

20世纪90年代，德国经济增速放缓，联邦政府过度集权的治理方式使应用技术大学章程制度管理僵化、缺乏自动调节机制，难以应对社会的发展。德国20世纪末受新公共管理理论影响，第四次修订《高等教育总纲法》，引入市场机制，转变联邦政府职能，去国家控制，简化国家对大学的监督规定，赋予州政府和应用技术大学更多的教学、研究等方面的自主权。

2006年6月，为了增强高等教育活力，扩大高校自主权，德国联邦议院和参议院修订《基本法》第25项，对高等教育立法、治理、财政等进行改革，重新厘定联邦政府、州政府、高校之间的权力，试图重建三者之间的战略伙伴关系。在权力的重新厘定中，改革联邦政府对高校干涉过多、统得过死的局面，联邦政府仅剩应用技术大学入学、结业、学习资助、科研资助等寥寥无几的权力，不仅如此，2008年国家以及州政府共同制定的《2020年高校协定》取代《高等教育总纲法》，根据该协定，2013年之后，国家不再直接管理高校，其中当然也包括应用技术大学，联邦政府和州政府之间是战略协作伙伴关系，联邦政府对大学只是宏观管理，大学自主权进一步扩大。

---

① 王建初等：《德国高等技术教育的师资队伍建设》，《比较教育研究》2005年第9期。

第二节 双元制高校的形成与章程变革

近几十年来，德国大学涌现出一种新型教育模式——新双元制，该模式位于普通高校与职业教育的分界处，其将德国著名的双元制职业教育（职业院校的理论学习与企业的实践融合一起）成功应用于普通高校体制结构之中，这种模式实现了普通高校与职业院校之间有机的衔接。

19世纪，德国洪堡大学的创立开启了研究与教学并重的新篇章，洪堡将大学定位于"知识的综合与创新"，在这种理念下，大学并非以培养应用型人才为己任。1999年欧洲多国签署的《博洛尼亚宣言》促使德国在教育结构上进行深刻变革，大学呈现出多样性特征，既有侧重培养学生科研能力的研究型大学，又有侧重学生实践能力的应用技术大学，还有多项模式并举的综合型高校，"博洛尼亚"进程不仅为高校转型改革提供了契机，而且为应用型高校改革创设了框架，将其传统学位分割为学士和硕士两个阶段，学士学位课程侧重于理论，硕士学位课程分为"学术型"与"应用型"。在德国工业4.0构想的影响下，学生的职业素养能力与就业能力得到空前重视，而学术教育和通过科学研究培养学生的社会化能力则退居其次。[①] 新型的双元制理念使高校转型在纯粹的双元制职业教育和普通高校之间又多了一种新的选择。随着德国高校转型的初见成效，转型高校的章程制度得以变革，其体制、机制、人才培养模式得以进一步改善。长久横亘在职业教育与普通高校之间的裂痕逐步融合。双元制课程得到师生的认可和接受，诸多高校也积极尝试这种教育模式。可以这样说，德国大学转型的观念与章程的变革走到了其他国家的前面。德国大学转型使职业教育与普通高校教育走向相互融合的态势，不仅是高校，而且社会民众在很大程度上摒弃以往普通高等教育优于职业教育的传统思维，转而尝试将职业教育与普通高等教育视为等值。双元制模式最为显著的变革是课程不仅与职业教育相融合，还与企业实践相融合，德国应用型高校学生注册的前提条件是与企业签订实习协议，不仅要获得学位证书方能毕业，而且还须获得资格证书。2015年之后，德国的双元制模式朝着"质量、

---

① Tertiary Education Quality and Standards Agency Legislation, http://www.innovation.gov.au, No.22, October 2012.

持久、渗透"的方向努力,所采取策略与制度体现在:第一,增设双元制课程与创办双元制学校,新的双元制课程不仅与应用、职业实践相关联,而且与企业相关联;2009 年巴登—符腾堡州创办双元制大学,双元制高校更注重学生就业、理论向实践的迁移等方面的能力,这与德国 4.0 构想的宗旨相契合。第二,德国高校双元制模式积极拓展,德国科学委员会积极提供平台,促使转型高校与合作伙伴开发新的领域专业。第三,双元制模式的国际输出。德国一些双元制高校或者实施双元制模式的高校直接帮助国外高校开设双元制课程或者引入双元制学院,譬如,青岛科技大学与德国帕德博恩大学共同创建中德科技学院,2015 年青岛中德生态园、青岛科技大学、中国计算机世界出版服务公司正式签约《中德双元工程大学框架协议》,其治理模式采用理事会指导下校长负责制①。青岛科技大学与德国大学的合作是青岛大学章程第一章总则第十一条"学校的发展战略是人才战略、特色战略、开放战略和国际化战略,不断增强学校的核心竞争力,不断提高办学质量和办学水平在实践中的具体实施"。

双元制高校内部治理结构较为广泛的采用决策、执行、监督相互制度的机制,在学校层面上主要由分别行使决策权、执行权、监督权的校议会、校委会以及校监会组成,师生有参与学校决策治理的权力。譬如,德国的奥斯法利亚大学章程规定,校议会是学校的决策机构,负责审议通过专业设置与调整、校长人选提名、教授任免以及经费预算等重大事项,每届任期三年,每年开六次会议;校议会由 13 人组成,其中教授 7 人,科技人员 2 人,行政人员 2 人,学生 2 人,教授对重大事项决策具有绝对优势;校务会由 1 名校长和 3 名副校长组成,下设财务部、人事部、后勤保障部和发展与交流部四个部门,负责学校的行政管理,对校议会负责;校监会由 7 人组成,其中来自经济界(企业)5 人,州教育部 1 人,校议会 1 人,实施对校务会和行政部门的监督。②

---

① 《国内第一所中德合作双元制大学落户青岛或明年招生》,2015 年 9 月 11 日,人民网(http://society.people.com.cn/n/2015/0911/c136657-27571411.html)。

② 杨建国:《德国应用技术内部治理结构对我国高职院校制度建设的启示》,《成都航空职业技术学院学报》2016 年第 2 期。

第三节 德国大学转型与章程变革的重要启示

一 转变政府治理模式

我国政府与高校长期以来一直是长期集权模式占主导,在计划经济时代,高校是政府的附属机构,它们之间是单向的"线性关系";随着市场经济的发展,地方高校、政府与市场逐步演化为"三角模式",但是地方高校依然受到政府很大程度上的约束,高校要实现顺利转型,需要高校以章程为载体进行体制机制上的创新。

D.B.约翰·斯通在其高等教育成本分摊思想中对政府与高校关系做如下论述:对处于变革环境中的大学——政府关系而言,指导其关系重建的理论与观念可能会随时间和地点不同而有所变化,但应都是为了促进以下目标的实现:更负责的大学——对学生、对接受其学生和研究成果的企业和政府机构更负责;管理得更好的大学——意味着大学能更好地授权给老师,使现有的资源能在教学、学习、学术上发挥最大效用;参与量更大的大学——接受学生人数更多,促进公平与社会协调。[①] 我国尽管与德国国情、文化与教育体制有所差异,但是大学的目标却是一致的。要实现高校顺利转型,就需要转变政府职能,政府职能转变需要围绕着区域经济与公共利益关系、政府放权与集权关系以及与高校长远关系与当前关系这三个方面来进行。这就要求政府为了公共利益,向社会组织、企业以及高校放权,激发转型高校活力,政府权力如何下放,下放下级政府多少,下放高校多少,如何对接和运营,这些都需要政府与高校之间进行协商,在章程中予以明确的问题。因此,只有转变政府职能,以章程为载体明确政府与大学的权力分配,才能合理定位转型高校与政府之间的关系。

二 改革人才培养模式

随着我国经济转型、产业升级及国家创新发展战略的进一步推进,企业对人才的需求也在发生着深刻的变化。我国高校转型正是应对这一变化

[①] [美] D.B.约翰·斯通:《高等教育财政:问题及出路》,沈红等译,人民教育出版社2004年版,第56页。

的重要变革，德国双元制教育模式为我国高校转型提供了很好的范例。开展双元制课程与教学不再仅仅局限于职业教育，可以拓展到正在转型的地方本科院校。毕竟对学生而言，毕业后从事纯粹的学术研究仅仅是少数，大多数学生的工作岗位都与实践紧密相连。转型高校可以结合当地需求，在章程中人才培养部分做好顶层设计与变革，将办学思路转变到应用型人才培养与创新创业型人才培养上来，开展多种形式以职业为导向的实验性双元课程。笔者认为，高校转型人才培养模式的变革有以下可遵循的路径：一设置相关的双元制专业，特别是在章程人才培养部分，对如何优化专业结构，如何调整专业，应该明确说明，不能过于笼统；二是设立带有职业取向的资格证书选修课，学生可在毕业前选修此课程，获得职业资格证书，这些也应该在章程中予以体现；三是在条件允许的条件下应该开展与国外优势学校优势专业的学校学位联合培养；四是要树立人才培养服务于当地区域经济发展的意识，与企业共同创建实习基地，为双元制课程的构建创造充分的条件，大部分转型高校在章程中确立依据社会经济与区域发展来确定人才培养目标和人才培养方案，却缺少如何去操作的机制。总之，转型高校要在转型定位、人才培养等发明在章程中进行明确规定，可以借鉴德国双元制高校及课程先进经验，以章程变革为载体从而实现转型战略。

第四章　芬兰高校战略转型与区域协同发展治理模式

第一节　芬兰高校战略转型与区域协同治理特色

2008年全球金融经济危机对欧洲产生重大影响，欧洲陷入债务危机及财政紧张的泥沼，欧洲经济增长速度放缓。在国际经济形势尚不明朗以及高校体制变革的双重压力下，芬兰高校面临着严重挑战。2009年，芬兰议会通过《大教育法》，规定高校具有独立的法人地位，扩大高校自治权，促进高校治理模式的改革。作为北欧小国，芬兰以市场化导向的高校改革正是激励学校更加有效地和企业合作，拓展资金来源，以摆脱被北欧模式所受的限制。① 经济危机所造成的政府财政投入减少使高校重新审视其治理模式，一部分学校创新思维，积极转型，探索以章程为载体的区域协同发展治理模式。经过改革和创新，芬兰成为北欧具有典型代表的依赖创新驱动发展的国家，其创新能力指标均位居世界前列。据《全国竞争力报告2014—2015》显示，芬兰全球创新能力为第五，教育质量为第二，大学与企业协同研发能力为第一，科学家和工程师可利用性为第一。② 从指标中可以看出，芬兰的区域协同治理的卓越，芬兰于20世纪90年代所构建的应用科学体系设置自身国家特有的双元高等教育体制，区域协同创新治理逻辑提升了国家的创新能力，在区域经济中发挥积极作用。芬兰高校关于区域协同治理进行一系列变革，其中"协同创新机制"最为成功，

---

① 蔡瑜琢：《从福利走向市场化——芬兰高等教育改革透视》，《比较教育研究》2012年第1期。

② World Economic Forum, "Global Competitiveness Report 2014—2015", *Geneva Switzerland*, *World Economic Forum*, 2015, p. 458.

其主要指加强大学、高等研究院、产业部门的协同创新，提升它们之间的"协同创新效能"，这一机制背后的理念是新公共管理所强调的管制的解除、权力的分化以及管理过程的问责，这一理念赋予大学更大的自治权，其中芬兰的应用科学大学在摆脱北欧模式，进行战略转型，探索区域协同治理方面最为成功。

2003年芬兰修订《应用科学大学法》赋予高校自主选择权力和服务区域的责任感，法案将应用型大学的职能进一步拓展，将应用研究与技术的开发提升到教育使命的地位，2009年又修订《应用科学大学法》将自治范围扩展至内部治理、学生事务、教师的聘任等。芬兰应用科学大学在区域协同创新中分别扮演区域协同创新的促进者、区域技术的开发者、区域多样化发展者的角色，其中在这几个角色中较为典型的例子是塞纳应用科学大学（Seinjoen ammattikorkeakoulu）、萨塔昆达应用科学大学（Satakunta UAS）、于韦斯屈莱应用科学大学（Jyväskylä Ammattikorkeakoulu）。

第二节 芬兰应用科学大学区域协同治理案例分析

一 塞纳应用科学大学——区域协同创新的促进者

塞纳应用科学大学是在高等职业学院兼并中学后职业教育机构升格而成，是典型的区域性应用科学大学，其办学理念强调区域之间的协同创新，通过应用科学领域高水平多学科教育和研发创新活动促进南奥斯托波斯尼亚（South Ostrobothnia）区域发展，成为具有创业精神的国际应用科学大学。[1] 在应用科学大学内部治理结构设计上，芬兰《应用科学大学法》加强了塞纳应用科学大学的区域担当和校长、董事会的办学战略决策权力，在筹备塞纳办学的诸多事务中，前期由"市政联合委员会"负责的事务逐步移交给校长和董事会负责，这样校长在关键人才招聘方面能够发挥重要的影响，基层组织自治，由各校区校长负责，实行"合议组"机制承担起组织管理和学术发展的责任。为了更有效地发挥应用科学大学

---

[1] Seinäjoki USA. Stratege of Seinäjoki USA, http://www.seamk.fi/en/About-us/Organization/Stratege, No. 12, October 2015.

的研发职能，学校专门成立负责管理研发创新和与外部协同创新团队"研发专家组"（R&D Expert Group）。塞纳应用科学大学章程规定，科研主任和各校区领导代表通过专家组进行区域协同创新的信息交流、项目开发和学校战略制定。① 除了在学校内部设立研发专家组之外，塞纳应用科学大学还在校外设立科技创新园和科技研发中心（诸如塞纳技术与创新中心、卫生技术中心）等跨边界组织机构以影响区域的创新氛围，塞纳大学的各个学院的研发组织机构进驻于创新中心，与创新中心形成区域协同创新集群，刺激知识在实践中的应用和创新，以提升区域在国家乃至在国际上的竞争力。塞纳应用科学大学与创新中心、外部协会等形成创新网络，以保障协同创新组织间协同创新的顺利实施，增强创新主体间的信任度、责任感和共同价值观，使塞纳应用科学大学成为该区域协同创新的重要促进者。②

二 萨塔昆达应用科学大学——区域技术开发者

萨塔昆达应用科学大学是芬兰区域技术开发者的典型代表，创建于上个世纪末，其创建主旨是提升区域研发能力，驱动新兴技术产业快速发展，创建之初便奉行区域参与、跨学科以及服务区域的发展原则，其办学理念是以区域创新为途径来提高应用技术人才培养质量，与社会其他机构合作协同开展技术研发，其实质将自身定位为高度国际化的区域体。在章程制定上，遵循芬兰《应用科学大学》基本精神，由萨塔昆达应用科学大学分布的波里（Pori）等五个自治市共同治理签订契约章程进行规制，萨塔昆达应用科学大学设立董事会和组织委员会，董事会的职责制定区域协同发展目标，各学院管理层和师生代表组成治理团队由校长统一领导，是学校的战略治理实体。为了更好地与外界进行协同创新，萨塔昆达应用科学大学专门设立科研主任，科研主任职责是筹措科研研发资金、促进技术研发成果转化等。为了更好地扮演技术研发者的角色，该大学创立"奥·萨塔研发中心"，其作用是在知识和应用之间搭建起桥梁，通过灵活机制来增强创

---

① Seinäjoki USA, *Regulation of Seinäjoki University of Applied Sciences*, Seinäjoki USA, 2012, pp. 16-17.

② Vesa Harmaakorpi and Pentti Rauhala, Valuation Report for research, *Development and Innovation Activities of Seinäjoki USA*, Seinäjoki USA, 2011, p. 39.

新组织的整合性、培育协同管理文化。① 该中心既是研发的平台也是研发的环境，其主旨是将学生培养为企业需要的应用型人才、创业型人才。

三 于韦斯屈莱应用科学大学——区域多样化发展者

于韦斯屈莱应用科学大学在区域协同创新模式下扮演着区域多样化发展的角色，该大学将服务区域发展作为其基本发展理念，其战略规划和章程将其使命确立为：到 2020 年发展成为芬兰卓越应用科学大学，教育、国际化、创业能力大幅提升，成为一个工作生涯专业化支持者和区域新专业技术、竞争力创造组织的高等教育共同体。② 由于于韦斯屈莱应用科学大学属于私立性质，其治理结构更倾向于公司特色，其产权由杰姆桑科斯基职业教育联合韦斯屈莱市及市政当局控股，董事会是战略决策是实体，其负责战略规划、决策、领导选聘、财务规划等。校长扮演着执行官的角色，是学校人才政策的关键决策者，由分校校长、财务主任、学院领导等组成的战略团队支持，设立"研发理事"协调学院与区域之间的协同创新活动。除了政府经费支持，于韦斯屈莱应用科学大学还依靠研发进行有偿服务作为主要经济来源。于韦斯屈莱应用科学大学地处芬兰中部，该地区经济两极分化严重，有很大部分经济体处于边缘地带，在跨边界的协同创新活动上，于韦斯屈莱应用科学大学并没有像上述两所大学那样设立涉外创业中心，而是积极扮演区域多样化发展者的角色，采用研发项目、创新项目等多元协同模式参与竞争，形成多元化的战略协同创新关系。

第三节 芬兰应用科学大学区域协同治理重要启示

一 办学理念上重视区域协同创新

从芬兰三所应用科学大学区域协同创新案例来看，他们的共同特征是

---

① Finnish Higher Education Evaluation Council, Audit of Quality Assurance System of Satakunta USA, *Finnish Higher Education Evaluation Council*, 2009, pp. 16–29.

② JAMK University of Applied Science. Basic Task, vision 2020, Mission and Values, http://www.jamk.fi/en/JAMK-information/about-JAMK/#Basic tasks, No12, October 2015.

在创办初期都确立了与区域协同创新的发展理念，这一理念为其参与区域协同创新提供精神上的引领与支撑。相对于研究型大学而言，应用型大学更强调知识在实践中的应用，服务地方发展、区域协同创新发展是其转型的应有之义，也是向应用型大学转型的价值体现。在创新战略驱动下，我国地方本科正向应用型大学转型，芬兰应用科学大学理念，值得我国转型高校借鉴。我国地方院校向应用型大学转型实践中，应充分认识自身在国家创新战略驱动下的价值，立足区域发展，分析区域社会经济发展对协同创新的特殊需求，明确自身办学定位与发展理念，并把发展理念、协同创新模式写入章程。

二 内部治理结构的设计服务于区域协同创新

高校自治是走向特色发展的逻辑前提，我国高校在转型过程中只有拥有自我决策的权力，才能自主实践区域协同创新。这就需要大学在转型实践中不能以政府与企业之意唯命是从，而与他们之间保持相对张力，保持相对独立的自治权力。只有保持相对游刃有余的自治权力才能够确保大学实质性参与到地方经济发展之中。梳理芬兰应用科学大学经验发现，芬兰《应用科学大学法案》赋予应用科学大学内部治理的相对自治权力，提升董事会和校长的决策职责。由此可见，芬兰在法案及章程制定上在外部治理方面赋予大学自治权力，在内部治理方面又增加学院、系基层的权力，以灵活应对外部环境。为了加强与地方区域的协同创新，萨塔昆达和于韦斯屈莱应用科学大学成立专门协调区域创新研发的机构。在芬兰应用大学治理模式中，比较有特色的是"合议治理"模式，合议的实体是指所在区域政府、校董会、校长、院校管层及企业代表组成合议实体，实施责任共担、信息共享，共同制定战略方案和实施方案。从芬兰应用科学大学治理经验来看，转型高校要想有效地参与地方协同创新，必须守护相对的自治权力，以章程建设为契机，不仅厘清与政府、企业之间的权力边界，而且规约三者之间的协同创新，变革内部治理结构和功能，使高校在转型实践中主动参与区域协同创新。

三 灵活构建合适自身发展的区域协同创新治理模式

从芬兰应用科学大学经验来看，这些应用科学大学依据区域特色，选择不同的治理模式。在同区域创新合作中也呈现多元化的发展模式，如开展跨边界组织活动、创建区域协同创新平台、合作创新研发联盟等。针对芬兰中部地区经济分化严重的现状,于韦斯屈莱应用科学大学并未沿袭其他应用科学的通常做法,而是探索在非竞争领域形成新型协同创新关系及生态环境,建立多样化的治理模式。借鉴芬兰应用科学大学的经验,我国高校转型实践中的章程建设,应充分考量所在区域经济发展的特殊性,有针对性地进行章程变革,培育跨边界创新生态环境,创建适合区域特色发展的开放式协同创新治理结构、机构及机制,推进高校转型实践中的现代应用治理体系创新,为高校转型的成功注入新的制度活力。

第五章 西方大学转型与章程创新

弗莱克斯纳指出:"高校像其他人类社会组织一样,处于特定时代社会结构之中而不是之外……它是时代的表现。"① 大学是时代发展变迁的产物,时代的发展变迁决定了大学转型。从中世纪大学到大众化时代的大学,大学的转型与时代变迁相互交织、相辅相成。从某种意义上来说,转型就是相关组织结构、管理体制、教学、师生等诸要素在一定内外环境等影响下发生变化的过程。② 大学转型不是要和以往的历史完全切断联系,更不是对传统的完全否定,而是要实现新的大学远景。

从历史发展溯源来看,西方大学随时代变迁而转型,转型过程其实是新制度变革旧制度的过程,制度变革其实质是章程创新的过程。传统大学章程与现代大学章程已发生了根本性的变革,但两者之间的更替是一脉相承的。西方大学转型历程体现了大学随时代变迁而创新章程的逻辑必然性。

第一节 中世纪大学章程:法人资格的确立

中世纪大学产生于12世纪的西欧,巴黎大学、博洛尼亚大学、萨莱诺大学等是中世纪大学的杰出代表。大学在东方、阿拉伯等国早就有之,但古文明的发展并没有产生类似于中世纪大学由师生组成,具有特权、法规、印章和管理机构以及固定课程和学位授予程序的学术组织。"大学"这一词语源于拉丁文"universitas",蕴含有行会的意思,后经教皇批准拥

---

① [美]亚伯拉罕·弗莱克斯纳:《现代大学论——美英德大学研究》,浙江教育出版社2001年版,第1页。
② 胡建华:《论近年来我国高等教育转型》,《南京师范大学学报》(社会科学版)2008年第6期。

有 studium generale（学者联合体）的法律地位。中世纪大学之所以产生有其特定的时代背景，10世纪至11世纪交替之际，经济的发展促使城市从破败中开始复兴。美国史学家汤普森认为，中世纪城市的复兴是经济社会的产物。① 随着城市复兴，为保护职业利益的行会开始形成，行会为最初大学的雏形提供了制度上的参照。11世纪末十字军东征虽然给民众造成了深重灾难，却促进了贸易和文化的沟通，西班牙学者将亚里士多德、托勒密的著作传到西欧。新知识冲破教堂学校知识束缚，产生以传授学问生存的职业——一个由师生组成的社团，最初的大学便诞生了。

大学章程伴随着中世纪大学诞生而出现，其雏形是中世纪掌握着最高权力的教皇、国王所颁发的特许状、赦令、诏书等。特许状是针对一部分"学者行会"在组织体系上已经具备"大学之实"，但是仍无大学之名，最高当权者对其"大学"的"合法"地位进行的确认。例如，被称为现代大学之母的巴黎大学在中世纪时已经形成"同乡会"、"系科组织"、"学院"等较为完备的组织体系，教皇于1200年颁发特许状，赋予大学豁免权、结盟权、学位授予权、罢课权、自由任教权等权力，1215年巴黎大学第一个真正意义的章程诞生，使巴黎大学不仅摆脱圣母院主事对学校的控制，而且完成了由民间通称的"大学"到法律意义上的"大学法人"的转变。赦令、条约等是一部分大学创建时由国王或者教皇颁发，对其合法地位的确认。例如，1224年腓特烈二世（Frederick）颁发赦令建立那不勒斯大学，教皇特使通过与图卢兹公爵签订条约而建立的图卢兹大学等。正如古列维奇（Aron Gurevich）认为，中世纪团体存在取决于它所获取的法律地位，行会、大学或者任何团体机构，获得法人资格才使之得以合法地存在。②

无论是"自发产生的大学"、"迁移中诞生的大学"抑或是"创建的大学"，都有来自最高当权者颁发的特许状或者赦令及条约"认可"大学的法人身份，特许状或者赦令及条约等这些章程的雏形推进了中世纪大学制度化进程，体现了中世纪大学从最初的"学者行会"组织向实际意义上的大学法人演进的过程。在这个过程中，社会需求使学术职业化，中世

---

① ［美］汤普森：《中世纪社会经济史》（下册），耿淡如译，商务印书馆1997年版，第2页。

② ［法］雅克·韦尔热：《中世纪大学》，王晓辉译，上海人民出版社2007年版，第26页。

纪大学被称之为"职业教育者联盟",在教会与世俗政府抗争中,自治法人地位的确立成为西方大学对学术自由追求的制度保障。中世纪大学起始阶段,约定俗成的誓言是约束大学成员的基本手段,后来逐步发展到以章程为载体来管理大学,大学管理的形式更加正规化、制度化、法律化,"追求真理和普遍知识及人才培养"逐渐演绎为大学的任务与使命。[①]

中世纪大学是当时经济社会发展下的产物,虽然远离世俗生活,被称之为"象牙塔"的大学虽然远离世俗的喧嚣,但其所普遍开设的文、法、医学科具有显著的实用特征。例如,法国的蒙彼利埃大学的医学在中世纪比较出名,学校不仅开设医学理论课程,而且还开设临床的实验性课程。蒙彼利埃大学在1340年的章程中明确规定不超过两年内必须指导学生亲临医学解剖课程,蒙彼利埃大学对从医实践的重视,较大程度地提升了学生的就业机会。中世纪大学基础性文科教学也体现出明显的实用性特点,哈罗德·珀金认为,中世纪大学的学生很难转入法、神、医的高级理论部进行深入学习,文科更多的是重视读写、辩论、思维等方面的实用性的有用训练,使学生担任教会和政府的各种职业,正是由于重视实用性辩论的教学方法,使中世纪时期的学生个个能言善辩,学生们正是拥有这项技能使其在工作中脱颖而出。这些事实可以说明,虽然中世纪尚处于农业经济时代,社会与大学尚未建立较为成熟的互动关系,中世纪大学整体上处于知识的"象牙塔"、社会的边缘,大学转型不够明显,那么随着时代发展、科技革命及社会经济发展,大学开始趋向分化和转型。

第二节 德国大学章程创新:文化国家观下的"学术自由"和"教授治校"

19世纪初,德国在普法战争中挫败,战后政治和经济的"双重革命"呼唤大学进行变革。19世纪哲学理性思想和新人文主义思潮的繁荣为大学的变革注入新的活力。虽然哈勒大学和哥根廷大学注重学术自由和现代科学,其现代大学特征已现端倪,但德国大学制度仍然远离时代要求与经济发展,现代大学制度改革势在必行。1810年柏林大学建立之后,洪堡、

[①] [苏] A. 古列维奇:《中世纪文化范畴》,浙江人民出版社1992年版,第34页。

施莱尔马赫、费希特等人依据自己对大学的构想,创新章程,探索大学新的职能,建立适应社会发展的组织制度的结构模式,开辟了现代大学制度的新纪元,从此,中世纪大学转型为现代大学,成为解释、探索新世界、打破宗教束缚的教学科研中心。

首先,"学术自由"是大学章程创新的精髓。从哈勒大学、哥根廷大学时代学术自由便开始成为大学章程的基本原则,随着柏林大学的创办,这一制度原则逐步成为德国大学坚不可摧的核心价值。1809年洪堡向皇家申请创办柏林大学,柏林大学章程的设计者施莱尔马赫基于他自己著作《关于德国式大学的断想》设计章程理念:政府与科学的关系(如何确保学术思想自由)、哲学的地位(如何把教育与研究统一起来)[1],其设计的章程对柏林大学组织结构模式的形成奠定法的基础。"学术自由"离不开国家法律的保障,1849年的《法兰克福宪法》在世界法律史上首次将学术自由原则写入国家法律。1817年威廉三世将内务部下的教育厅改组为教育部,使德国大学成为国家机构。[2] 虽然大学是国家机构,但政府并未限制学术自由,相反,政府有时依赖学术自由,开明的政府需要教授独立的建议发言权。由此可见,德国的大学外部治理具有"文化国家"特色,这种特色使得政府对发展科学持以积极态度,这是19世纪德国大学昌盛的重要前提。[3] 其次,章程所确立的"利益协商机制"和研究所基层制度确保了"教授治校"的权力。在外部治理方面,德国大学章程明确规定大学与政府建立"利益协商机制",政府就教授聘任、薪水、设备以及研究经费与教授进行协商。丹尼尔·法伦(Daniel Fallon)认为,德国政府与大学教授之间的协商,是推动大学发展的有效途径。[4] 就内部治理而言,德国大学章程较之以前的最大变革是基层组织(研究所和研讨班)的科层化现象以及上层组织(学院和大学)的非等级制现象。哥根廷大学采用研讨班的组织形式开启了"教学与研究"相结合的先河,随后逐步在柏林大学形成组织结构的创新。研究所和研讨班是德国柏林大学最基

---

[1] [英]约翰·亨利·纽曼,《大学的理想》(节本),浙江教育出版社2001年版,第1页。

[2] [德]彼得·贝格拉:《威廉·冯·洪堡传》,商务印书馆1994年版,第14页。

[3] 滕大春:《外国近代教育史》,人民教育出版社1989年版,第186页。

[4] Daniel Fallon. *The German University: A Heroic Ideal in Conflict with the modern World*, Colorado Associated University Press, 1980, pp. 32–36.

层组织,也是最有权力的独立教学科研制度化组织,其依照学科设置讲座,教授是讲座的持有者,学术事务由教授组成的委员会决定。柏林大学学院属于咨询性质的机构,决策机构是院务委员会,其性质和作用相当于"议会俱乐部"。大学学院上层是学校,结构更为松散,其决策机构是评议会,如《柏林州高等学校法》第51条规定,大学组织机构由学术评议会、教师代表大学和理事会等组成。① 校长通常由卓越学术声誉的教授担任,相对于行政管理权而言,其崇高学术象征意义更加重要。这种以讲座为核心的研究所是德国大学在19世纪兴盛的最基层学术保障,体现了施莱尔·马赫制定柏林大学章程所提出的"教授治校"的重要指导思想。最后,章程确立了大学研究的职能。大学学院位于研究所和研讨班的上层,设有哲学、神学、法学和医学四个学院,其中哲学院从争取平等到逐步处于主导地位。柏林大学章程把马克思的名言"哲学家仅是以相异方式阐释世界,然而更重要的是改变世界"作为校训,不仅彰显哲学院在学院中的主导作用,而且强调科学研究的重要作用。

纵览19世纪德国大学的发展历程,以柏林大学为首的"领头雁"完成了由传统大学向现代大学的转型。从大学理念来看,柏林大学章程精髓莫过于自治权的强调,大学自治权的学术语是"学术自由"(libertas academica),它根本含义是免于外部干涉。② 尽管德国大学属于国家机构,但章程中有关大学与政府之间"利益商谈机制"不失为保护学术自由、发展教授权力的良策。"学术自由"、"教授治学"及"利益商谈机制"等理念和制度在章程中的提出与办学中的实践彻底改变了中世纪大学陈旧理念,重塑大学迎合时代发展的理念和理想。从职能演变来考察,"研究"成为柏林大学章程关于知识创新的制度话语,德国大学虽是国家机构,但其首先是科学知识机构,知识需要不断修正和创新,知识在大学这种包容性的机构得以制度化,由此产生了为保持知识活力的"教学与科研相统一的制度"。就外部治理而言,大学章程由教皇所颁布的特许状演绎为国家文件,政府治理大学的模式为法律所确认。如德国《联盟高等教育总法》第58条明确规定:"高等学校是公法团体,同时也是国家机

---

① 陈洪捷:《德国古典大学观以及对中国的影响》,北京大学出版社2006年版,第85页。
② 马陆亭、范文曜:《大学章程要素的国际比较》,教育科学出版社2009年版,第39页。

构。"① 国家主办大学的结果是大学不仅摆脱了宗教束缚而且还获得了稳定的经费来源。从内部治理结构来看，研究所和研讨班演绎为最有权力的基层组织，成为德国大学科学研究的摇篮，改变了学生的生活方式，促进了教学和研究之间的协调，是学术组织创新的典范，使德国大学一度成为研究型大学的典范。

第三节 美国大学章程创新：职能、层次、学位及课程制度更贴近社会需求

19世纪末期，美国社会变化加剧，工业革命迅猛发展，城镇化进程加快，新兴产业涌现。社会的变化需要大学培养掌握实用技能的人才。然而，当时的美国大学与社会变化疏离，因此遭受普遍质疑。当大学面临社会发展所带来机遇和挑战时，固守象牙塔，将会滞后于社会的进步，并将由此失去高校发展的社会根基；倘若回应社会需求，创新大学章程，创设实用知识进入大学的制度环境，培养社会发展的实用人才，大学便会拥有全新的发展空间。美国大学章程在社会职能、大学层次、学位制度、课程制度等方面进行了创新。

首先，从《莫雷尔法案》至威斯康星思想、康奈尔大学计划，美国大学章程确立"社会服务"职能。1862《莫雷尔法案》的颁布推动了赠地学院的兴起，美国威斯康星州和大学决定携手为社会服务，"威斯康星思想"诞生。"威斯康星思想"突破了学术与应用、思维与行动隔离，重构大学与政府之间的关系。威斯康星大学依照"威斯康星思想"对组织结构进行创新，董事会设立科学实践应用部、基金会成立分支机构——技术转让委员会，并在校内建设社会和大学公用图书馆。作为一种制度载体，威斯康星大学章程将"威斯康星思想"转化为战略行动，每两年围绕着"威斯康星思想"紧跟时代步伐修订章程目标与条款，每项都有相应的组织机构和机制作为实施的载体。此外，美国的"康奈尔计划"通过设置与实际生活相关的课程服务于社会和民众，康奈尔大学章程特意强调：首要目的……应当提供与农业和机械工艺以及军事训练相关的多学科

---

① 陈洪捷：《德国古典大学观以及对中国的影响》，北京大学出版社2006年版，第85页。

教育，以促进自由与实用相结合的教育，满足学生各种追求，提升专业技能。其次，章程关于"初级学院"和"副学士学位"的规定标志着高校层次和学位的创新，使美国高等教育结构发生整体变革。芝加哥大学"初级学院之父"哈帕改革大学结构，将大学区分为一二年级和三四年级两个阶段，前者称为初级学院，后者称为大学学院，与之对应，完成初级学院学习任务的学生获得副学士学位，完成大学学院学习任务的学生获得学士学位。以此为基础，美国高等教育制度日趋完善，逐步形成初级学院、大学院、研究生院三大层次，以及副学士、学士、硕士和博士四种类型的学位制度。具有典型意义的是美国伊利诺伊州的乔里埃特初级学院（Joliet Jonior College），其章程将副学士分为两大类，转学学位和职业学位。转学学位旨在追求更高学业水平，职业学位则面对学生职业生涯。初级学院和副学士学位的创新不仅丰富了高校层次和学位，更重要的是回应高等教育大众化的社会需求，区分了大学学院和初级学院之间的不同职能。最后，章程关于选修制的建立标志着高校课程的创新，使鲜活实用知识进入课堂。杰弗逊尝试在弗吉尼亚大学将"垂直"状态的必修课程变革为"平行"状态的选修课程。布朗学院大学章程提出课程理念应使人的培养朝任何可能方向发展。密执安大学章程建立了在古典和科学之间的理学、文学及满足社会特殊需求不授予学位三种课程体系。美国哈佛大学校长艾略特将选修制度推行到极致，1872年哈佛大学章程规定除了一年级保留英文和修辞之外，其他年级课程全部选修。

  威斯康星思想、康奈尔计划、初级学院、副学士学位及选修制是美国大学理念、制度及章程创新的典范，使大学开启社会服务职能、教育层次更加灵活，课程摆脱纯粹古典人文知识的制约，实用知识走入大学课堂，大学获得深厚社会基础。美国大学的成功转型标志着西方大学从中世纪"学者行会"的社会边缘组织到社会的核心组织的巨大转变。大学章程属于法规制度范畴，一旦组织机构嵌入章程，其发展主要依托规范性的秩序，即规范制度性。大学章程创新使政府和大学之间达成默契，在不直接干预大学自治的前提下，突破当时州立大学的封闭状态，使工程、科技、农业、机械等实用技术进入大学殿堂，并通过章程的创新在大学治理方式、职能、学校层次、课程选修制度及学位制度诸方面进行深刻的变革，给大学带来一场深远的革命。时至今日，美国大学章程似乎是美国大学与社会之间动态发展的社会契约：政府、社会、公众支持大学，并赋予大学一定的自治和自由，作为回报，大学有责任提供高素质人才并回应社会需求的变化。

第四节　结论：创新章程制度促使高校顺利转型

周虽旧邦，其铭维新。作为人类历史最悠久的组织机构，西方大学历经艰难转型，而创新是大学不竭的动力。从中世纪以传授知识为主的学者行会大学到德国以研究为主的柏林大学，再至探索大学服务社会的美国的威斯康星大学。大学总是在社会需求中以章程为载体不断探索新的理念、方向、职能，创新自身的组织结构和制度。

西方大学历经数世纪变迁，形成两大主要类型。第一类是研究型大学，这类大学源于古希腊柏拉图学园，18世纪初在德国柏林大学逐步成型。这种类型大学的章程特点是现代哲学和科学思想渗透于大学组织结构中，形成以研究所为核心的基层组织模式和"利益商谈机制"外部治理模式，使学术自由和教授治校得以保障，研究所基层组织的创新开启了教学与研究相结合，确立了大学研究职能。德国大学章程对我国大学制度改革产生深远影响，蔡元培留德数年，深受德国大学理念和制度影响，我国近代大学章程建立时就有"远法德国、近采日本之说"，日本教育制度以德国为蓝本，学习日本也就意味着对德国先进大学制度的间接仿效。第二类是社会服务型大学，这类大学始于中世纪大学博洛尼亚大学，极致于20世纪的美国威斯康星大学。这类大学章程特点是在理念、学位制度、课程制度、高等教育层次、职能都进行创新性探索，其形成的大学服务社会职能，不仅促进了美国高等教育的繁荣，而且培养人才适应社会需要，间接为美国在全球崛起奠定基础。这两种大学章程类型均回应了时代和社会的需求，体现了西方大学转型的内在逻辑。通过梳理，我们发现，西方大学章程的创新是对社会环境所做出的积极反应。正是在这个意义上，阿什比认为大学是遗传与环境的产物。因此，以大学章程创新来应对时代、社会环境所发生的变化是当前大学所面临的重要问题。

面对知识经济时代信息化、高等教育普及化、社会产业结构升级及教育国际化的挑战，中国政府提出地方高校转型的发展战略。地方高校转型发展，是我国继20世纪开展的高等教育体制改革和结构调整之后又一次关于高等教育结构调整的重大举措，涉及千余所地方高校，甚至会使高等教育理念、内部治理结构发生变革。国家转型政策的出台是基于一部分高校急于改变应用型形象，盲目模仿研究型大学，希望升格以提高身价的现实背景。这种背景下的地方高校具有四个突出特点：教育理念及定位滞后于社会和高等教育发展，组织管理较为混乱、各自为政、互不通气，缺乏必要的社会支持与参与管理，理论型师资队伍难以满足现场指导需求，这是目前地方高校转型面临的基本问题。地方高校转型，章程必须创新。为此，章程创新是地方高校转型的一个重点。以往我国大学引入西方大学章程，更多的是刻意的模仿，而不是依据自身情况进行理念、制度的创新，其根本缘由是我国传统文化缺乏创新的基因。

地方高校转型需要制度变革，而制度改革的前提是章程创新。章程的创新需要结合我国地方高校实际情况，以世界大学两次转型的章程创新为基本素材。也就是说，我国地方高校转型，以大学章程创新为抓手，以服务当地社会为职责，在我国历史文化环境中寻找适合转型发展的制度之根，同时积极汲取西方大学转型过程中章程创新的经验，以西方大学制度成果丰富我国地方高校转型实践中的章程创新。

第四编 研究结论：中国高校转型与章程的"立法"之路

我国高校承载着现代教育制度，以其独有的方式创新知识和进行人才培养，在我国"科教兴国"的战略中发挥着关键作用。目前，高校转型成为政府战略规划、学界讨论及大学实践中的热词，大学历来是高等教育的"象牙塔"，给公众以神秘莫测的形象，那么，如何转型，其内部制度如何，机制如何运作，教育学、管理学、法律学领域专家纷纷著书立说从各个角度阐释现代大学转型、章程内涵、功能、意义抑或是提出建构设想。自教育部2012实施《高等学校章程制定暂行办法》推进高校章程建设以及2014年《国务院关于加快发展现代职业教育的决定》明确提出了"引导普通本科高等学校转型发展"的任务之后，高校转型与章程建设的学术研究更为繁荣。冷观学术繁荣的背后，期间对普遍意义上的高校转型与章程建设理论探讨得多，对高校转型实践中有关章程建设的现实问题思考得较少。课题组在进一步厘清高校章程内涵基础上，剖析高校转型实践层面之瑕疵，并力图找出我国高校转型实践中章程治理的框架构想。

第一章　大学章程——大学之立法载体

大学，是人类社会知识文化发展的产物。西方古希腊柏拉图、亚里士多德所创办的"阿加德米"（academy）、"吕克昂"（LLuceion）以及我国汉朝的"太学"、宋朝的"书院"隐约可见大学的影子，但是这些不是现代意义上的大学。纵览历史，12、13世纪的西欧中世纪大学才是现代大学渊源所在。中世纪大学既是师生组成的社团，又是精神实体，具有一定程度的独立性与凝聚力。英王诺森四世提出的法人社团虚构理论认为大学是能够参与民事行为的自由法人，法人制度源于公元一世纪的古罗马，随后逐步成熟，形成完善的学术法人制度。1231年英国国王首次颁布特许状，认可牛津大学的法人权利。经过和教会的持久抗争，牛津大学拥有选举校长、管理财产、制定章程的法人权利，1570年英国皇室颁布《伊丽莎白法令》，规定学校权力由学校副校长和院长掌握，推动牛津大学形成更为完善的自治制度，现代意义上的学术法人组织正式诞生。我们可以这样判断，大学治理的源头是中世纪的学术法人制度，特许状是政府和大学之间的合约，大学依照特许状进行治理。伴随着我国对西方高等教育制度的引进，在洋务派兴建的新式学堂中均有章程的印迹，其中《南洋公学章程》在内容、程序上规范考究，成为近现代大学章程制定的典范，此后，《北京大学章程》、《清华组织大纲》等在此基础上进一步有所创新、完善。《教育法》和《高等教育法》的颁布则为新中国成立后的现代大学章程建设提供了法律依据，从我国目前运行的教育体制来看，大学章程是我国现代大学制度的载体，是大学为实施自治、学术自由及保障师生权益以国家法律为依据而制定的规范性文件。大学章程的立法载体作用，我们可做如下探讨。

英国社会学家、政治学家麦基弗所言："任何一个团体，为了进行正常的活动以达到其目的，都要有一定的规章制度，约束其成员，这就是团体的法律。"① 在大学内部，大学章程是大学根本性大法——"宪章"，是大学的行动纲领。从大学组织形态方面来看，大学无非是汇集人、财、物等资源以承担国家人才培养的任务。在大学组织内部，为了维护大学秩序正常运行，大家需要遵守共同的规章，其通过民主协商达成"契约"，代表组织团体的公共意志，传递各利益相关者的诉求。从制度层面的位阶和效力来看，章程是大学内部的"最高法"，大学各项规章制度必须以章程为准则，各项规章是大学章程的具体化、规范化及制度化的体现。大学章程是大学特别指定的唯一的权力机构制定的进行大学管理的总括性文件，②而各项规章制度则是由大学具体的职能部门，如：校务、教学、学术方面的委员会为了践行章程之条款，制定有关各方面具体的细则与条文。章程内容具有稳定性，且制定主体单一，其修改必须严格恪守相关程序方能完成；校内各项规章内容相对灵活，且制定主体多元，其修改虽然要遵守一定的程序，但相对较为宽松。从内容来看，大学章程规定大学最关键的部分，富有抽象性的特征，具有纲领性特质，这是由章程的"宪章"地位决定的。依据高等教育法及高校管理实践，大学最为根本问题一般是指大学性质、使命、人才培养目标、办学方向和规模、管理体制、领导和管理部门职责、师生权责和参与大学管理的方式、大学与政府之间的关系、大学事务决策议程、财务与分配制度等。当然，大学是不断在历史长河中向前发展的，因此，任何类型大学都是遗传与环境的产物。③ 章程文本没有整齐划一的模板和格式，大学应依据教育法规，结合自身定位以及在发展历史中形成的文化传统，如校园文化、校风、习惯、传统管理方式等隐性文化等因素自主制定章程。但是不管章程规定哪些方面内容，均体现在宏观、抽象范畴，毕竟，章程与学校规章有很大不同，章程是纲领性文件，过于注重细枝末叶的具体化往往将弱化其"宪章"地位，容易与学校规章制度相互混淆。

---

① 邹永贤：《现代西方国家学说》，福建人民出版社1993年版，第67页。
② 朱有瓛：《中国近代学制史料》第一辑（上册），华东师范大学出版社1983年版，第25页。
③ ［英］阿什比：《科技发达时代的大学教育》，滕大春等译，人民教育出版社1983年版，第28页。

第二章 国外经验：章程创新是高校转型的基石

通过研究国外高校转型与章程建设之间的关系，可以发现国外高校之所以在转型中走向卓越的基本经验是：创新大学章程，使大学在转型实践中得到先进的办学理念并明确未来的办学方向，高校转型不仅在方向上得以明确，而且在组织绩效上得以提升。那么，章程创新在转型中的作用，就显而易见了。

第一节 外部治理结构中权力的变化

大学的主要职能之一是服务社会，知识经济时代大学在推动知识转化方面的作用日益增强，市场机制日益在大学中渗透，大学已非往日的象牙塔，而是积极参与社会活动。市场机制的引入确实给大学带来了丰厚的经济回报，大学对市场的资源依赖加强了企业在大学外部治理结构的权力比重，改变了大学与企业的权力关系。剑桥章程在第十二章基金"受捐赠的大学讲席"① 明确规定："校方接受的用以捐助教学的款项应用以支付若干学部大学讲师的薪金……基尔贝讲师应开设乡村保护、农业史和农业经济学的相关课程。"② 欧美一些大学章程不仅清晰界定了政府、市场、学校主体之间共同治理的格局，而且具体规定社会参与治理的人数、来源，如康奈尔大学章程第二章规定："董事会由64名成员构成，其中有

---

① 由2008年3月12日第一号动议、2008年4月23日第二号动议以及2008年7月2日第三号动议修正。

② 张国有：《大学章程》，北京大学出版社2011年版，第919—920页。Cornell University. Charter of Cornell University, Effective January 27, 2007. http://www.Cornell.edu/trustees/cornell-bylaws.pdf.

纽约州州长、州参议院与众议院等4名当然董事、1名终身董事、3名指定董事、56名普通董事，普通董事中至少两名来自农工商领域……8名董事必须在校友中选举产生，每位任期4年。"① 社会权力份额的增加使人们普遍担心影响大学独立以及学术研究的自由。由于欧美新管理主义所倡导的市场导向下的对大学的治理，使政府将私营机构的经营理念，以及成功的管理工具和技术运用到对公共服务部门的管理之中，并形成绩效评估、成本控制、财务管理、质量保障等一套完善的保障机制。② 这些机制使一部分大学向公司化的创业型大学转型，同时也改变着大学与政府之间的关系，虽然政府的资助依然是大学的不可缺少的资金来源，但是政府在投入的同时运用问责性的制度和政策工具对大学实施影响，实施竞争性拨款、激励性拨款以及依据学生学习结果的绩效进行拨款等。③ 政府政策的导向驱使大学进行内部治理时仿效企业的治理方式，引入市场机制，依据市场的需要调整学科、课程及研究项目。

第二节　内部治理的创新

一　理念的创新

欧美大学成功转型的因素是复杂的，但是理念的变革是不可忽视的因素。麻省理工的"Mind and Hand"（手脑并用）的校训、约翰·霍普金斯"The truth shall make you free"（真理使你自由）的校训，欧美的校训一般与学校的培养目标紧密相连，随着时代变迁，欧美大学办学理念也与时俱进，譬如麻省理工的办学理念又扩展为"与全世界分享"、"科学与文学艺术的融合"、"肩负社会国家责任、培养领袖人才"、"关注时代现实、勇于创新"等教育理念。麻省理工之所以在不太长的时间内在技术

---

① 张国有：《大学章程》，北京大学出版社2011年版，第919—920页。Cornell University. Charter of Cornell University, Effective January 27, 2007. http：//www.Cornell.edu/trustees/cornell-bylaws.pdf.

② Larry D. Terry："Administrative Leadership, Neo-Managerialism, and the Public Management Movement", *Public Administration Review*, Vol. 58, No. 3, 1998.

③ Confederation of British Industry, Tomorrow's Growth：New Routes to Higher Skills, London：CBI, 2013, p. 13.

与工程类教育院校中脱颖而出,走出一条既不同于古典综合大学,又不同于一般工程技术类院校的创业型大学,这些都离不开理念的创新。

二 内部治理结构的公司化倾向

由于高校对资源的依赖,大学的转型更多地体现在对社会的关注以及类似于企业的运作。例如,美国大学的最基本的治理架构是董事会制,大学章程不仅对董事会成员的产生办法、程序及参与途径做了明确规定,而且明确校外董事会的产生方式及参与的权限。董事会由若干个负责各项事务的委员会组成,大学章程分别对这些委员会的权力与权限做出明确的规定。如卡内基—梅隆大学等大学章程依据委员会的不同职能,分别设立执行委员会、财务委员会、投资基金委员会、审计委员会等委员会。随着世界范围大学的转型,董事会通常会聘请专业校长或者团队来对大学进行治理,如从大学外部全球范围或者全国范围内聘请专业校长（professional president）,以自由和市场为导向的新公共管理影响下,专业校长被国外学者描述为"创业型领导者",大学校长作为"创业型领导者",其角色相当于公司的"CEO",CEO类校长一般都具备积极性、创新性以及对风险的承担能力等素质,这些素质使其在领导大学转型实践中以新颖的视角、先进的理念创造性地领导大学。麻省理工章程规定:"校长是麻省理工学院的首席执行官,任董事会当然成员、任执行委员会当然成员以及发展委员会的当然成员。"[1] 在转型实践中,创业型校长并不局限于转型计划及策略的创建,采用并实施计划意味着会给创新、改变带来阻碍。[2] 对计划的反复修改等于否认当初的创意,因此,创业型校长并不热衷于制定院校发展策略,他们大多来自大学组织,深知大学治理结构和运作方式,更愿意花费大量的时间与教职工交流,加州大学圣芭芭拉分校的华裔校长杨祖佑说,作为校长,我大约80%的时间在和教师和学生交流,倾听意见,让他们愉快地待在学校,相互合作努力。大学管理者与师生的交流不仅是获得支持和认同的方式,而且是从师生中及时发现问题,采取激励性策略激发师生投入学术的热情。

---

[1] MIT Charter, Last updated in January 2000, http://web.mit.edu/corporation/charter.html.

[2] Robert Peck, "The Entrepreneurial College Presidency", *Educational Record* 64, 1983 (Winter): p.21.

除了招聘专业化的校长，行政人员的专业化也是大学转型的特征，欧美一些高校，学费依然是大学的主要财政来源，一些大学为了提高行政效率和降低成本，招聘专业行政人员负责管理学生和教学事务，专业行政人员通常以完成目标为导向，为了提高办事效率，他们通常会以会议的形式来进行商讨并决策学校事务，如教学评估会议等，会议中专业化的行政人员也会时常与师生代表进行协商。在转型实践中，行政人员与教师之间或合作、或斗争，类似公司的股东关注着自身的利益。

第三章　国外现代大学转型与章程创新的可取之处及困难

我国经济的快速发展为高校的发展及转型提供了坚实的经济基础，高校进入快速发展时期，在全球化的趋势下，我国高校在转型实践中，对欧美高校在理念、制度等方面的模仿与借鉴成为大学转型实践中必须面对的问题。Rui Yang 在书中论述道："外在的全球化实际上以效率为名的经济利益诉求，有些证据被忽视，不同环境下的教育政策，忽视了当地的环境，很多人不顾中国本土环境而判断国外经验。"① 此外，Suyan Pan 认为中国发展继承了两种文化遗产：一个是清政府引进的西方大学理念，许多像蔡元培这样在西方接受高等教育的学者；另一个是建立在儒家价值上的高等教育体系，采取"中体西用"原则，通过加强高等教育来实现国家富强、民族发展。② 中国传统的"学而优则仕"的儒家文化解释了我国对高校采取的集权模式以及学术与政治的关联，中国的学习是为了学习者本身对前途的期待，西方的学习则侧重于实用，这样的文化差异造成了高校在转型实践中政府、高校所采用的制度变革的差异。在世界日益融合的全球化时代，面对社会转型、产业升级，高校在转型实践中章程创新需要借鉴国外先进经验的时候，要处理好传统文化、社会主义体制以及西方体制与文明之间的碰撞与融合，需要把握好社会层面与高校层面的以下两个方面：

社会层面：（1）领会社会主义政治体制的深邃，积极挖掘社会主义政治制度创新的突破点；（2）在不违背社会主义政治体制原则的前提下，分析西方有哪些先进的治理理念或管理理论值得借鉴（如：新管理主义

---

① Rui Yang, *East Asia*: *History*, *Politics*, *Sociolog*, *Culture*, London: Routledge, 2008, p. 10.

② Ibid.

等);(3)在社会领域,章程创新应体现引领我国传统道德伦理体系。

高校层面:(1)在规范外部治理时应处理好社会主义政治体制的民主与集中及工商业的权力分配比例;(2)在大学内部方面,坚持社会办学方向和政治体制的前提下,可以尝试借鉴国外大学公司化的创新与民主自治;(3)大学内部治理,鼓励师生参与治理,使其深刻认识高校转型的本质与章程制度变革的关系,激发师生参与的积极性。

大学的开放性、世界性是转型的必然条件,正如丁学良所言:大学应该跨区域发展,要走向跨地域的世界交流中去。[①] 欧美历史经验表明,我国大学能否顺利转型与章程创新,可以从我国大学转型的现实处境来分析。虽然政府在一定程度上对高校进行放权,然而,大学、政府、地方政府、利益相关者之间的责权利依然不够清晰,大学成员积极性、创造性依然没有通过章程的创新、制度的激励作用难以发挥。转型的潜力被不够合理的制度所压抑,因此,需要转型高校借鉴欧美现代大学制度并契合自身发展地进行本土化的创新。"对现代大学制度诉求的背后,隐含着深刻的对现代大学理念的诉求,我国现代大学制度的缺失,在本质上是大学理念的缺失,现代大学制度构建的迷茫,其实是大学理念的迷茫。"[②] 可见,高校转型需要契合自身发展的先进理念来引领章程的创新,我国高校转型可以借鉴世界卓越大学转型理念的前瞻性,然后再进行理念的本土化塑造。

然而,大学章程是制度的载体,制度的构建归根结底受政治意识形态的影响,意识形态的影响最终会深入到大学的组织文化之中。为借鉴欧美转型高校的章程制度,必然要清楚认识跨越两种制度的现实困难和风险。就目前而言,美国的治理模式被世界各国大学纷纷仿效,但是美国的治理模式既不同于欧洲的分权,也不同于亚洲的集权,美国的大学是在殖民地时期就形成了独特的治理模式——外行控制,美国大学"外行控制"雏形是由教会牧师和州的官员所构成的董事会负责管理大学。随着民主思想的兴起和以约翰·霍普金斯向研究型大学转型,教师抗议董事会和校长的专权,要求参与大学治理,1966年美国教授协会(AAUP)、美国教育委员会(ACE)和美国大学与学院董事会(AGB)联合发布《学院和大学

---

① 丁学良:《什么是世界一流大学?》,北京大学出版社2004年版,第26页。
② 邬大光:《论建立有中国特色的现代大学制度》,《中国高等教育》2006年第19期。

治理声明》（Statement on Government of Colleges and Universities），标志着现代美国大学治理结构的成型，即共同治理模式的诞生。① 美国大学转型与章程创新不可避免地打着政治和文化的烙印，荷兰社会心理学家霍夫斯泰德（Geert Hofstede）指出，美国是一个低权力距离国家。美国人根深蒂固地认为只有参与才能享受公平、民主与平等。当下，我国部分大学试图以美国大学为坐标以章程为载体进行治理体制改革，特别是像温州大学、浙江农林大学更是以美国的创业型大学为参照对象。然而，我国几千年的悠久历史恰恰是高权力距离国家，在这种文化传统下，往往只见"臣民"而无"公民"，只见依附顺从而无独立自由，只见集权而无分权等。作为一种惰性的力量，它的影响几乎贯穿于一切传统文化之中，它一直支配着中国人的行为、思想以至灵魂，成为中国人的最主要心理习惯和思维定式。② 因此，源于文化的差异，地方高校转型与章程创新对于欧美的借鉴应该持有正确态度。一方面，应该明确高校转型不仅仅是地方高校为了争取资源的筹码和噱头，而是大部分高校为了应对时代变迁的重大变革，章程则是完善治理结构和创新制度的内在要求；另一方面，由于文化差异以及"如何转型"、"朝什么方向转"这些问题必然会困扰着我国很多高校，因此，切不可草率制定章程，更不可全盘照抄国内其他大学治理模式或者国外大学治理模式。对于借鉴国外制度，英国莱斯特大学教授克莱夫·迪莫克（Clive Dimmock）指出："全球化和国际化虽然促进了跨文化借鉴，促进了政策和实践的借鉴，但它们本身藏着危险因素。英美社会的理论、政策占据了主导地位，而其他社会往往只是借鉴、移植在英美社会产生的政策，这一事实往往会导致人们否定或低估文化（特别是社会文化）对成功地实施某项政策的影响。若对这一点认识不足，那么此种移植和借用将存在很大的风险。借用其他社会的政策和实践，只有当它们'在文化适切'时，它们才有可能得以成功推行。"③ 另外，我们在借鉴国外高校转型变迁中章程制度变革的优越性的时候，还应关注其缺陷性的一面，以

---

① 刘爱生：《美国大学的治理结构主要特征及文化基础》，《外国教育研究》2014年第8期。
② 李慎之：《中国文化传统与现代化》，《战略与管理》2000年第4期。
③ ［英］贝磊、［英］鲍勃、［南非］梅森：《比较教育研究：路径与方法》，李梅主译，北京大学出版社2010年版，第232页。

美国大学共同治理为例，其最大特色是不仅董事会、师生可以参与治理，社会上的企业等利益相关者也可以参与治理，这样虽然可以确保政策制定上的集思广益，最大程度得维护大多数利益相关者的权力，但是广泛性参与的公共治理也造成了制度安排的笨重，从而使治理效率的低效。因此，转型高校在借鉴欧美大学转型制度变革的同时，应批评性地接纳，在传统文化与政治体制适切性的同时，应该做到取长补短。

第四章 我国高校转型实践中章程创新之缺失与框架构想

第一节 我国高校转型实践中章程创新之缺失

我国近现代大学设立之初曾出现过较为规范的章程范本，但由于各种历史原因，在一定阶段出现了停滞，很多大学在组织制度规范方面缺失章程。《教育法》和《高等教育法》颁布之后虽然未从根本上改变这一局面，但其将章程制定与实施列为高校制度建设的关键内容。就现状而言，虽然绝大部分高校章程制定及审核工作已经完成，然而，审视制定的章程，特别是部分转型高校的章程文本亦存在着一些问题。

一 高校内外关系过于含糊

章程对大学对外关系的规定涉及大学与政府、社会组织等主体的权利和义务关系，内部关系则指大学内部学术与行政、教师与学生之间的关系。政府是大学的举办者，有义务提供人、财、物等资助，大学则在不违背法律的前提下享受自治权力。政府的行政管理与大学的自治之间的权力如何划分，两者之间的关系维度如何，都应在章程中予以明确。同时，如何协调学校内部行政权力和学术权力之间的利益冲突、师生如何申诉自身权益等等，亦应在章程中有所涵盖。章程虽是"宪章"性文件，虽然不提倡事无巨细般的具体，但根本事项不应省略或者简述。章程对大学内外关系之规定应该是章程的主体、重点内容，然而，从现有颁布的章程来看，大部分大学章程在这方面的规定过于笼统和含糊，或者只是对大学举办者、社会组织及校友之间关系的概括性说明，至于在高校转型实践中这些外部利益相关者如何参与学校管理，则没有相关语言表述；对师生之间的权责只限于宣示类的语句，至于如何实现，则并未提及。如《暨南大学章程》第2条规定："学校由国家举办，由国务院侨务行政部门主管，接受国务院教育行政部门的业务指导与管理，由国务院侨务行政部门、国务院教育行政部门与广东省人民政府共建。"这是该校章程中唯一对学校与举办者之间的规定。章程对大学内外关系的不明确，这对大学管理制度的不健全留下了隐患，章程是大学之最高自治法规，其在该明确处却含糊，势必造成主体权益受侵或者无序。

二 外部关系缺乏市场机制引入

我国高校所存在的办学同质化、盲目扩大规模却无特色以及关注数量却轻视质量等问题，这些问题产生的缘由在于章程制度的趋同。虽然一些高校对外宣扬转型，但是其章程制度照搬、模仿或者参照综合大学的治理模式，不注重自身特色的挖掘和打造，使自身缺乏竞争的优势。另外，目前很多高校是公办院校，并没有将学校本身放置于市场优胜劣汰的竞争环境之中，沉浸在公办高校有政府拨款、有饭吃的优越感之中，在章程中没有引入市场机制。没有市场竞争的压力，也就没有对自身定位、特色明确的动力，专业与市场相脱节，章程缺乏市场机制的引入、规范及明确，章程制度设计上市场机制的缺乏，使一部分高校在转型实践中难以具备服务区域经济的能力，缺乏从市场中竞争学校发展所需资源的能力，难以应对随着时代发展社会对高校越来越高的要求。例如，重庆文理学院章程虽然在第一章总则部分第8条将自身定位为"应用型"，并在第7条理念"教育即服务，学生即顾客，质量即生命"中将学生视为顾客，有将自身置身于市场选择之中的感觉，但是在第二章"举办者与学校"第十六条"学校依法行使下列权利"第（六）"与企业事业组织、社会团体及其他社会组织在科学研究、技术开发和推广应用等方面进行多种形式的合作"中并未具体规定与企业事业采取何种方式、方法及机制进行合作，而且在对外关系的规范中，章程仅以第二章"举办者与学校"来对举办者与学校之间的关系规范，并未对市场、社会及企业等关系进行阐明或者规范。

三 行政权力缺乏约束机制

目前我国治理日益法制化、科学化与系统化，国家层面的治理结构也在进行变革和重构。然而，近些年来大学治理结构中的行政化备受诟病，治理中如影随形的行政权力、行政化思维与治理方式阻碍了大学的民主与制度，对大学应有的学术自由造成严重破坏，对行政化缺少必要的约束机制。笔者在阅读教育部核定的章程文本中发现，部分大学并未设置大学利益相关者进行利益博弈与参与治理的制度机制，这样易使行政权力泛滥。例如，南京理工大学章程第二十九条规定："校长办公会由校长召集并主持。会议成员为校长、副校长、校长助理，党委书记、副书记、纪委书记等可视议题情况参加。"其中，校长办公会作为大学行政权力的核心，为防止"没有灵魂的卓越"，其他利益相关者是否有参与的权利，如何有效地平衡和制约行政权力的滥用，章程并未提及。校长治校与教授治校有何区别？校长委员会与党委、学术委员会这三个机构之间有何关联与界限，章程亦未明确。学术委员会是学校最高权力机构，它的治理范围涉及学科、学术及教学等事项，而不仅仅是学术事务。虽然绝大部分大学章程设置了学术委员会，但其治理范围不仅单一，而且存在着碎片化现象。如中国石油大学章程第四十二条规定："学校学术委员会是学校的最高学术机构，依照国家有关规定和校学术委员会章程统筹行使学术事务的决策、审议、评定和咨询等职权。"这是该校章程中对学术委员会职权唯一界定，显然，单一的治理范围容易给行政权力入侵留下空间。又如南京航空航天大学章程虽然在学术委员会上组成、原则及职能方面做了比较详尽的阐述，但其章程三十一条规定"学术委员会主任委员由校长提名，副主任委员由主任委员提名，经全体委员产生，由校长聘任。"从该校章程条款中依然能够感觉到行政权力在学术委员会中的潜在而又有力的影响。

四　评价体系中激励制度不够

高校转型涉及人才培养模式、教学方法及课程建设等方面的转型，需要教职工和企业等协同合作。但是如何激励教职工不仅在思想上认识到高校转型的重要性，而且在行动上也积极响应。例如，就高校教师而言，最为关心的是职称评定，那么，产教学研如何纳入教师的职称评定体系及教师的评价体系之中，激励制度的不足难以激发教职工参与转型的积极性，从而影响高校转型的实际效果。在传统的激励制度中，通常评价教师以争取政府课题、论文发表质量和数量等标准作为奖励教师的依据，不重视科研成果的转化，造成科研成果转化效率低下，而且脱离社会市场需求，市场对技术研发、各类创新要素配置的导向作用发挥得不明显、不充分。①部分高校在章程中依然按照传统的制度来评价和奖励老师，这导致高校在转型实践中出现一连串的问题，那么，高校在转型实践中的章程建设需要思考：教师的科研成果转化如何与教师的职称评审制度、教师考核制度相链接，如何制定制度才能使他们成果进行合理评价。缺乏合理评价制度很难激发教师积极地投入转型实践之中。转型高校要构建科学合理的制度框架，其章程建设应该回答下面几个问题：如何构建制度才能确保顺利转型，才能激发教职工在认识上和行动上的积极性，制度框架涉及哪些方面的范畴，如何行之有效地实施新的制度。只有明确回答这几个问题，转型高校的章程才能契合转型发展的趋势。

五 市场对接中缺乏成果转化等相关专利制度

高校转型除了课程、教学方法及人才培养模式转型之外，更重要的是构建相应的专利、成果转化等相关制度来加强与市场之间的关联。调研数据显示，在我国高校，被转让、许可的专利占"活专利"（指高校认为该专利有转化价值，有意愿维持该专利）比例仅为2.03%。②可以看出，与国外高校相比较而言，我国高校科研成果转化显然不够丰富。而这种问题产生的根源在于制度的缺乏，麻省理工在20世纪就在大学章程中建立起完善的专利制度，我国高校由于制度建设的滞后，致使高校在科技成果转化时无制度可依，另外，章程制度构成中还缺乏对科研成果这种无形资本收益的规定，如果转化，高校是否应该受益？在何种情况下受益？如果高校可以受益，受益所占的分红和股份应该是多少？也就是说，章程不仅规定科研成果转化等专利制度，而且还得完善高校参与科研成果的股份和分红等制度。但是，翻阅转型高校的章程，很少高校在科研成果转化方面做出明确规定。

六 程序条款缺乏

从法律视角来看，英美普通法的自然公正原则之———"任何人不

---

① 《促进高等学校和科研院所科技成果转化暂行办学》政策解读，《河北经济日报》2014年12月25日。
② 楚旋、卢珂：《地方本科高校转型中的制度框架研究》，《当代教育科学》2016年第13期。

得做自己案件的法官"是"程序"最为恰当的诠释。"程序"有利于制度实现合法与正当，能够确保利益相关主体亲历公正的实现过程。在现代大学制度中，程序的重要性日益彰显，然而，作为现代大学制度载体的章程在程序方面的规定存在着缺失，笔者梳理章程文本发现，大部分大学章程的条款围绕着大学治理的实体规则展开，有关如何行使权力的程序却鲜有提及，大部分章程至多在末尾部分或者附则部分对修改程序进行了简约规定。如，《长安大学章程》第82条规定："章程修订由校长、学术委员会或教代会提出，按照规定的程序进行。"其中，章程在何种情况下具备修改的程序、提议代表达到何种比例方能启动章程在文本都未论及。当然，有些大学更未提及章程修改程序。大学章程程序性条款的缺乏，尽管不能影响大学管理权的实施，但章程程序性规范的缺失，在规范性方面易受到正当性与民主性的质疑。

我国现代大学之所以存在以上缺失，这与我国传统管理体制息息相关。在我国高校发展史上，管理模式主要模仿苏联管理模式，即由中央或者地方政府实施统一管理，高校行政权力往往得到彰显，从而忽视学术权力。传统模式的管理致使章程强调对职能机构的规定，而忽视对大学内外部关系的规定。另外，大学管理者对权力、权利、程序等法律术语理解不够透彻，也是当下章程中程序缺失的重要原因。

第二节　框架构想：我国高校转型实践中章程变革的立法之路

现代高校正处于知识经济时代潮流中，其使命不仅是知识的传播、人才的培养与社会的服务，而且还以创造知识为己任。现代高校治理是以制度为载体的治理，章程传递着大学治理理念，章程是制度层面的载体与表征，其不仅要符合国家层面的法律，而且更应体现大学作为学术机构特有的自治规则。英国纽曼曾言，"大学是知识探索与发现的有力保护……其对外来压力既不侵犯也不屈服"[①]。大学拥有国家法律所授权的自治权，政府的行政权应对大学保持必要的控制，大学教授是大学使命的直接担当者。在国家与大学、行政权力与学术权力之间，我国大学章程治理究竟走

---

① ［美］克拉克·科尔：《大学的功用》，陈学飞等译，江西教育出版社1993年版。

向何处呢？这显然是值得深思的制度性难题。笔者认为，我国对外自主治理，校内事务管理坚持"党委领导、校长治校、教授治学"。

一　章程内外关系之界定

（一）大学自治：外部关系

自主是对高校自身事务的独立决定、支配；大学自主管理权是大学依据法律规定，并结合自身实际情况，对学校内部事务自主治理的资格和能力。依据我国现行法律规定，我国大学拥有财产、专业设置、教学、科研、服务社会、对外合作与交流、机构设定、制定规章、师生管理等多项自治权。但是，大学自治并不是"绝对"意义上的完全自治，为防止大学自主权滥用，章程必须厘清依照法律享有自主权合法性的边界，在拥有自治权力的过程中不可避免与政府等外部组织发生权责关系，在章程中应该予以明确界定。

大学自治是政府权力下放、尊重学术自由之表征。大学在处理与政府关系时，即不能放弃自己的自治权力，亦不能超越自己的权力范围，而必须在法律和章程规定的范围内，行使自治之裁量职权。作为政府，不得以任何理由干涉高校内部事物，相反应该以宏观治理的管理者角色来践行国家教育战略。美国的密歇根大学素有"公立常青藤"的美誉，其依据州法令设立于1817年，并经密歇根州最高法院确认，其章程文本包括董事会、行政领导者、商务及财产管理、评议会、教师和学术人员、系和学院、学生事务、毕业典礼和学位授予、收费、附属单位、图书馆、其他机构和规则等14部分。密歇根大学董事会职能具有与州立法机关同等的权力，不受州行政法的限制，相对来说具有一定的自由度。[①] 密歇根大学虽然是公立大学，但因国情不同而不能完全照搬，但其治理成功经验应值得借鉴。

（二）师生权责：内部关系

师生是大学自治实施的对象，师生权利是法律所赋予的，章程中应予以明确，且应对相关师生权利的限制、义务均应以明确。师生既是大学人，又是社会公民，师生权利不仅限于教育法律法规所赋予的权力，而且还享有不违背法律法规所禁止的其他权利。大学章程作为大学之宪章，偏

---

① 张国有：《大学章程》，北京大学出版社2011年版。

重于组织构建，但师生权利则隐含于组织相关规定之中。《巴黎高等师范学校章程》文本由总则、行政组织、机构权限、教师、学生身份及学习期限、临时规定与最终规定构成，其中教师和学生的权责设专章表述，对师生的权利和职责进行详细明确的规定。《华中农业大学章程》将师生权责表述为"法律、法规、规章制度以及合同约定的其他权利……"大学权利在对师生权利进行限制时，一定遵从"法律保留"原则，设计师生重大权利和义务须有法律明确授权，不应以校规等形式予以规定，特别是退学或者学籍处分的，更应有法律的依据，不得以学校行政命令或者学校规章即予剥夺。[①] 近年来，大学与师生对簿公堂案件不胜枚举，皆因学校对学生受教育权管理不够规范或者存在争议所引起。为了使大学管理更规范，章程应恪守重大事项"法律保留"原则，学校具体规章才会有空间依照章程而制定，这样才不至于偏离法律轨道。

二 适当借鉴国际高校公司化内部治理模式

公司化的治理趋势已经不是国际某个高校的独立发生的特例，这已经是国际高校转型实践中治理结构转变的倾向。尽管一部分学者认为随着大学资金紧张状况的缓解而将逐步消失，但是在日趋激烈竞争的高校市场中，聘请创业型校长，创新章程制度，提高治理效率等公司化治理模式依然会给大学带来诸多益处。一些大学依然会按照公司化的治理模式，在师生关系制度规制上，视学生为消费者。例如，美国的德州农工大学（TexasA&M university）为学生评价分数最高的教授设立2500—10000美元的奖金。[②] 同样，公司化倾向的治理模式可以帮助大学获取外部资源，但是公司化倾向对于作为学术组织的大学必然会带来争议和挑战，但是笔者认为，在当前时代背景下，部分高校依据自己实际情况适当实施注重效率的公司化治理模式未必会对大学的自治、学术自由构成威胁。我国高校虽然与欧美高校存在着文化不同、国情不同、政治体制不同的情况，治理结构必然也存在着差异，但是我国高校依然可以借鉴欧美高校公司化的治理效率，努力挖掘与外部社会的合作机会，吸引更多的资源资助大学运转。

---

① 法治斌、董保城：《中华民国宪法》（修订三版），空中大学出版社2001年版。

② Marietta Del Faero, "Faculty-Administrator Re-lationships as Integral to Highe-Performing Governance Systems", American BehavioralScientist, Vol. 7, No. 46, p. 905, 2003.

毋庸置疑，共同治理依然是欧美高校推崇的一项准则，然而，在以章程为载体的共同治理架构中，需要对学术人员的地位和身份予以界定，以通过制度的创新实现学术人员对大学转型及治理的参与，学术人员以学术成果来获得职业上升，因此，一般较少涉入大学日常管理事务。然而，共同治理需要学术人员与院校社区融合一起，这也导致学术人员的注意力很容易被大学事务所分散。[①] 因此，为了使学术人员真正地参与大学治理，可以制定学术人员参与院校治理的奖励制度以激发学术人员参与大学转型的积极性。大学作为学术机构，具有公共组织性质，在世界范围转型高校公司化治理趋势下，我国转型高校结合国情校情借鉴国际高校公司化治理模式的基础上，坚守自治与学术自由。

三 构建利益合法化的制度

在高校转型实践中，"利益"是高校与市场接轨的产物，因此，必须构建利益合法化的制度，使高校在转型实践中能够获取合法利益。例如，在转型实践中，必须构建合理的制度使科研的核心成员在科技成果转化中自己的贡献得到认可，只有这样才能激发相关利益主体在转型实践中的主动性和积极性。

四 形塑有效监督制度

章程中每个完整的制度包括制度规则、制度程序及制度评估三个层面。章程中制度规则的贯彻执行必须历经制定、实施及评估三个阶段，当然，章程中制度规则的制定和实施都依靠制度主体来实现。因此，章程制度离不开制度主体而存在。高校转型实践中制度的调整、决策机制、激励机制等，都是章程框架的内容。其中，形塑有效监督制度是高校转型实践中章程建设制度框架构建中最重要的环节。集体对个体的有效控制通常是依靠制度的规则控制来实现的，这种控制在一般意义上被认为是有效监督，有效监督一般分为政府监督、中介监督、高校自我监督。政府对高校转型的治理并不是靠管控来实现，而是对高校进行评估、监督。政府需要对高校转型之后在学科的设置、课程内容以及人才培养质量是否符合当时

---

① Marietta Del Faero, "Faculty-Administrator Re-lationships as Integral to Highe-Performing Governance Systems", American BehavioralScientist, Vol. 7, No. 46, p. 905, 2003.

经济发展和转型方向，科技成果是否在市场中得到转化，并产生相应的效果。为了使评估更为客观，必须发挥第三方评估机构的作用，实施客观、公正的评价。高校自身对转型也要有客观清晰的认识，因此，高校也需要形塑有效的监督制度，将政府监督、第三方机构监督及自我监督置于章程制度框架之内，通过制定详细的评估制度细则，保障高校成功转型。

五　正当程序：实现法治的前提

高校章程是遵循程序的校内最高法，"程序"精神浸入组织机构运行的各个环节，尽管"程序"之词在章程文本中并未占据主要部分，但是无论是校务委员会的行政决策，还是对权力的限制，都彰显着程序的精神。程序既是行政法之诉求，也是高等教育治理之所必须，以章程为载体的高校治理蕴含着程序理念，程序正当才能使高校治理合乎规范。因此，章程在以制度形式确认高校转型的组织原则时，亦应明确合理程序原则，并将程序作为在具体实践中的治理所必须遵循的原则。具体来说，高校章程应该涵盖制定与修改程序、决策程序、申诉程序等制度。章程制定与修改的程序是对自身合法性的论证，只有程序正当合理才能获得师生的认可。国外章程大都对制定与修改程序做出明确的规定，如美国的《麻省理工学院章程》开篇就对制定与修订章程的程序做了明确阐述。结合对西方大学的借鉴及我国高校在转型实践中章程程序所存在问题，笔者认为，章程应明确规定其制定与修订的主体与程序。决策程序是为了减少决策的盲目性和随意性而必须遵循的程序，校内的咨询程序、协商程序等应在章程中予以体现。申诉程序是人本主义在高等教育领域的贯彻，章程对师生的申诉程序可作原则性的规定，在后续的校规中予以细化。

章程是高校转型之制度载体，它沉淀着高校的传统，构筑着转型之后未来的灿烂。章程是校内最高法，以高校章程进行治理是践行高等教育规律的举措，深思我国章程存在的问题，找出其突破路径，促使我国高校转型中的治理更加科学化、规范化和法制化。

附录1 访谈记录（六份）

访谈记录（一）

受 访 人：王院长

访谈时间：2017年3月7日 14：40-15：20

访谈地点：某大学某学院院长办公室

问：您所在大学提出向创业型大学转型，您是如何理解章程总则部分关于学校为非营利性事业单位，具有独立法人资格所享有的自主权，在外部治理中，学校、政府、市场三者之间的权力博弈是如何体现出来的？章程应该如何加以规范？

答：我国政府历来对高校进行监管，掌控着高校资源分配的权力，对我国高校而言，往往是对政府俯首称臣，虽然政府在不断放权，给予高校一定的自治权力，但是目前和政府依然达不到战略伙伴关系，政府、市场与高校之间的理想状态是合作，但是市场的性质以获利为目的，如果与高校直接合作，可能有些项目很难推动下去，于是，嗅觉机敏的市场往往通过政府的力量来推动项目的进展，由于市场对高校的不规范渗透，从而致使高校在外部的压力下容易滋生一些失范的举措。

这就需要政府有高风亮节，敢于真正放权，章程并非只是学校内部自己制定，如果是内部自己制定的话，仅仅是内部的规章，只有办学者的参与，以章程为载体划定政府、高校与市场之间的权力边界，这样才能杜绝这种市场的失范渗透。

访谈记录（二）

受 访 人：李校长

访谈时间：2017年4月3日 下午：15：40-16：10

访谈地点：某大学校长办公室

问：您认为您校章程中关于书记和校长的角色、职责定位上是否清晰？如果两者在章程中职责不够清晰的话，在转型实践中是否会由于章程对其角色、职责定位的模糊从而造成权力"混淆"的现象。在转型实践中，谁应该扮演着转型改革者的角色？

答：关于高校书记和校长之间权力边界的界定是个难题，这个难题学校根本解决不了，是我国制度先天性缺陷造成的，上级对书记、校长往往采取同质化的考核方式，这样致使高校书记、校长之间的边界职责出现交叉模糊的现象，即使在章程中也很难界定清楚。

政府应该对高校书记、校长的角色、职责定位及考核采取差异化的安排，党委书记应该由上级部门提名，然后经过教职工大学选举产生，校长应该向全国、甚至面向全世界遴选产生。由于大部分高校的书记、校长由上级任命产生，因此，造成了校长也是对上级负责，虽然章程中明确规定校长对书记的决策负责，其实现实中大多数却很难做到。

虽然高校一直在倡导去行政化，但是行政级别存在的观念却是根深蒂固的，书记和校长的行政级别是一样的，高校是党委领导的负责制，既然是校长负责，那么校长应该是转型的改革者，书记应该在宏观上进行把握。在实践中，由于行政级别一样，从而造成了谁强势谁就有话语的主动权的现象。

访谈记录（三）

受 访 人：行政管理人员杨老师
访谈时间：2017年4月4日 下午：15：40-16：10
访谈地点：某大学图书馆

问：您认为老师对转型目标是否有较高的认同度？你认为其中的原因是什么？

答：说实在话，根据我的观察，学校的转型目标在教师群体中认同度并不高，甚至有一半多的教师并不认同，虽然学校在制定章程中征询老师们意见上做了大量的宣传工作，但是却收效甚微。

至于原因，我想大概有几个方面，首先是教师一直生活的过去的环境中，肯定得有个适应的过程；其次是应该有教师的激励机制，在职称评定制度、奖励制度、甚至教师的选聘都要和转型的目标相契合；最后，在教师群体中应该展开"朝哪个方向转"、"如何转"进行大讨论，让转型的智慧从教师群体中迸发出来，领导应深入教职工群体认真听取教职工群体意见，让教职工逐步形成转型意识，只有教职工有了转型意识和行为，学校的转型文化氛围才能形成。

访谈记录（四）

受 访 人：河北民族大学 A 教授　　商丘学院 B 教授　　保定学院 C 教授

访谈时间：2016 年 11 月 17 日　中午：12：00-13：10 利用午餐时间进行以聊天方式随机访谈

访谈地点：北京交通大学会议中心

问：您校转型情况及章程建设的情况如何？

A 教授答：学校的转型情况目前来说并不乐观，主要是教师的积极性不高，作为学校领导肯定首先要考虑的是如何创新制度来激发教师的积极性，章程制度的建设要倾听教师的心声，不能由院办几个人操刀，照搬别的学校章程糊弄下就算了。学校的人才培养方案需要专家指导，但是专家指导得又过于宏观，这就需要学校建立长期的对话交流机制，就人才培养方案进行动态制度监管与对话交流机制。另外，教育部规划中心的角色定位及对学校产生的影响和意义，教师们尚不明确。

B 教授答：在章程中应该规定招生计划、录取方案等，学科设置应该随着就业率和市场来进行调节，商丘学院每年传媒专业招生 1000 人，可以这样说，这些学生的就业率很低，出了校门就几乎意味着失业，规划中心搭建的圆通公司对文科学生（哲学、新闻、历史、文学类）进行训练，这些训练能够保障提高就业率吗？如果就业率提高不了，学生再交一笔培训费，岂不是雪上加霜？这些专业在向应用型转型时很难着手，恐怕是遵循专业逻辑优于向应用方面转型。圆通公司也与师范类的文科学校签订工作标准，如果这些学生连工作都找不到，培训这些标准恐怕意义也不大。

C 教授答：学校章程中应该对关于学校与政府、教育部以及市场之间权力关系进行划分，每年学校要向教育规划中心交一百万，这个机构存在能够给学校搭建什么平台，带来何种利益，也就是说，这个机构与学校之间的关系学校章程应该予以规范，另外，规划中心举行会议大多是理论居多，对转型都是从理论上谈，却没有具体的措施指导，是否可以建立一种互动的交流机制，使规划中心有便捷的渠道了解学校的想法，这样会有利于对高校转型的指导。

访谈记录（五）

受 访 人：黄河科技学院王博士

访谈时间：2017年4月10日 下午：16：00-16：300

访谈地点：黄河科技学院图书室

问：黄河科技学院作为第一所民办高校，如何根据实际情况在制度上进行转型？教职工及学生是否认同转型目标及理念？

王博士答：民办校的生源比较特殊，大多是高考不太理想的学生会选择上民办学校，针对这种情况，学校的制度大多是以激励为主，学校领导和教师一直就"如何针对生源开展教育"、"哪些制度具有激励作用使学生能够从高考阴影中走出来积极投入大学学习"等问题进行认真思考和分析，在制度构建方面着眼于学生思想的正面引导和激励以及服务于学生的制度体系。

绝大部分组织成员能够认同转型理念，这可能和民办高校办学的危机感有关。学校章程及规章制度实施得较好，学校的办学理念在师生中长期沉淀下来，逐渐形成师生较为认可的良好习惯及文化氛围。但是学校转型方面的制度创新探索还是不够理想，不能够像国外私立高校那样通过章程制度的创新使民办高校的办学活力、转型激情完全激发出发。

访谈记录（六）

受 访 人：内蒙古工业大学叶博士

访谈时间：2017年9月8日 中午：11：00-12：10

访谈地点：通过QQ交流

问：您校在转型实践中的章程制定中，有哪些创新理念和改革举措，直面和破解了哪些转型过程中所遇到的突出矛盾和敏感问题，并通过制定章程进行认真思考和梳理，形成明确的规范，使之形成为章程条款之中。

叶博士答：我们毕竟是地方高校，在国家宏观高校管理体制下，地方高校想要在制定章程中体现真正学校"宪章"权威，是有一定困难的。关于各种制度、体制、机制，其实在国家层面已经制定好了，高校不能够突破，譬如：学术委员会、学位委员会、教师代表大会、工会、教师和学生的权利和义务，统统在教育部或者有关部委制定的规定或者办法中都有明确的规定，只能照搬照抄过来，作为地方高校不可能突破，更别说中组部最新修订的《高校领导下的校长负责制》的实施办法了，将高校党委和校长的权力职责和义务都规定得很明确了，所以，高校在制定章程时基本上将这些毫无例外地照搬这些规定写入章程，就连团中央的一个文件要求高校共青团组织按照其提供的说法进行表述。在上面限制过于死的宏观大背景下，高校创新章程恐怕只是一个美好的理想而已。

我国2000多所普通院校同质化现象太严重，办学定位同质、没有自己的特色、核心竞争力不强、人才培养质量不高等等。在这种情况下，制定各自的章程，又怎么能有创新呢？制定出来的章程差不多是千篇一律了。中央部委院校、985高校等，层次较高，可能还有一点自己的章程特色。地方高校，唉，基本上无特色无亮点，也就是为了大学章程的制定而制定吧。因此，大学章程在2012—2016期间，大部分本科院校制定完章程之后，所谓的章程研究热点也随之消散……因为"制定"任务已经结束了，至于制定后的实施，这个怎么说呢？哪个大学又能在以后的工作中把章程的实施作为重中之重的工作呢？说好听点，结合制定大学章程推进高校的现代大学制度建设与实施，但是，宏观背景下，给予高校有限的办学自主权，恐怕建立现代大学制度还是任重道远的事情。

我看了一些高校章程，其中还规定了地方政府在办学过程中的权利和义务，我个人觉得挺可笑。一个高校，你还想规定你上级政府的权利和义务，这不是很可笑吗？可见制定者在制定时并未很好地领会学校章程的制定意图。

现阶段，高校要做好的是利用制定本校章程之际，彻底清理本校的各种规定制度、办法，修订整合完善本学校内部治理结构、改革调整顺应新时期的管理制度机制，这才是比较有实际意义的事情。

问：下一阶段你觉得应该在哪些方面突破？你们学校涉及转型吗？

叶博士回答：至于要达到西方高校现代大学制度层面，恐怕是两个范畴的意义，在我国，一定要体现中国特色，建立中国特色的现代大学制度，这也是高等教育界研究的课题之一吧。

我们学校本身就是工科应用为主，所以本科应用转型，其实也就不用转了，在我们内蒙古，我们学校没有参加教育厅的本科转型试点。当然，这是学校领导层面做出的决定，咱们作为小兵，只能是做好本职工作。两个范畴第一是指现代大学制度，第二是指中国特色，以区别西方现代大学制度。

问：你们学校学生就业率怎么样？

叶博士回答：我们学校毕业生就业率居全省前列，就 2017 年来说，本专科毕业生共计 5088 名，截至 9 月 1 日，总体就业率为 91.91%，其中本科生就业率为 91.98%，专科生就业率为 97.18%，作为地方高校，当年初次就业率 91.98%，已经相当可以了，比我们这边的 211 大学内蒙古大学高得多。

附录2 调查问卷

"高校转型与章程变革研究测评" 调查

【指导语】

您好！衷心感谢您在百忙之中参与、完成我们的调查。本次问卷调查的目的是征询您对高校转型与章程变革研究的意见，为调查地方高校转型与章程变革提供科学依据。调查共8个题目，1—4题为单选题，请在您所选的选项上标红；5—8题为访谈性的开放题，您的意见对于我们的研究非常重要，请您畅所欲言，尽可能详细地陈述您的观点。

再次谢谢您的鼎力支持！

说明：本研究中的"高校转型与章程变革"目的更倾向于高校转型与章程变革的状态与问题，相对区别于评价一所高校是否为转型高校的评估。

"高校转型与章程变革"课题组

2017年5月

问卷内容

对高校转型与章程创新认识状况问卷调查

性别：_____ 籍贯：_____ 年龄_____

1. 现实中的高校转型是（ ）（单选）

   A. 政策推动下的被动转型

   B. 高校依据自身发展的自主变革

2. 您对您校章程制定总体感觉（ ）（单选）

A. 转型理念、党代会和教代会决议及"十三五"规划的明确

B. 应付上级的文字稿

3. 政府项目制激励诱导转型会产生什么样的效果？（　　）（可以多选）

A. 转型无序，盲目跟风

B. 功利主义短视

C. 同质化转型

D. 会长期有效推动高校成功转型

4. 在推进高校转型治理现代化的实践中，实现从"管理"向以章程为载体的"治理"转型，哪种路径最为合适（　　）（单选）

A. 国家、政府的行政权威性管控

B. 自下而上的自主变革

C. 政府的推动与学校自下而上的变革相结合

5. 您对转型持什么样的态度（　　）（单选）

A. 转型符合学校发展，积极参与

B. 看看别的高校转型效果再说，观望态度

C. 转型会让高校失去原有的传统，抵触态度

6. 您认为转型理念是指（　　）（多选排序）

A. 针对大学生就业难的政策性工具

B. 既不是强加在高校身上的政治任务，也不是高校面对大学生就业难的被动选择，而是高校依据社会转型所进行的人才培养观念与模式的变革。

7. 要落实好转型理念，章程制度与高校转型是什么样的逻辑关系？（　　）（可以多选）

A. 制定科学的章程制度能够有效地促进高校转型

B. 制定科学的章程制度不能有效地促进高校转型

C. 制定科学的章程制度与高校转型之间没有逻辑关系，还有其他更关键的因素

【其他】

1. 您校在转型实践中的章程制定中，有哪些创新理念和改革举措，直面和破解了哪些转型过程中所遇到的突出矛盾和敏感问题，并通过制定章程进行认真思考和梳理，形成明确的规范，使之形成于章程条款之中。

2. 您认为下一步高校转型与章程变革的重点是什么？

参考文献

著作：

［苏］A. 古列维奇：《中世纪文化范畴》，浙江人民出版社1992年版。

［美］阿尔巴特等：《21世纪美国高等教育：社会、政治、经济挑战》，施晓光等译，北京师范大学出版社2004年版。

［英］贝磊、鲍勃、［南非］梅森：《比较教育研究：路径与方法》，李梅主译，北京大学出版社2010年版。

［德］彼得·贝格拉：《威廉·冯·洪堡传》，商务印书馆1994年版。

［美］伯顿·克拉克：《大学的持续变革——创业型大学的新案例与新概念》，人民教育出版社2008年版。

［美］伯顿·克拉克：《高等教育系统——大学组织的跨国研究》，王承绪译，杭州大学出版社1994年版。

［美］伯顿·克拉克：《建立创业型大学：组织上的转型途径》，人民教育出版社2007年版。

［美］伯顿·克拉克：《建立创业型大学：组织上的转型途径》，王承绪译，人民教育出版社2003年版。

［美］伯顿·克拉克：《探究的场所——现代大学的科研与研究生场所》，王承绪译，浙江教育出版社1999年版。

［英］博伊德·金：《西方教育史》，任宝祥、吴元训译，人民教育出版社1985年版。

［美］查尔斯·霍默·哈斯金斯：《大学的兴起》，梅义征译，上海三联书店2007年版。

陈洪捷：《德国古典大学观以及对中国的影响》，北京大学出版社2006年版。

陈洪捷：《德国古典大学观以及对中国的影响》，北京大学出版社 2006 年版。

陈永明等：《比较教育行政》，上海华东大学出版社 2005 年版。

[美] D. B. 约翰斯通：《高等教育财政：问题及出路》，沈红等译，人民教育出版社 2004 年版。

[美] 德里克·博客：《美国高等教育》，乔佳义译，高等教育出版社 2011 年版。

邓小平：《关于科学和教育工作的几点意见》，《邓小平文选》（第二卷），人民出版社 1994 年版。

[法] 迪尔凯姆：《教育与社会》(1922)、《道德教育》(1925)。

丁学良：《什么是世界一流大学？》，北京大学出版社 2004 年版。

[美] 弗莱克斯纳：《现代大学论——英美德大学研究》，浙江教育出版社 2001 年版。

[美] 弗莱克斯纳：《现代大学论——英美德大学研究》，浙江教育出版社 2006 年版。

[挪威] G. 希尔贝克：《时代之思》，童世骏等译，上海译文出版社 2007 年版。

舸昕：《从哈佛到斯坦福》，东方出版社 1999 年版。

[瑞士] 海尔格·诺沃尼特、彼得·斯科特、迈克尔·吉本斯：《反思科学：不确定时代的知识与公众》，冷民等译，上海交通大学出版社 2011 年版。

[美] 亨利·埃兹科维茨：《麻省理工学院与创业科学的兴起》，王孙禺等译，清华大学出版社 2007 年版。

[美] 亨利·埃兹科维茨、劳埃特·雷德斯多夫：《大学与全球知识经济》，夏道源译，江西教育出版社 1999 年版。

《〈教育规划纲要〉辅导读本》，教育科学出版社 2010 年版。

[德] 卡尔·曼海姆：《重建时代的人与社会：现代社会结构的研究》，张旅评译，生活·读书·新知三联书店 2002 年版。

[德] 卡尔·雅思贝尔：《大学之理念》，邱立波译，上海人民出版社 2007 年版。

[美] 科恩等：《美国高等教育的历程》，梁燕玲译，教育科学出版社 2012 年版。

［德］克劳斯·施瓦布：《第四次工业革命》，李菁译，北京中信出版社2016年版。

［美］克拉克·科尔：《大学的功用》，陈学飞等译，江西教育出版社1993年版。

克拉克·克尔：《大学之用》（第五版），高铦译，北京大学出版社2008年版。

李福华：《大学治理的理论基础与组织架构》，北京教育出版社2008年版。

李慎之：《中国文化传统与现代化》，《战略与管理》2000年第4期。

刘复兴：《教育政策的价值分析》，教育科学出版社2003年版。

罗杰·金等：《全球化时代的大学》，赵卫平等译，浙江大学出版社2008年版。

［加拿大］马歇尔·麦克卢汉、斯蒂芬妮·麦克卢汉、戴维·斯坦斯：《麦克卢汉如是说：理解我》，何道宽译，中国人民大学出版社2006年版。

马陆亭、范文曜：《大学章程要素的国际比较》，教育科学出版社2009年版。

［英］玛丽·亨克尔、布瑞·达里特：《国家、高等教育与市场》，谷贤林等译，教育科学出版社2005年版。

毛礼锐、沈灌群：《中国教育通史》（第六卷），山东教育出版2005年版。

美国国会众议院法律修订咨议局：《美国法典：宪法与行政法卷》，中国社会科学出版社1993年版。

［英］齐格蒙特·鲍曼：《共同体》，欧阳景根译，江苏人民出版社2003年版。

［美］乔治·M.马斯登：《美国大学之魂》，徐弢等译，北京大学出版社2009年版。

R.W.费尔夫：《西方文化的终结》，丁万江等译，江苏人民出版社2004年版。

Slaughter&Rhoades, Academic capitalism and the new economy, the Johns Hopkins University press, 2004, pp.1-30.

［美］汤普森：《中世纪社会经济史》（下册），耿淡如译，商务印书

馆 1997 年版。

滕大春：《外国近代教育史》，人民教育出版社 1989 年版。

[美] W. 理查德·斯科特、杰拉尔德·F. 戴维斯：《组织理论：理性、自然与开放系统的视角》，高俊山译，中国人民大学出版社 2011 年版。

王保星：《美国现代高等教育制度的确立》，河北教育出版社 2005 年版。

王承绪等：《战后英国教育研究》，江西教育出版社 1992 年版。

[美] 亚伯拉罕·弗莱克斯纳：《现代大学论——美英德大学研究》，浙江教育出版社 2001 年版。

[美] 伊曼纽尔·沃尔斯坦：《反思社会科学——19 世纪范式的局限》，刘琦岩等译，生活·读书·新知三联书店 2008 年版。

俞可平：《治理与善治》，社会科学文献出版社 2000 年版。

[英] 约翰·亨利·纽曼：《大学的理想》（节本），浙江教育出版社 2001 年版。

张国有：《大学章程》，北京大学出版社 2011 年版。

论文

包丹丹：《1952 年院系调整再解读》，《教育学报》2013 年第 1 期。

蔡克勇等：《创造未来向前看——美国麻省理工学院的办学思想》，《教育发展研究》1999 年第 9 期。

陈锋：《引导部分本科高校转型发展》，《中国高等教育》2014 年第 12 期。

陈新民：《新建本科院校转型研究》，《教育发展研究》2009 年第 1 期。

程天君：《教育改革的转型与教育政策的调整——基于新中国教育 60 年来的基本经验》，《北京大学教育评论》2012 年第 4 期。

楚旋、卢珂：《地方本科高校转型中的制度框架研究》，《当代教育科学》2016 年第 13 期。

《促进高等学校和科研院所科技成果转化暂行办学》政策解读，《河北经济日报》2014 年 12 月 25 日。

董金华等：《研究型大学跨学科研究的组织模式初探》，《中国软科学》2008年第3期。

冯弘等：《对应用型大学的探讨》，《北京联合大学学报》（自然科学版）2005年第2期。

冯向东：《高等教育结构：博弈中的建构》，《高等教育研究》2005年第5期。

付八军：《国内创业型大学建设的路径比较与成效分析》，《教育研究》2015年第4期。

甘永涛：《英国大学治理结构的演变》，《高等教育研究》2007年第9期。

龚放：《试论现代大学的社会责任》，《北京大学教育评论》2008年第2期。

龚怡祖：《"双界性"法人：我国高校法人滥权的制度特征及治理》，《东南大学学报》（社会科学版）2008年第6期。

龚怡祖：《大学治理结构：建立大学变化中的力量平衡》，《高等教育研究》2010年。

《关于教育工作的指示》，《人民日报》1958年9月20日。

关于《浙江农林大学章程》的说明，2014年10月13日，浙江农林大学发展战略管理处（http：//zlc.zafu.edu.cn/articles/20/46/）。

《国家中长期教育改革和发展规划纲要》（2010—2020），2010年7月29日，教育部网（http：//www.moe.gov.cn/srcsite/A01/s7048/201007/t20100729_171904.html）。

何万国等：《我国高校分类的一种新模型》，《重庆高校研究》2015年第3期。

侯长林等：《应用型大学视域下新建本科院校办学定位选择》，《教育研究》2015年第4期。

胡大白：《开拓拼搏的动力 科学发展的保障——论黄河科技学院的精神品格》，《黄河科技大学学报》2016年第5期。

胡建华：《论近年来我国高等教育转型》，《南京师范大学学报》（社会科学版）2008年第6期。

黄容霞：《全球化时代的大学变革（1980—2010）——组织转型的制度根源》，博士学位论文，华中科技大学，2012年。

见《重庆文理学院章程》介绍及特色——重庆市高校章程建设新闻

发布发言稿，2015 年 9 月 15 日。

蒋平：《地方普通本科院校转型发展：三重螺旋模式下政策指向》，《教育发展研究》2016 年第 5 期。

《教育部 国家发展改革委 财政部 关于引导部分本科高校向应用型转变的指导意见》，2015 年 10 月 21 日，教育部网（http：//www.moe.edu.cn/srcsite/A03/moe_1892/moe_630/201511/t20151113_218942.html）。

教育部：《加快本科高校转型发展》，《北方新报》2014 年 3 月 28 日。

《李校堃校长专访——温州大学的大"野心"》，2018 年 1 月 5 日，中国教育网（http：//www.eol.cn/zhejiang/zhejiang_news/201801/t20180105_1578686_1.shtml）。

李帆：《美国研究生教育的历史进程以及特点》，《高等教育研究》1995 年第 4 期。

李子江等：《哈佛大学章程溯源》，《大学教育科学》2013 年第 6 期。

林锈戎：《我国地方高校实践创业型大学之路的若干探索》，《福建教育学院学报》2012 年第 5 期。

刘爱生：《美国大学的治理结构主要特征及文化基础》，《外国教育研究》2014 年第 8 期。

刘献君：《经济社会发展转型与教学服务型大学建设》，《高等教育研究》2013 年第 8 期。

刘喻：《美国私人基金会捐赠高等教育的研究》，博士学位论文，华中师范大学，2008 年。

刘振天：《从外延式发展到内涵式发展：转型时代中国高等教育价值革命》，《高等教育研究》2014 年第 9 期。

罗伯·马西森：《最新报告：麻省理工对全球创业的影响》，2015 年 12 月 11 日，DeepTech 深科技（https：//baijia.baidu.com/s？old_id=261150）。

罗燕：《教育的新制度主义分析——一种教育社会学理论和实践》，《清华大学教育研究》2003 年第 6 期。

马鸿：《美国研究型大学从事军事技术研究的历史考察（1945—1970）》，博士学位论文，上海复旦大学，2009 年。

马化腾：《关于以"互联网+"为驱动，推进我国经济社会创新发展的建议》，2015 年 12 月 10 日，求是网（https：//wenku.baidu.com/view/

7a17bf2b19e8b8f67d1cb954.html）。

潘懋元：《略论应用型本科教育的定位》，《中国大学教学》2008 年第 3 期。

潘懋元、车如山：《略论应用型本科定位》，《高等教育研究》2009 年第 5 期。

乔杉：《20 年互联网带来的改变才刚开始》，《人民日报》2014 年 4 月 21 日。

施文妹等：《落实民办高校办学自主权的地方实践与创新发展——基于六省区民办高等教育政策的分析》，《民办教育研究》2014 年第 13—14 期。

孙贵聪：《英国大学特许状及其治理意义》，《比较教育研究》2006 年第 1 期。

王建初等：《德国高等技术教育的师资队伍建设》，《比较教育研究》2005 年第 9 期。

王克群：《习近平供给侧结构性改革思想探讨》，《前进》2016 年版第 3 期。

《温州大学章程》第三章教育功能和教育形式第二十四条，2016 年 1 月 5 日，中共浙江省委教育工作委员会浙江教育厅网（http://www.zjedu.gov.cn/news/145197634947527530.html）。

《温州大学章程》第五章基层组织第四十五条，2016 年 1 月 5 日，中共浙江省委教育工作委员会浙江教育厅网（http://www.zjedu.gov.cn/news/145197634947527530.html）。

《温州大学章程》序言，2016 年 1 月 5 日，中共浙江省委教育工作委员会浙江教育厅网（http://www.zjedu.gov.cn/news/145197634947527530.html）。

邬大光：《论建立有中国特色的现代大学制度》，《中国高等教育》2006 第 19 期。

熊万曦：《世界一流大学校长遴选过程研究——以 2004 年麻省理工遴选为例》，《现代大学教育》2014 年第 1 期。

宣勇：《创业型大学建设——浙江农林大学的探索与实践》，"高校结构调整与布局优化研讨会论文"，上海，2016 年。

宣勇：《论创业型大学的价值取向》，《教育研究》2012 年第 4 期。

宣勇：《我国高等教育治理：体系构建：逻辑审视与未来展望》，《国家教育行政学院学报》2015年第9期。

杨建国：《德国应用技术内部治理结构对我国高职院校制度建设的启示》，《成都航空职业技术学院学报》2016年第2期。

姚荣：《大学治理的"项目制"：成效、限度与反思》，《江苏高教》2014第3期。

叶琦琪：《高校师生情感共同体及其建构》，《高教探索》2016年第4期。

湛中乐：《通过章程的现代大学治理》，《法制与社会发展》2010年第3期。

张昊民等：《麻省理工学院创业教育生态系统成功要素及其启示》，《创新与创业教育》2012年第4期。

张旭、郭菊娥、郝凯冰：《高等教育"侧供给"综合改革推动创新创业发展》，《西安交通大学学报》（社会科学版）2016年第1期。

张应强：《关于地方本科高校转型发展若干问题》，《现代大学教育》2014年第6期。

张应强、蒋华林：《关于地方本科高校转型发展若干问题的思考》，《现代大学教育》2014年第6期。

张应强、彭红玉：《地方高校发展与高等教育政策调整》，《高等教育研究》2008年第9期。

《浙江农林大学章程》第三章组织机构第28条，2015年5月26日，中共浙江省委教育工作委员会浙江教育厅网（http://www.zjedu.gov.cn/news/143261292269852961.html）。

《浙江农林大学章程》序言部分，2015年5月26日，中共浙江省委教育工作委员会浙江教育厅网（http://www.zjedu.gov.cn/news/143261292269852961.html）。

《浙江农林大学章程》总则部分第10条，2015年5月26日，中共浙江省委教育工作委员会浙江教育厅网（http://www.zjedu.gov.cn/news/143261292269852961.html）。

《中华人民共和国高等教育法》，2015年12月28日，全国人大网（http://www.npc.gov.cn/npc/cwhhy/12jcwh/2015-12/28/content_1957555.htm）。

《中西部高等教育振兴计划》（2012—2020），2013年5月22日，教育部网（http：//www.gov.cn/gzdt/2013-05/22/content_ 2408927.htm）。

重庆文理学院章程序言部分，2015年11月4日，360百科网（https：//baike.so.com/doc/25052595-26022931.html）。

周朝成：《当代大学中的跨学科研究——学科文化与组织的视域》，博士学位论文，华东师范大学，2008年。

周光礼：《国家工业化与现代职业教育——高等教育与社会经济的耦合分析》，《高等工程教育研究》2014年第3期。

周光礼：《中国大学自主权（1952—2012）：政策变迁的制度解释》，《中国地质大学学报》（社会科学版）2012年第3期。

周光礼等：《多伦多大学法的修订对我国教育立法的启示》，《江苏高教》2009年第1期。

周婷子：《麻省理工学院创业教育研究》，博士学位论文，吉林大学，2014年。

ANNE H1MARGULIES& JON PAUL POTTS1：A new model foropen sharing (http：//mit-world1mit1edu /video /208 /1), No.5, December 2010.

B.Lamar, Johnson：In The Fifty-Fifth Year Book of National Society For The Study of Education. Part one, Chicago：University of Chicago press, 1956, pp.73-74.

Brint.Sand, Karabel.J：The Diverted Dream：Community Colleges and the Promise of Educational Opportunity in America, 1900-1985, New York：Oxford：Oxford University Press, 1989, p.25.212.

Brubacher, S.& Rudy, Wills：Higher Education in Transition：A History of American Colleges and Universities, New Brunswick：transaction Publishers, 1997, p.363.

Charter of the MASSACHUSETTSINSTITUTE OF TECHNOLOGY.

Confederation of British Industry, Tomorrow's Growth：New Routes to Higher Skills, London：CBI, 2013, p.13.

Daniel Fallon.：The German University：A Heroic Ideal in Conflict with the modern World, Colorado Associated University Press, 1980, pp.32-36.

Dueyea. D：The Academic Corporation：A History of College and University Governing Boards, New York & London：Falmer Press, 2000, p.184.

Etzknowitz H, L "Incubation of Incubation: Innovation of Triple Helix of University Industry Government network." Science and Public policy, Vol.29, No, 2, 2002.

Finnish Higher Education Evaluation Council, Audit of Quality Assurance System of Satakunta USA, Finnish Higher Education Evaluation Council, 2009, pp.16-29.

Global MIT Collaborations (http://global1mit1edu /research - projects1html1), No.5, December 2010.

Harvard Charter of 1650, Held in theHarvard University Archives (UAI15. 100) (http://hul.harvard.edu/huarc/charter.html), 2011-11-10.

Harvard University, Board of Overseers, The rules and orders of the overseers of Harvardcollege: To which is appended the Charter, withsundry acts and instruments, composing theconstruction of the college, Boston: Printedby John Wilson&Son, 21, School Street, 1851, p.202.

Heather·Rolf: "University Strategy in an Age of Uncertainty: The Effect of Higher Education Funding on Old and New Universities." Higher Education Quarterly, Vol.57, 2003.

JAMK University of Applied Science. Basic Task, vision 2020, Mission and Values, http://www.jamk.fi/en/JAMK-information/about - JAMK /# Basic tasks, No12, October 2015.

John S. Brubacher, Willis, Rudy: Higher Education in Transition: A History of American Colleges and Universities, New York &Row Publishers: 1976, pp.179-182.

Johnson, R B, Onwue-Gbuzie A J, "Mixed methods research:a research paradigm whose time has come" Educational Re-searcher, Vol.33, No.12-26, 2004.

Julius Aistratton, Loretta Himannix, Paul. E: Gray Mind and hand, the birth of MIT Cambridge: MITPress, 2004, p.11.

Larry·D.Terry: "Administrative Leadership, Neo- Managerialism, and the Public Management Movement", Public Administration Review, Vol.58,

No.3, 1998.

Marietta Del Faero, "Faculty-Administrator Re-lationships as Integral to Highe-Performing Governance Systems", American BehavioralScientist, Vol. 7, No.46, p.905, 2003.

MIT Charter, Last updated in January 2000, http: //web.mit.edu /corporation/charter html.

Pratt · J: The Polytechnic Experiment 1965-1992, The Society for Research into Higher Education & Open University Press, 1997, p.8.

Robert Peck, "The Entrepreneurial College Presidency", Educational Record 64, 1983 (Winter), p.21.

Rosench. J. C: A History of the University Founded, John Hopkins, Berkeley: University of California Press, 1982, p.1.

Rui Yang, East Asia: History, Politics, Sociolog, Culture, London: Routledge, 2008, p.10.

Seinäjoki USA, Regulation of Seinäjoki University of Applied Sciences, Seinäjoki USA, 2012, pp.16-17.

Seinäjoki USA. Stratege of Seinäjoki USA, http: //www. seamk. fi/en/ About-us/ Organization/ Stratege, No.12, October 2015.

Statutes Made for the University of London by the Commissioners Appointed Under the University of London Act, 1898, University of London the Historical Record (1836—1912), London: UniversityofLondon Press, 1912, pp. 70-99.

Taylor .S Rizvi.F, Lingard.B& Henry.M: Educational Policy and Politics of Change, New York: Routledge Press, 1997, pp.90-91.

Tertiary Education Quality and Standards Agency Legislation, http: // www.innovation.gov.au, No.22, October 2012.

The STS Forum: MIT's responsibility in a dangerous world (http: //mitworld1mit1edu /vid-eo /93), No.4, December 2010.

TURENR .R. S: The Prussian Universities and the Research Ideal, 1806 to 1848, Princeton University, 1973, pp.387-390.

Vesa Harmaakorpi and Pentti Rauhala, Valuation Report for research, Development and Innovation Activities of Seinäjoki USA, Seinäjoki USA,

2011, p.39.

W. R. Scott, "Institutions and Organizations." Sage Publications, Inc. 2001.pp.49-58. (https://baike.so.com/doc/25052595-26022931.html)。

World Economic Forum, "Global Competitiveness Report 2014-2015", Geneva Switzerland, World Economic Forum, 2015, p.458.